高效能
HRBP

共建一流团队，驱动业务增长　　任康磊　著

任力资源

人民邮电出版社

北京

图书在版编目（ＣＩＰ）数据

高效能HRBP：共建一流团队，驱动业务增长 / 任康
磊著. -- 北京：人民邮电出版社，2021.2
ISBN 978-7-115-55208-2

Ⅰ．①高… Ⅱ．①任… Ⅲ．①企业管理—人力资源管
理—研究 Ⅳ．①F272.92

中国版本图书馆CIP数据核字(2020)第215151号

内 容 提 要

人力资源业务合作伙伴（HRBP）必须围绕业务、贴近业务，做好对业务的支持。本书详细讲解了人力资源管理从业人员如何成为人力资源业务伙伴、如何驱动业务发展，提供了HRBP 的实践方法论以及相关的表单、图形、工具、模型，让方法论可视化、流程化、步骤化、模板化，并通过实战案例展现方法论的应用过程，让读者能够轻松上手、快速成为优秀的 HRBP，为组织创造更多价值。

本书分为 10 章，主要内容包括 HRBP 驱动业务方法与工具、HRBP 人力规划方法与工具、HRBP 招聘选拔方法与工具、HRBP 培训开发方法与工具、HRBP 绩效管理方法与工具、HRBP 薪酬管理方法与工具、HRBP 员工激励方法与工具、HRBP 团队管理方法与工具、HRBP 员工关系管理方法与工具、阿里巴巴的政委体系。

本书案例丰富，模板齐全，实操性强，通俗易懂，适合 HRBP 岗位从业人员、人力资源管理各级从业人员、企业各级管理者、各高校人力资源管理专业的学生、考取人力资源管理师及其他人力资源管理专业相关证书的学员，以及其他对人力资源管理工作感兴趣的人员阅读与使用。

◆ 著　　　　任康磊
　　责任编辑　马　霞
　　责任印制　彭志环

◆ 人民邮电出版社出版发行　　北京市丰台区成寿寺路 11 号
　　邮编 100164　电子邮件 315@ptpress.com.cn
　　网址 https://www.ptpress.com.cn
　　北京天宇星印刷厂印刷

◆ 开本：700×1000　1/16
　　印张：17.5　　　　　　　　　2021 年 2 月第 1 版
　　字数：294 千字　　　　　　　2025 年 4 月北京第 14 次印刷

定价：69.80 元

读者服务热线：(010)81055296　印装质量热线：(010)81055316
反盗版热线：(010)81055315

什么是 HRBP ?

HRBP（Human Resources Business Partner，人力资源业务伙伴）其实有两层含义。

HRBP 的第一层含义是一种比较狭义的理解，它指的是一种岗位名称。这层含义很多人力资源管理者都听说过，而且可能都从事着 HRBP 的岗位。在这层含义中，HRBP 岗位可以有集团公司层面的 HRBP，有各子公司层面的 HRBP，有各业务单元层面的 HRBP，有各业务部门层面的 HRBP，有各项目团队层面的 HRBP，也有专属岗位层面的 HRBP。

同样的 HRBP 岗位，对应的权限、职责和薪酬水平差异却是很大的。根据 HRBP 的职级高低，职级最高的 HRBP 可以是总公司的人力资源副总裁（Human Resource Vice President，HRVP），直接向总公司的总裁（最高管理者）汇报；职级最低的 HRBP 可以是最普通的员工级别的人力资源管理者，向职级最低的管理层汇报。

HRBP 的第二层含义是一种比较广义的理解，表示人力资源管理者实施的人力资源管理工作要贴近业务，或者说人力资源管理者要贴近业务实施人力资源管理，成为业务伙伴。在这层含义中，HRBP 可以被理解为一种方法论，也可以被理解为能够驱动业务、成为业务伙伴的人力资源管理者。这比单纯把 HRBP 看成一种岗位更具有普遍适用性，也更有价值。

事实上，人力资源管理者要做好人力资源管理工作，要想为组织创造价值，就必须围绕业务、贴近业务、驱动业务，要做好对业务的支持，或者成为开展业务不可分割的一部分。在这层含义下，要做到这些，人力资源管理者就应当把自身定位为 HRBP（作为业务伙伴的人力资源管理者）。

本书正文中提及的所有"HRBP"不仅是指 HRBP 岗位，还统指一切能够成为业务伙伴、驱动业务发展的人力资源管理者，是比较广义的理解，也泛指人力资源管理者成为业务伙伴的方法论。所以本书不仅能够用来指导 HRBP 如何做好工作，还能够用来指导人力资源管理者如何贴近业务、如何驱动业务、如何发展业务。

在本书广义的 HRBP 中，同样可以有集团公司层面、子公司层面、业务单元层面、业务部门层面、项目团队层面或专属岗位层面的 HRBP，这种划分主要和人力资源管理者的岗位与职责的属性有关。

在笔者接触过的有 HRBP 概念的企业当中，HRBP 的定位差异特别大。每个企业对 HRBP 的定位都不尽相同，就算在一个企业里面，随着业务的发展和认知的迭代，对 HRBP 的定位也会发生比较大的变化。

有的企业虽然设置了 HRBP 岗位，但运行一段时间后，发现这个岗位成了"鸡肋"，似乎变得可有可无。在这类企业当中，HRBP 岗位的人员也很苦闷，因为定位不清，自己做的工作看不到业绩，也很难评估自身岗位存在的价值。

针对这类问题，互联网上有很多解析 HRBP 该如何定位、如何开展工作的文章。有的人说应该这样定位；有的人说应该那样定位；有的人干脆说 HRBP 就不应该存在，说 HRBP 这套方法论根本不适合我国企业。互联网上这些文章的观点，在特定环境、特定场景中，都有一定道理，很难判断对错，只能根据场景谈适合或不适合。

HRBP 这个岗位应不应该存在其实并不重要。回归人力资源管理的本源来看，重要的是每一个从事人力资源管理工作的人员不应该只盯着自己的岗位职责，而应当清楚业务发展才是自身岗位存在的价值。所以每一个人力资源管理人员都应该关注业务、围绕业务开展工作，成为业务伙伴。

针对人力资源管理从业人员如何成为业务伙伴、如何驱动业务发展、如何围绕业务开展工作，笔者结合自身的从业经验、曾经参与的管理咨询项目以及一些知名企业的管理方法，将这些知识总结成方法、工具和案例。希望通过本书，读者能快速掌握成为 HRBP 的方法。

带着问题学习是非常有效的学习方法。建议读者拿到本书后，不要马上从第一个字看到最后一个字；而是先带着问题，根据当前企业的具体情况，选择最薄弱的环节，查找本书中的操作方法，根据企业实际状况，思考、制定、实施和复盘解决方案。

当具体问题得到缓解之后，读者可以由问题点切入，查找知识点；由知识点延伸，找到流程线；由流程线拓展，发现操作面；由操作面升华，全面掌握成为优秀的 HRBP 的方法。这时候再从整个体系的角度，自上而下地看问题，又会有新的、更深刻的认识。

笔者总结了一个 ABC 学习原理：看到的是 A，学到了 B，应用时变成了 C，这是真正的学习成长。但很多人不是这样，他们是看到了 A，学到了 A，就只会用 A，结果用的时候发现 A 没有解决问题，就说 A 没有用，这其实是"死读书"的表现。

当人们看到 A 时，能不能学到 B，这需要总结、归纳、发散能力；学到 B 时，能不能用出 C，这需要对场景进行观察、思考，同时对 B 不断练习、不断复盘、不断调整，这也是一种行动力。所以学习能力，从来都不是一种单一的能力，而是能够发散思考、举一反三并在实际应用时灵活变通的能力。

祝读者能够学以致用，更好地学习和工作。

本书若有不足之处，欢迎读者批评指正。

本书特色

1. 通俗易懂、案例丰富

读者拿到本书后能够看得懂、学得会、用得上。本书包含丰富的实战案例，让读者能够快速掌握如何成为一名合格的 HRBP、如何驱动业务、如何服务业务。

2. 上手迅速、模板齐全

本书把大量复杂的理念转变成能在工作中直接应用的、简单的工具和方法，并把这些工具和方法可视化、流程化、步骤化、模板化，让初学者也能够快速上手开展工作。

3. 知识点足、实操性强

本书涉及大量的知识点。知识点的选择立足于解决工作中的实际问题，有助于读者掌握成为 HRBP 必需的方法论和工具。

本书主要介绍人力资源管理人员如何驱动业务、如何发展业务、如何成为优秀的 HRBP。本书的主要内容及体系结构如下。

第 1 章　HRBP 驱动业务方法与工具

本章分成 3 部分：第 1 部分主要介绍对 HRBP 的基本认识，包括 HRBP 的由来背景、应用场景、功能定位和角色模型；第 2 部分主要介绍 HRBP 创造价值的方法，包括 HRBP 为何做、做什么以及怎么做；第 3 部分主要介绍 HRBP 驱动业务的方法，包括商业模式画布、业务驱动工具、服务业务工具、设定标准方法和设计流程方法。

第 2 章　HRBP 人力规划方法与工具

本章分成 3 部分：第 1 部分主要介绍组织与战略规划方法，包括组织诊断工具、战略分析工具、战略选择工具、人力资源规划、人力部门设计；第 2 部分主要介绍部门权责利划分方法，包括权责利问题查找方法、权责利划分应用工具、权责利划分实施流程、权责利划分注意问题；第 3 部分主要介绍岗位分析评估与效率提升方法，包括岗位分析方法、岗位评估矩阵、提升效率方法。

第 3 章　HRBP 招聘选拔方法与工具

本章分成 4 部分：第 1 部分主要介绍岗位定编的方法，包括企业预算定编法、劳动效率定编法、业务数据定编法、行业对标定编法；第 2 部分主要介绍提升招聘满足率的方法，包括人才招聘 4P 模型、人才招聘成功的方法、中小企业吸引人才的方法；第 3 部分主要介绍面试实施方法，包括结构化面试、半结构化面试、非结构化面试、单人 / 集体面试、电话面试、视频面试的实施方法；第 4 部分主要介绍员工入职操作方法，包括入职前的准备内容、入职手续办理流程、用人部门交接方法、入职信息填写注意事项、入职常见风险防控。

第 4 章　HRBP 培训开发方法与工具

本章分成 4 部分：第 1 部分主要介绍培训计划编制方法，包括基于人才培养、基于绩效提升和基于体系建设的 3 种培训计划编制方法；第 2 部分主要介绍培训项目设计方法，包括培训课程结构设计、培训课程开发步骤、培训内容框架设计；第 3 部分主要介绍培训成果转化方法，包括培训结果评估方法、培训效果转化方法、培训成果追踪方法；第 4 部分主要介绍员工职业发展方法，包括员工职业生涯规划、员工个人发展计划、员工职业能力开发、员工职业适应工具。

第 5 章　HRBP 绩效管理方法与工具

本章分成 3 部分：第 1 部分主要介绍绩效指标分解方法，包括三层分解法、价值结构法、战略地图法；第 2 部分主要介绍绩效管理工具实施方法，包括 OKR、KPI、KSF、MBO、BSC、360 度评估的实施方法；第 3 部分主要介绍绩效管理程序实施方法，包括指标分解、绩效计划、绩效辅导、绩效评价、绩效反馈、结果应用实施方法。

第 6 章　HRBP 薪酬管理方法与工具

本章分成 4 部分：第 1 部分主要介绍薪酬方案设计方法，包括薪酬方案设计策略和流程、薪酬制度编制方法、薪酬方案制度注意事项；第 2 部分主要介绍高管岗位薪酬设计方法，包括高管薪酬组成、薪酬模式、薪酬策略；第 3 部分主要介绍销售队伍薪酬设计方法，包括销售岗位薪酬结构整体设计和分别以市场开发、业绩提升、激活团队为导向的销售提成设计策略；第 4 部分主要介绍其他岗位薪酬设计方法，包括技术、生产、采购、客服、质管、安环岗位的薪酬设计。

第 7 章　HRBP 员工激励方法与工具

本章分成 3 部分：第 1 部分主要介绍正面激励方法，包括尊重员工、关爱员工、发现优势、表扬员工、即时奖励的方法；第 2 部分主要介绍负面激励方法，包括挫折激励、实施批评、实施惩戒的方法；第 3 部分主要介绍荣誉激励方法，包括榜样激励、创造荣誉和分享荣誉的方法。

第 8 章　HRBP 团队管理方法与工具

本章分成 5 部分：第 1 部分主要介绍目标计划制定方法，包括制定目标和计划的方法、工作评估的工具；第 2 部分主要介绍引导员工参与的方法，包括员工行为引导工具、鼓励员工参与方法、员工预期管理工具；第 3 部分主要介绍集思广益的实施方法，包括群体思维发散方法、群体智慧激发工具、员工思维引导方法；第 4 部分主要介绍文化保障传播方法，包括企业文化保障方法、传播推广、提炼设计；第 5 部分主要介绍高效组织会议方法，包括会议筹划筹备方法、会议主题和时间安排、会后工作落实方法。

第 9 章　HRBP 员工关系管理方法与工具

本章分成 3 部分：第 1 部分主要介绍员工沟通的方法，包括员工沟通工具、员工访谈方法和提问引导方法；第 2 部分主要介绍员工调查方法，包括员工满意度调查、员工敬业度调查和合理化建议征集方法；第 3 部分主要介绍异常状况处理方法，包括员工冲突应对、员工对抗处理、员工投诉应对、劳动争议处理方法。

第 10 章　案例：阿里巴巴的政委体系

本章分成 4 部分：第 1 部分主要介绍阿里巴巴政委体系的推行，包括政委的由来、原理和创新；第 2 部分主要介绍阿里巴巴政委的设置，包括政委的架构、定位和选拔；第 3 部分主要介绍阿里巴巴政委的工作，包括政委的工作原则以及在选人、育人、用人和留人方面的工作；第 4 部分主要介绍阿里巴巴政委的启示，包括政委体系适合的企业类型、落地注意事项和发挥作用的标志。

本书读者

HRBP 岗位从业人员；

人力资源管理各级从业人员；

分管人力资源管理各模块的专员、主管、经理、总监、副总经理；

企业各级管理者；

考取人力资源管理师及其他人力资源管理专业相关证书的学员；

各高校人力资源管理专业的学生；

需要人力资源管理实战工具书的人员；

其他对人力资源管理工作感兴趣的人员。

目录

第 ③ 章
HRBP 招聘选拔方法与工具

第 ④ 章
HRBP 培训开发方法与工具

第 ⑤ 章
HRBP 绩效管理方法与工具

第 ⑥ 章
HRBP 薪酬管理方法与工具

第 ❼ 章
HRBP 员工激励方法与工具

第 8 章
HRBP 团队管理方法与工具

第 9 章
HRBP 员工关系管理方法与工具

第 10 章
案例：阿里巴巴的政委体系

第 1 章
HRBP 驱动业务
方法与工具

人力资源业务伙伴（Human Resources Business Partner，HRBP）存在的首要价值是能够驱动业务发展。要有效驱动业务发展，HRBP 要回归本源、认清功能、找准角色，以由外向内的视角为组织创造价值，并要掌握驱动业务发展的方法。

1.1　HRBP 基本认识

随着管理的不断发展，单一的部门垂直管理已经不能满足企业管理的要求。于是在很多世界 500 强企业做变革和人力资源管理转型的过程中产生了新的管理模式，一种岗位应运而生——HRBP，同时也提出了对人力资源（Human Resources，HR）岗位的更高要求，即贴近业务和驱动业务。

1.1.1　HRBP 的由来背景

在《人力资源冠军》（*Human Resource Champions: The Next Agenda for Adding Value and Delivering Results*）中，人力资源管理专家戴夫·乌尔里克（Dave Ulrich）提出了人力资源管理部门的组织架构设计的框架——HR 三支柱模型。

HR 三支柱模型是 HR 变革转型的发展方向，能使人力资源管理部门从职能导向转型为业务导向，以实现人力资源管理的业务增值和价值主张，能够极大地提升 HR 的效率和效能。

根据"发现问题""设计方案""交付/执行"3 类工作性质的不同，新型人力资源管理模式中，人力资源管理部门在企业中扮演的角色可以分成 3 类，分别是人力资源共享服务中心（Human Resources Shared Service Centre，HRSSC）、人力资源业务伙伴（Human Resources Business Partner，HRBP）、人力资源专家中心（Human Resources Center of Expertise，HRCOE）。HR 三支柱模型如图 1-1 所示。

HR 三支柱模型是从人力资源管理流程和核心业务流程之间相互作用关系的角度定位的，HRSSC 本质上是为所有业务单元提供常规性、基础性的人力资源服务，HRBP 本质上是为不同业务单元提供灵活性、个性化的人力资源服务，HRCOE 则是为业务单元提供系统化、集成化的人力资源解决服务。在人力资源管理流程上，这 3 种角色缺一不可，共同推动核心业务流程的发展。

交付/执行

HRBP
支持人力资源战略
挖掘业务部门需求
针对内部客户提供咨询
关注：客户关系维护与管理

发现问题

内部客户：
人才管理
领导力
组织文化
绩效

HRSSC
处理人力资源事务
交易操作、薪酬调整
处理福利问题、员工问题
关注：提高效率

HRCOE
设计政策和流程
关注：优化政策及流程

设计方案

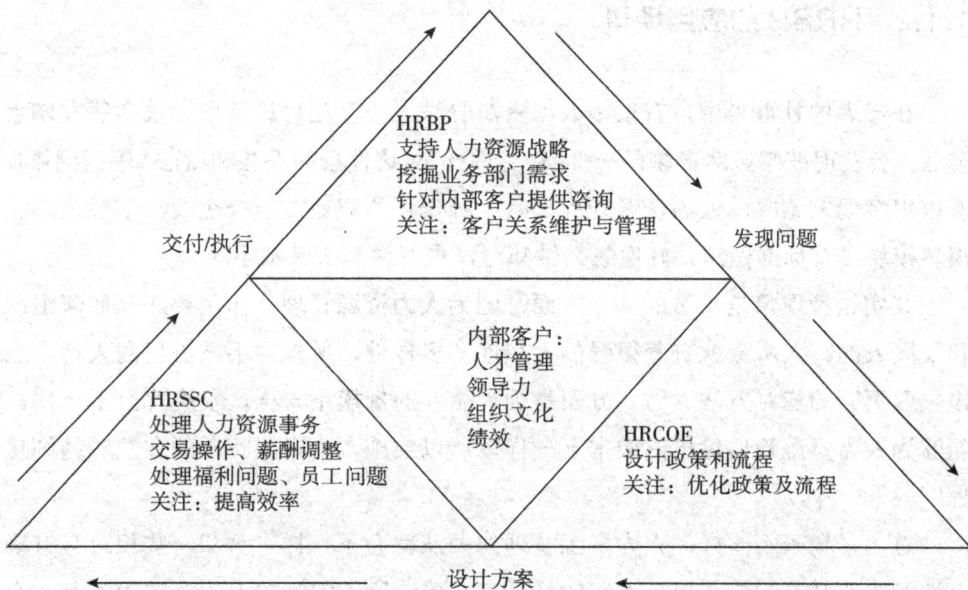

图 1-1　HR 三支柱模型

随着企业的不断发展和市场环境的不断变化，人力资源管理的价值逐渐被很多企业认可，然而如何高效能地管理人力资源，很多企业并不了解。很多企业一开始把人力资源管理人员定位成后勤保障人员，发现问题后，想让人力资源管理人员转型，可又不知道如何实施这种转变。

HR 三支柱模型恰好可以解决这类问题。随着 HR 三支柱模型在企业实践中的应用和发展，有的企业把 HRBP、HRCOE 和 HRSSC 变成了人力资源管理岗位名称或部门名称，有的企业则是在现有岗位的基础上，给不同岗位分别定义了这3 种角色的职能。这两种用法分别对应了前言中 HRBP 的两层含义。

实际上，在一开始的企业实践中，很多企业对 HRBP 的定位就是一种特有岗位。仿佛只有从事这个岗位的人力资源管理人员才需要担负驱动业务发展的职责，其他人力资源管理人员不需要关注业务，不需要成为业务伙伴。

随着 HRBP 的逐渐发展，人们渐渐认识到在人力资源管理过程中，驱动业务发展不应只是某一类岗位的职能，而应是所有人力资源管理职能中都需要包含的。尤其是在没有按照 HRBP、HRCOE 和 HRSSC 来划分人力资源管理岗位或部门的企业中，所有的人力资源管理人员都应该成为业务伙伴，都应当关注业务，促进业务的发展。

1.1.2 HRBP 的应用场景

在笔者的社群当中，有很多人力资源管理人员互相讨论问题。很多朋友聊着聊着，会发现彼此虽然在聊同一件事，但他们对这件事的看法和做法却完全不同。所以很多朋友感叹，人力资源管理真是一种奇怪的职业，一个企业一个样，而且很多模块没有标准做法，好像怎么做都对，也好像怎么做都不对。

其实这种现象是正常的。一方面是因为人力资源管理工作是要探究如何组织和发展人的。人本身就有着很强的复杂性和多样性，所以对不同类型的人群，应该采取不同的应对方法。另一方面是因为企业的规模不一样，发展阶段不一样，能够为人力资源管理付出的成本不一样，所以实施人力资源管理的方法和精细化程度就不一样。

总之，场景不一样，人力资源管理的做法就会不一样。这和一些相对具有确定性的职业是不同的。根据不同的场景和发展阶段，常见的人力资源管理有 4 个版本。这 4 个版本，其实就是实战中人力资源管理在企业管理中发展演化的过程。

如果把企业看成一台个人计算机或手机，人力资源管理的版本就像是这台计算机或手机操作系统的版本，HRBP 方法论就像是一个计算机软件或手机程序。每种软件或程序都有适用的操作系统版本，如果版本不对，软件或程序没有办法被安装。HRBP 并不是在所有人力资源管理版本下都适用的方法论。

人力资源管理的演化过程可以分成 4 个阶段，如图 1-2 所示。

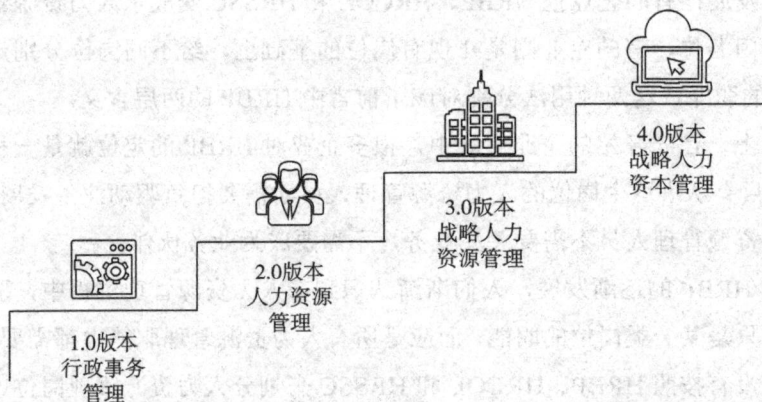

图 1-2　人力资源管理发展演化的 4 个阶段

人力资源管理的第 1 个阶段是人力资源管理的起源形态，也就是人力资源管理 1.0

版本。这个时期的人力资源管理工作更像是从行政办公室分出来的一块业务。

这个时期人力资源管理的主要功能就是保证企业不违反劳动法，给员工办理一些基础的手续，以及处理大量的行政事务工作。在这个阶段，很多企业的行政办公室和人力资源部门是不分家的，叫人事行政部或行政人事部。

严格说起来，这个时期的人力资源管理工作不应该叫人力资源管理，应该叫人事管理或劳资管理。在这个时期，把行政办公室和人力资源管理部分开的企业，一般负责人力资源管理工作的人员所在的部门也不叫人力资源部，一般叫劳资部或人事部。

很多比较大型的初创企业刚成立的时候会成立人力资源部，可能会设置一个或多个人力资源管理岗位。虽然有专门的人力资源部，但其实这些部门员工所做的工作，很可能依然是人事部或劳资部这个级别的工作。

人力资源管理的第 2 个阶段是人力资源管理阶段，也就是人力资源管理的 2.0 版本。这个阶段的人力资源部开始承担比较多的职能，主要作用是给企业提供源源不断的人才支持，保证人才的数量和质量能满足企业的需要。

这时候的人力资源管理开始转向一系列的人力资源管理实践，人力资源部的工作开始专注于如何招聘人才、如何培养人才、如何做薪酬设计、如何做继任者计划等围绕人才管理的工作。

人力资源管理的第 3 个阶段是战略人力资源管理阶段，也就是人力资源管理的 3.0 版本。这个阶段的人力资源部已经不仅关注人才的管理和开发，还更加关注组织本身。这个阶段的人力资源管理工作的标志是人力资源管理开始逐渐和战略紧密结合在一起。

人力资源部要根据企业战略规划，专注于组织机构的设计和人力资源管理系统的设计。HRBP 的概念，实际上在这个阶段才开始出现，而且在这个阶段，才能得到比较良性的定位和发展。

很多企业实施 HRBP 方法论失败的原因是人力资源管理的版本太低，例如企业当前人力资源管理只是 1.0 版本或 2.0 版本，虽然有 HRBP 的定位，但实际从事人力资源管理工作的人员将大量的时间和精力用在行政事务工作或者人力资源管理事务工作中，无暇顾及 HRBP 的定位。

事实上，就算企业已经到了人力资源管理的 3.0 版本，HRBP 的理念能否落地应用还和企业推行 HRBP 的方式有很大关系。

人力资源管理的第4个阶段是战略人力资本管理阶段，也就是人力资源管理的4.0版本。这个阶段的人力资源管理不仅关注企业内部，还更加关注企业的外部环境和成长；不仅盯着企业内部的情况，还能够看到企业以外的变化，同时思考如何改进企业的管理模式。除了能做好前3个阶段的人力资源管理工作之外，这个阶段的人力资源管理和企业经营联系得非常紧密，更接近股东、接近顾客、接近投资人。

我国很多企业的经营发展情况和盈利情况虽然很好，但人力资源管理的版本和很多世界500强企业比起来普遍比较低。这当然不是因为我国企业管理者的能力弱，主要是因为很多世界500强企业的发展历程比较长。对于企业的经营管理和人力资源管理，很多世界500强企业已经把该走的路走过了，该犯的错误也已经犯过了。

近几年的世界500强企业平均年龄都超过100岁，有超过200家世界500强企业的发展历史超过100年。相比于这些企业，即使我国已经有越来越多的企业上榜世界500强，但大部分企业相对来说比较"年轻"，在人力资源管理方面经常会出现经验不足的情况。

很多世界500强企业已经到了第4代接班或完全职业经理化了，但我国很多企业还处在从第1代到第2代的转型期。也就是说，很多世界500强企业的人力资源管理水平已经是3.0或4.0版本，而我国很多企业的人力资源管理还处在1.0或2.0版本。

推行HRBP方法论需要企业的人力资源管理达到3.0及以上的版本。

在人力资源管理的1.0版本，人力资源管理人员的角色是执行者，承担着与人力资源管理和行政管理相关的执行工作。

在人力资源管理的2.0版本，人力资源管理人员的角色是人力资源工作专家，工作重点是充分发挥人力资源管理职能。

在人力资源管理的3.0版本，人力资源管理人员的角色是业务伙伴，要学会将业务战略转换成人力资源管理战略，工作的重心应当围绕业务。

在人力资源管理的4.0版本，人力资源管理人员的角色不仅是业务伙伴，还是战略伙伴，不仅能够推进企业战略的实现，还能够推进企业的战略转型。

当企业的人力资源管理版本在3.0以下的时候，可以尝试引入HRBP方法论，要形成聚焦业务和围绕业务开展工作的思维，但不应对人力资源管理工作有过多要求。这时候如果盲目推行HRBP方法论，往往适得其反。

当企业的人力资源管理版本在 3.0 及以上的时候，应全面推行 HRBP 方法论，要让人力资源管理工作形成对战略的连接性和对业务的支持性。判断 HRBP 方法论是否得以实施的标志并非是否设置 HRBP 岗位，而是人力资源管理人员的工作内容是否贴近业务、能否驱动业务发展。

1.1.3　HRBP 的功能定位

当人力资源管理的版本比较低时，HRBP 的职责和功能通常以事务型工作为主，以管理型工作为辅，几乎很少能够接触到战略型工作。此时，HRBP 的职能工作分类和占比情况如图 1-3 所示。

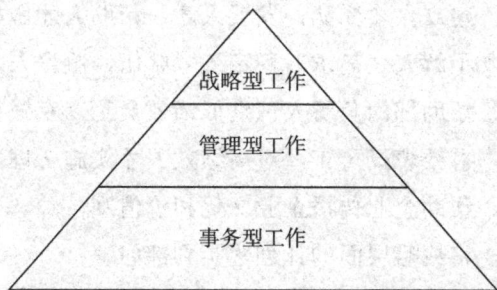

战略型工作

管理型工作

事务型工作

图 1-3　人力资源管理版本较低时 HRBP 的职能工作分类和占比情况

随着人力资源管理版本的不断提升，HRBP 的职责和功能将会发生变化，变成以管理型工作为主，以战略型工作为指导，以事务型工作为辅的结构。此时，HRBP 的职能工作分类和占比情况如图 1-4 所示。

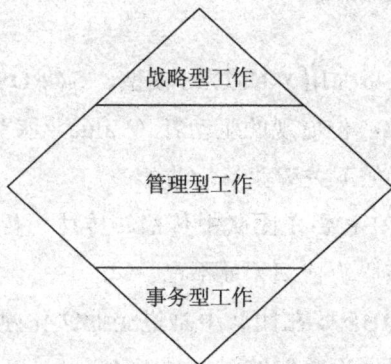

战略型工作

管理型工作

事务型工作

图 1-4　人力资源管理版本较高时 HRBP 的职能工作分类和占比情况

当然，HRBP 不应盲目提高自身的战略属性和管理属性，把人力资源管理变成一种"高高在上"的工作。HRBP 应花更多的时间和业务部门的管理者一起，参加业务部门的各种会议，甚至与客户深入接触，参加某些客户会议，而不是坐在办公室里纸上谈兵。

HRBP 要成为每个业务部门负责人在招人、用人、育人和留人等人力资源管理方面的智囊，为他们出谋划策，为他们解决难题。为此，HRBP 的主要工作内容如下。

（1）引进人才，与部门负责人确定招聘需求，看得准人，对选拔人才提出建议。

（2）使用人才，发挥人才优势，合理搭配人才，充分运用人才。

（3）培养人才，建立人才梯队，发展人才，帮助人才做好职业发展规划。

（4）留住人才，了解人才需求，稳定人才队伍，凝聚人才。

（5）优化人才，帮助部门负责人识别低绩效员工，有效处理低绩效员工。

（6）激励人才，有效表扬员工，对高绩效人才实施合理嘉奖。

（7）传播文化，帮助企业传播企业文化和价值观。

（8）战略落地，将战略层面的计划落实到部门。

（9）促进沟通，帮助部门负责人和上下级之间、业务部门之间有效沟通。

（10）协助管理，提升业务部门负责人的领导力，协助其优化工作流程，实施内部管理。

1.1.4 HRBP 的角色模型

HRBP 的角色模型可以使用 V-CROSS 模型。V-CROSS 分别代表着 6 种角色。

第 1 种角色是传承核心价值观的驱动者（Value，取首字母 V）。要扮演好这个角色，HRBP 需要做好如下关键业务活动。

（1）端正态度：HRBP 要在团队中传播、传达、传承企业的核心价值观，让团队成员感受到企业核心价值观无处不在。

（2）推动文化：HRBP 要在团队中推进企业文化建设，让团队感受到企业倡导的文化并不只是口号，而是能够落地的行动。

（3）人才选留：HRBP 要选拔出与企业核心价值观和企业文化相符的员工，

逐渐淘汰掉与企业核心价值观和企业文化不符的员工。

（4）团队建设：HRBP 要以企业的核心价值观和企业文化为指导做好团队建设。

第 2 种角色是组织变革的推动者（Change Agent，取首字母 C）。要做好这个角色，HRBP 需要做好如下关键业务活动。

（1）组织诊断：HRBP 要能够进行组织诊断，发现组织层面存在的问题，帮助组织找到问题的根源。

（2）问题评估：HRBP 要评估当前组织的问题大小和风险情况，根据重要性和紧急程度，设定解决问题的优先级顺序。

（3）变革实施：HRBP 要根据问题和风险的情况与相关的责任人沟通，制定相应的组织变革方案，报相关管理者审批后，推进实施。

（4）评估改进：HRBP 要在组织变革实施的过程中，进一步发现问题，解决问题，并将好的做法固化到制度或流程中。

第 3 种角色是员工关系的维护者（Relationship Manager，取首字母 R）。要做好这个角色，HRBP 需要做好如下关键业务活动。

（1）员工访谈：HRBP 要定期进行员工访谈，随时了解和掌握员工的思想动向。

（2）员工健康：HRBP 要关注员工的身心健康，关注员工工作环境的安全情况，当发现员工身心健康出现问题或工作环境存在安全隐患时，要帮助员工及时采取行动。

（3）工作氛围：HRBP 要调节员工的工作氛围，要关注员工的满意度和敬业度，通过创造良好的工作氛围，提升员工的工作积极性。

（4）应急处理：HRBP 要有能力处理员工的一些突发状况，例如员工投诉、绩效申诉、员工矛盾冲突、劳动争议等。

第 4 种角色是人力资源管理流程的运营者（Operator，取首字母 O）。要做好这个角色，HRBP 需要做好如下关键业务活动。

（1）工作计划：HRBP 要围绕业务需求，制定人力资源管理工作的计划。

（2）采取行动：HRBP 要保证相关人员按照工作计划采取行动。

（3）过程纠偏：HRBP 要在执行工作计划的过程中发现工作计划的问题，及时纠偏。

（4）管理提升：HRBP 要提升各业务团队管理人员的领导力，保证团队层面的人力资源管理工作能够通过团队管理者得以落实。

第 5 种角色是人力资源解决方案的集成者（Solution Integrator，取首字母 S）。要做好这个角色，HRBP 需要做好如下关键业务活动。

（1）理解需求：HRBP 要理解业务的需求，并运用组织诊断工具将业务需求转化为人力资源管理工作的需求。

（2）制定方案：HRBP 根据业务需求和人力资源管理需求制定相应的解决方案。这里的解决方案应当与业务部门达成一致。

（3）落地执行：HRBP 要保证制定的方案能够落地执行，执行过程中如果遇到困难或资源障碍，应当及时查找原因，及时调整。

（4）总结回顾：HRBP 要定期总结、回顾方案执行过程中的问题，在制度或流程上做出调整，为今后方案的执行提供参考。

第 6 种角色是战略伙伴（Strategic Partner，取首字母 S）。要做好这个角色，HRBP 需要做好如下关键业务活动。

（1）理解战略：HRBP 要参与企业战略的规划过程，并理解企业的战略意图。

（2）外部视角：HRBP 要分析企业外部的环境情况，并寻找机会点和差距点。

（3）连接战略：HRBP 要制定人力资源管理战略，并确保与企业战略连接。

（4）执行战略：HRBP 要保证企业战略和人力资源管理战略落地实施并有效执行。

1.2　HRBP 创造价值方法

有很多 HRBP 感觉自己的人力资源管理工作没有价值。关于人力资源管理如何聚焦价值，人力资源管理专家戴夫·乌尔里克（Dave Ulrich）曾经提出过一个金字塔模型（以下简称金字塔模型）。这个金字塔模型是从整个企业经营发展的视角看人力资源管理应该如何给企业创造价值，如图 1-5 所示。

这个金字塔模型分成 10 个部分。最顶端的第 1 部分是人力资源管理要为企业创造价值。这既是人力资源管理的原则，也是人力资源管理需要关注的过程；既是顶层的注意事项，也是把底层工作做好了之后将会收获的结果。

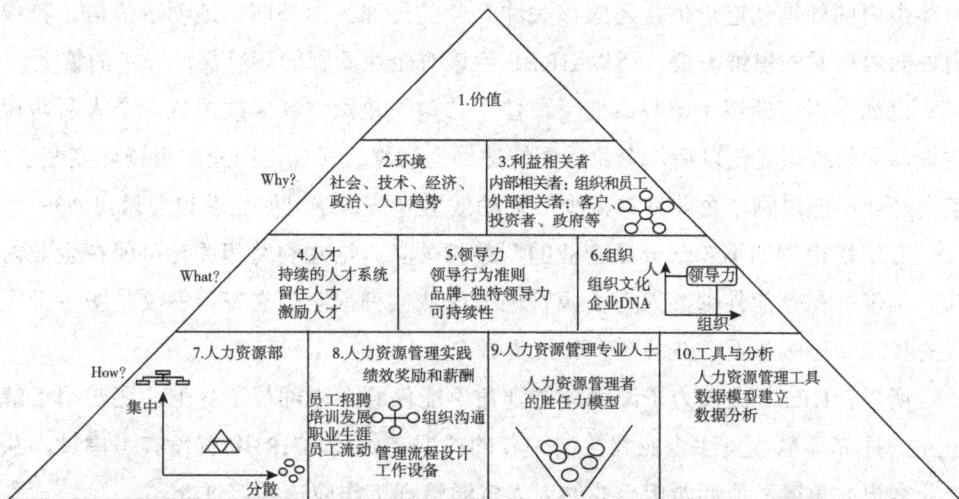

图 1-5 人力资源管理创造价值的金字塔模型

如果要检验企业在这个部分有没有做好，可以审视企业的人力资源管理是否为企业持续创造价值。这也意味着 HRBP 看问题的角度不仅包括在人力资源管理方面做了什么事情，还包括做的这些事情究竟为企业创造了什么价值、为人才创造了什么价值。

要实现最顶层的价值，其他 9 个部分可以分成 3 层。第 1 层是"为何做"（Why），包括第 2 部分环境和第 3 部分利益相关者；第 2 层是"做什么"（What），包括第 4 部分人才、第 5 部分领导力和第 6 部分组织；第 3 层是"怎么做"（How），包括第 7 部分人力资源部、第 8 部分人力资源管理实践、第 9 部分人力资源管理专业人士和第 10 部分工具与分析。

1.2.1 为何做：由外向内的视角

金字塔模型的第 2 部分和第 3 部分，告诉了 HRBP"为何做"（Why）。通过了解顶层设计、外部环境和利益相关者的情况，HRBP 能够搞清楚企业的人力资源管理工作究竟为什么而做。

金字塔模型的第 2 部分环境指的是企业环境，包括企业所处的社会环境、技术环境、经济环境、政治环境，以及所处环境的人口趋势。

HRBP 千万不要以为这些因素和自己没关系。人力资源管理不仅应该从企业内部由内向外地创造价值，还应该关注企业的外部，由外向内地创造价值，养成由外向内思考的思维习惯。所以 HRBP 应该对企业周围的环境保持一定的警觉。

例如，国家的某个政策改变了，像"二孩"政策、社保政策或者个人所得税政策，这些政策变化以后，企业就要快速做出调整；又如，产业的市场环境变了，整个产业产能过剩，企业订单减少，劳动效率降低，这时候企业也要做出改变。

金字塔模型的第 3 部分是企业的利益相关者。这些利益相关者可能在企业内部，也可能在企业外部。人力资源管理工作从某种程度上来说，不仅是服务于企业的员工，还服务于企业的客户和投资者。

所以，HRBP 做人力资源管理的视角不能仅盯在内部员工身上，还必须了解企业的外部环境，关注企业利益相关者的情况。例如，HRBP 有没有考虑过，从企业客户的角度，他们希望企业的人力资源管理工作应该如何进行。

假如企业有一个大客户是苹果公司，这时候 HRBP 有没有了解过，苹果公司对企业人力资源管理的要求和期望是什么。如果 HRBP 关注客户，可能会发现当前企业一些人力资源管理方法存在很多问题。

海底捞公司的顾客服务是比较出名的，这种服务怎么来的呢？为什么别的餐饮企业很难达到这种服务标准？这其中很大一部分原因是海底捞对内部的人力资源管理机制不是只盯着内部员工，还盯着外部客户。

海底捞的思考视角是从客户的需求到业务战略，从业务战略到组织能力的要求，从组织能力的要求再到人力资源管理的各项措施。这正是 HRBP 要做好人力资源管理工作需要具备的由外向内思考的视角，如图 1-6 所示。

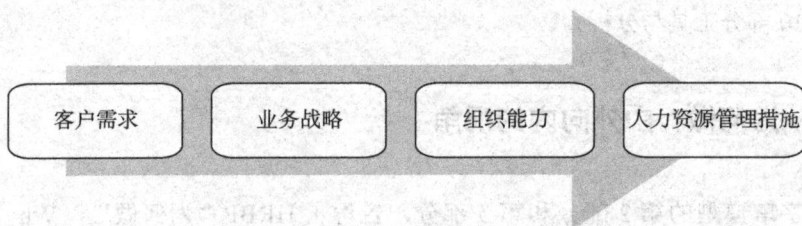

客户需求　→　业务战略　→　组织能力　→　人力资源管理措施

图 1-6　HRBP 要做好人力资源管理工作需要具备的由外向内思考的视角

金字塔模型的第 2 部分和第 3 部分都需要 HRBP 从外向内进行人力资源管理。要检验人力资源管理工作在金字塔模型第 2 部分和第 3 部分的实施质量，HRBP要问自己，能不能理解企业当前运作的具体环境，企业的人力资源管理工作有没有和外部利益相关者关联并且紧密结合在一起。

1.2.2　做什么：连接组织与人才

金字塔模型的第 2 部分和第 3 部分是企业人力资源管理的外部情况。金字塔模型的第 4 部分、第 5 部分和第 6 部分是企业人力资源管理的内部情况，它能够告诉 HRBP 实施人力资源管理工作应该"做什么"（What）。

金字塔模型的第 4 部分人才泛指企业中一切的人力资源，第 5 部分领导力泛指企业中一切宏观和微观的领导力，第 6 部分组织泛指企业中一切的顶层设计。

想象一个场景，HRBP 和业务部门的管理者对话，这时候都会说什么？

这时候一般来说会包括 3 个方面的话题。

第 1 个方面是关于人才的话题，也就是 HRBP 能不能帮企业、部门、团队找到合适的人才，能不能建立一套人才供应系统，能不能做好人才培养、人才保留和人才激励等工作。人才是企业部门、团队发展永恒的话题。

只有人才的话题还不够，第 2 个方面的谈话内容一般会是关于组织的话题。一群优秀的人才如何能够更好地产生价值？如何能够更好地发挥作用？如何把人才有序地组织在一起？关于组织的话题中可能涉及组织机构层面的问题、企业文化层面的问题，也涉及组织能力层面的问题。组织能力也关系到企业的创新能力、员工之间协调合作的能力、员工的工作效率。人才要发挥价值，有时候还需要组织给员工具体的身份定位和一些必要的权力。

除了人才和组织之外，第 3 个方面的谈话内容通常是关于领导力的话题。这里的领导力不仅是管理者个人的领导力，还是一种能够把人才和组织紧紧连接在一起的企业层面的领导力，其实也是一种组织能力。

根据金字塔模型，HRBP 要为企业创造价值，具体要做什么？就是要关注企业人才的整体情况，关注组织层面顶层设计的情况，提升企业整体的领导力，连接人才和组织，从而对外部的环境和利益相关者形成匹配和支撑。

1.2.3　怎么做：实践与工具应用

为了创造价值，在明确了"为何做"与"做什么"之后，金字塔模型的第 7 部分、第 8 部分、第 9 部分和第 10 部分能够告诉 HRBP 应当如何实施人力资源管理工作，也就是"怎么做"（How）。

第 7 部分是人力资源部的组织机构能否适应企业的需要。很多 HRBP 很容易忽略这个环节。当 HRBP 有机会设计组织机构的时候，更多考虑的是企业层面的组织机构设计，或者部门、团队层面的组织机构设计，很少思考应该如何设计人力资源部的组织机构。这就好比一个医生，经常给别人治病，望闻问切样样精通，却从没想过给自己看病。

每一种组织架构都对应着一种管理逻辑，人力资源部的架构应该和企业整体的业务架构紧密地结合在一起，而不是今天看到某种架构比较流行就跟风使用，或者看到一些大企业在用某种架构，就盲目地跟着用这种架构。

第 8 部分是人力资源管理实践，这里面包括了员工招聘、培训发展、职业生涯等，这其中也包括了人力资源管理 6 大模块的实践。这里的人力资源管理实践包括企业内部的实践，也包括企业外部的实践。

很多企业在学习阿里巴巴、华为、腾讯的人力资源管理实践。学习优秀企业的人力资源管理实践本身没有错，但要注意更多地学习与企业管理模式类似、适合企业自身的人力资源管理实践，而不是盲目学习大企业的做法。

第 9 部分是人力资源管理人员的专业程度。如果企业中从事人力资源管理工作的人员专业度很差，是很难让人力资源管理理念真正落地的。所以人力资源管理工作人员的胜任力建设和发展也是企业非常重要的一项工作。

第 10 部分是人力资源管理相关的工具和分析。其中包括了数据模型建立和数据分析。有人可能觉得这些工具是最重要的，其实工具层面的问题对企业来说并不是最重要的。

1.3　HRBP 驱动业务方法

HRBP 要驱动业务发展，需要帮助企业、部门、团队理清商业模式，找到商业模式的核心；需要理清战略、执行、领导力、价值观、业务和人力资源管理之间的关系；需要明确业务部门的需求，令业务部门管理者和员工满意；需要协助业务部门制定标准和流程。

1.3.1 商业模式画布

HRBP 驱动业务发展的前提是掌握或了解商业模式，有能力与企业、部门、团队一起理清商业模式，协助企业、部门、团队制定战略目标，明确行动方向。这时候可以用到一种工具——商业模式画布。

商业模式画布（Business Canvas）是一种用于厘清商业模式，明确产品、客户，看懂供求关系，算清成本、收益的工具。商业模式画布不仅可以将商业模式有效拆分，还可以找到商业模式包含的各项内容之间的关系。

商业模式画布的形式如图 1-7 所示。

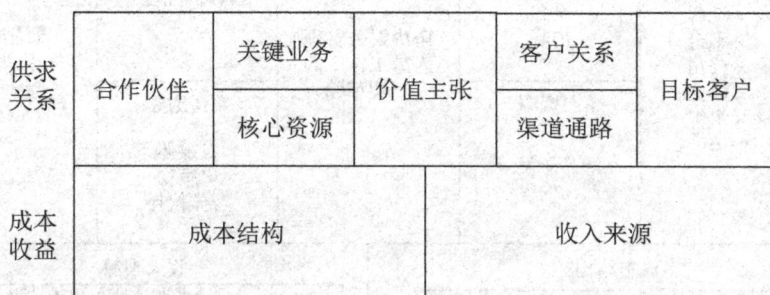

供求关系	合作伙伴	关键业务	价值主张	客户关系	目标客户
		核心资源		渠道通路	
成本收益	成本结构			收入来源	

图 1-7　商业模式画布工具示意

商业模式画布分成两个部分：一部分是供求关系，一部分是成本收益。供求关系指的是商业模式当中供给与需求之间的关系。供求关系是一切商业模式的基础，有需求，才有供给。如果没有需求只有供给，则是一厢情愿，商业模式无法成立。成本收益指的是整个商业模式实施之后，在财务管理方面的成本情况和收益情况。

商业模式画布的核心是供求关系，厘清供求关系，才有基本的商业逻辑。供求关系和成本收益之间是因果关系，供求关系是因，成本收益是果。

供求关系可以分成合作伙伴、关键业务、核心资源、价值主张、客户关系、渠道通路和目标客户 7 个部分。下面以某企业的商业模式画布为例。

合作伙伴指的是能够帮助企业满足客户、一起创造价值的所有商业伙伴。

关键业务指的是为了满足企业客户需求所开展的主要业务活动。

核心资源指的是企业为了获取客户、满足客户、取得竞争优势所拥有的关键资源。

价值主张指的是企业存在的价值，企业能够帮助客户解决的问题。

客户关系指的是企业和客户之间的连接与互动。

渠道通路指的是企业获取客户、销售产品或服务客户的渠道。

目标客户指的是所有能够成为企业潜在目标客户的群体。

举例

某专门为财务管理人员提供知识服务的新媒体创业公司的商业模式画布如图1-8所示。

供求关系	合作伙伴 ××社群 ××平台 ××公司 ××协会 ××组织 ……………	关键业务 社群 平台 内容 核心资源 产品研发 产品内容	价值主张 解决财务管理人员工作中的一切难题	客户关系 社群高黏性 渠道通路 自媒体 出版物 合作伙伴	目标客户 所有财务从业者

成本收益

成本结构	
类别	万元/年
营销费用	100
人力成本	200
租金成本	10
开发维护成本	30
设备成本	20
其他费用	40
合计	400

收入来源

年份	总营业收入（万元）	总成本（万元）	税前利润（万元）
第1年	200	400	-200
第2年	500	500	0
第3年	800	600	200
第4年	1 000	700	300
第5年	1 500	800	700

图1-8 专门为财务管理人员提供知识服务的新媒体创业公司的商业模式画布

每个企业、部门、团队在制定战略、采取行动方案之前，首先要明确自身的商业模式。商业模式决定了选择方向，只有商业模式成立，努力方向才可能正确。如果方向错误，所有的努力都会变得没有意义。

1.3.2 业务驱动工具

HRBP 要有效驱动业务发展，需要用到业务领先模型（Business Leadership Model，BLM）工具。BLM 工具是一种把战略目标、核心价值观、业务发展、人才发展与领导执行结合在一起的模型工具。BLM 来源于 IBM 公司保证战略规划和业务落地的方法论。

BLM 工具的形态如图 1-9 所示。

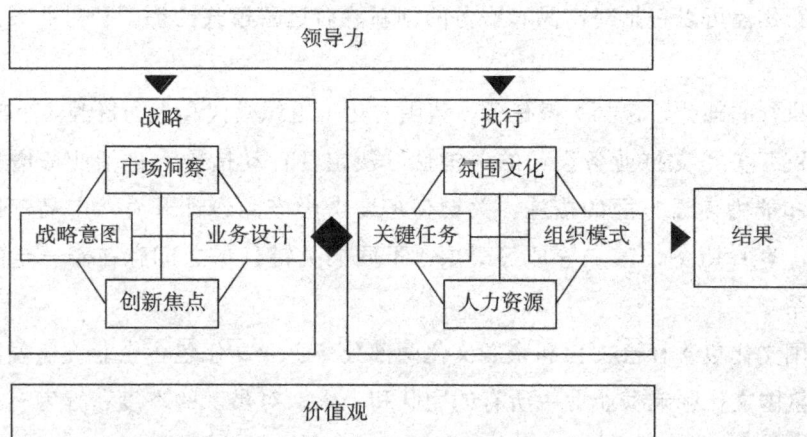

图 1-9　BLM 工具的形态

BLM 工具的顶端和底端分别是领导力和价值观。顶端的领导力是业务的核心驱动力。底端的价值观是企业发展的根本导向。顶端和底端的含义是企业在价值观的基础上，通过领导力的作用，驱动业务发展。

BLM 工具的中间分成战略、执行和结果 3 个部分。企业的成功需要正确的战略指明方向和方法，需要强有力的执行保证战略落地。有了正确的战略、强有力的执行后，才有可能收获比较好的结果。

在战略的部分，包括战略意图、市场洞察、业务设计和创新焦点 4 个部分。

战略意图指的是愿景、方向或目标，指要做什么事，要得到什么结果。战略意图一般可以分成远期目标和近期目标。战略意图要体现出企业的竞争优势。人力资源战略要配合企业、部门、团队的战略意图。

市场洞察需要了解客户需求、竞争对手、市场状况和技术情况。通过市场洞察，了解外部环境的整体情况，结合自身情况指导实施内部战略决策。市场洞察主要可以分为对宏观环境的分析、对竞争情况的分析和对客户情况的分析 3 类。

业务设计是保证企业持续增值的方法。业务设计既要考虑企业当前的业绩情况和机会增长点之间的差距，又要考虑当前的能力基础和资源情况。业务设计的主要内容包括选择客户、产品和服务的价值主张、商业价值获取方法、商业价值产生领域、价值持续增长的方法、风险管控的方法。

创新焦点是采用创新的方法，为企业带来新的商业模式或新的增长点。创新焦点的主要内容是对未来业务的整合、对创新方法的探讨和有效利用资源的方法。创新焦点可以包括对产品和服务的创新、对运营模式的创新和对业务模式的创新。

在执行的部分，包括关键任务、氛围文化、组织模式和人力资源 4 个部分。

关键任务是支持业务设计的关键性、决定性行动措施，包括业务增长方面的措施和能力建设方面的措施。关键任务要考虑产品设计开发、产品营销、产品交付、客户服务、客户管理等事项。不同的关键任务之间存在着一定的相互依赖关系。

氛围文化包含社会文化和企业文化两部分。企业文化包含企业价值观和企业理念。氛围文化影响着企业中所有的团队和个人，对员工的态度和行为有非常重要的影响作用，甚至能够对企业经营的成败造成影响。

组织模式指的是对关键任务形成支持的组织机构设计、业务关系设计、关键岗位设计、岗位能力要求、工作授权设计、运营体系设计、流程制度设计、分工协作机制、信息管理、知识管理、绩效管理、奖惩设计、激励设计、职业规划等组织层面的顶层设计。

人力资源指的是企业的人才要有能力执行战略，有能力保证战略的有效实施。人力资源包括管理员工的思想、能力和承诺。人力资源要做好人才获取、人才选拔、人才培养、人才激励、人才保留等工作。

除了促进战略的执行落地之外，BLM 工具能够让人力资源管理和业务的关联更紧密。运用 BLM 工具，在各业务部门做规划的时候，HRBP 需要把部门战略和人力资源管理战略紧密结合在一起。此时的人力资源管理战略不再是写在纸上的报告，而是能够最终落地、发挥作用的。

1.3.3　服务业务工具

HRBP 对业务部门既要做好驱动，又要做好服务。当 HRBP 服务业务部门的时候，业务部门领导和员工对 HRBP 有的工作会表示满意，对有的工作会表示不满意。如何保证 HRBP 服务的业务部门领导和员工对 HRBP 的工作满意呢？

要使业务部门领导和员工对 HRBP 的工作满意，HRBP 可以采用一种非常重要的工具——KANO 模型，如图 1-10 所示。

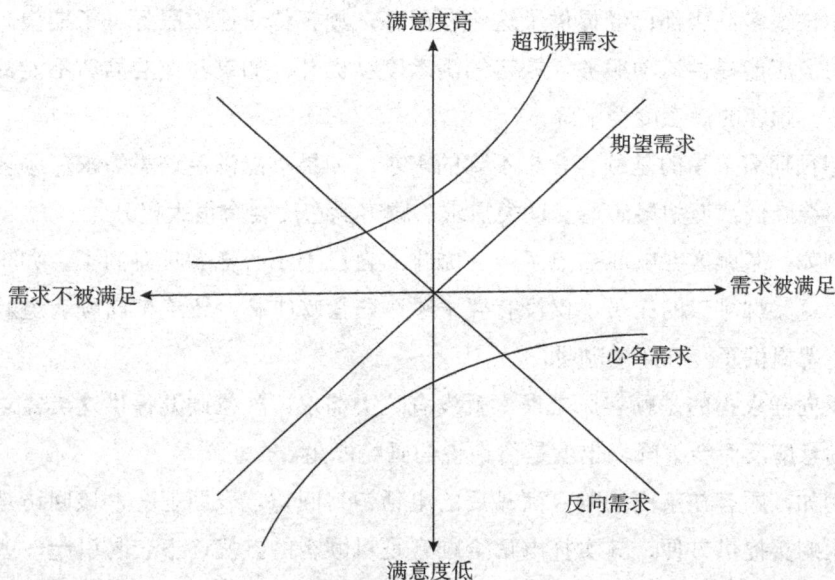

图 1-10 KANO 模型

KANO 模型最早被用在营销领域，体现了顾客需求和顾客满意度之间的关系，可以用来解释商家如何满足顾客的需求。在企业当中，业务部门的领导和员工就相当于顾客，HRBP 就相当于提供商品或服务的商家。HRBP 要满足业务部门的需求，其实和商家满足顾客的道理是一样的。

KANO 模型定义了 4 个层次的顾客需求，分别是必备需求、期望需求、超预期需求和反向需求。

必备需求指的是顾客对产品或者服务的基本要求，是顾客认为产品或者服务必须有的属性或者功能。当产品或服务能满足这些需求的时候，顾客满意度不会提升；但是当产品或服务不能满足这类需求的时候，顾客满意度会大幅降低。

例如，夏天去买空调，如果买回来的空调能正常制冷，顾客不会因为这个就对买回来的空调感到满意，因为这是空调本来就应该有的基本功能；但是，一旦顾客买的空调不能制冷，那么顾客对这个品牌空调的满意程度一定会大幅度下降。

期望需求是指顾客的满意程度与需求的满足程度成一定比例关系的需求。当满足这类需求的时候，顾客的满意度会提升；当满足不了这类需求的时候，顾客的满意度会降低。

例如，酒店提供的免费早餐服务，免费早餐通常不是酒店服务属性中必备的，可是如果很多酒店都已经提供了这一项服务，顾客就对这项服务有了期望。如果其他的酒店能提供这项服务，顾客的满意度会提升；如果其他的酒店不能提供这项服务，顾客的满意度会下降。

超预期需求指的是顾客意想不到的需求。如果不能满足这类需求，顾客的满意度不会降低；但如果满足了这类需求，顾客满意度会有很大提升。

例如，某顾客在咖啡店点了一杯咖啡，自己不小心把咖啡碰洒了，咖啡杯摔碎了。这家咖啡店的店员不仅没有要求顾客赔偿咖啡杯，还连忙向顾客道歉，为顾客免费提供了一杯新的咖啡。

反向需求指的是顾客原来根本就没有这类需求，如果硬要提供这类需求，顾客的满意度反而会下降，也就是俗话说的画蛇添足。

例如，顾客在某商场购买商品后的电话销售回访。表面上看，该回访是为顾客再次购买提供方便，其实打电话给顾客是对顾客的打扰，很容易引起一些顾客的反感，反而降低顾客的满意度。

人人都是产品经理。HRBP 也是为了更好地服务企业，不断提供自己的产品和服务，不断满足顾客需求的产品经理。HRBP 一定要搞清楚在自己的企业里，领导的必备需求、期望需求、超预期需求和反向需求分别是什么。

HRBP 可以 KANO 模型为工具，以团队成员为对象，分析和研究他们的各类需求，如表 1-1 所示。

表 1-1　HRBP 运用 KANO 模型以团队成员为对象的需求分析

团队成员	期望需求	超预期需求	必备需求	反向需求
张三				
李四				
王五				
赵六				
徐七				

HRBP 也可以 KANO 模型为工具，以工作任务为对象，分析和研究不同工作任务的工作成果对应部门、团队的哪种需求，如表 1-2 所示。

表 1-2　HRBP 运用 KANO 模型以工作任务为对象的需求分析

工作任务	期望需求	超预期需求	必备需求	反向需求
A 任务				
B 任务				
C 任务				
D 任务				
E 任务				

当 HRBP 弄清楚这些需求之后，可以用产品经理的心态做事，让自己提供的服务能够不断循序渐进、迭代升级，能持续地满足团队的需求，持续获得团队领导的信任，从而能够驱动业务发展。

1.3.4　设定标准方法

不标准的操作工序必然会降低产品的标准化程度和可控性，影响企业的稳定运营。企业对工序的标准化，也是对员工规范的标准化。这种标准化能够让员工的行为有章可循、有法可依。HRBP 要有能力帮助业务部门设定标准化的工作流程，形成标准工序。

标准工序是一套标准化的作业程序。企业通过对岗位制定标准工序，能够规范岗位的工作程序和员工的工作行为，实现和保障产品的标准化。标准工序同时也是管理者判断员工作业质量的重要依据，通过比照标准工序，能够快速发现员工的问题，在产生严重后果之前及时纠偏。

标准工序有助于形成标准化产品，能够实现最终产品的统一；有助于最大化效率，能够提高员工的操作效率；有助于最优化成本，减少工序中不必要的成本；有助于最小化风险，降低工序中可能存在的风险。

一套完整的标准工序包含以下 6 个要素。

（1）操作需要的工具或设备。

（2）所需物料的名称与数量。

（3）量取物料的工装或夹具。

（4）操作需要的人员与配置。

（5）操作过程的步骤与注意事项。

（6）可能存在的风险与问题。

HRBP 设计标准工序时，有 6 个步骤，如图 1-11 所示。

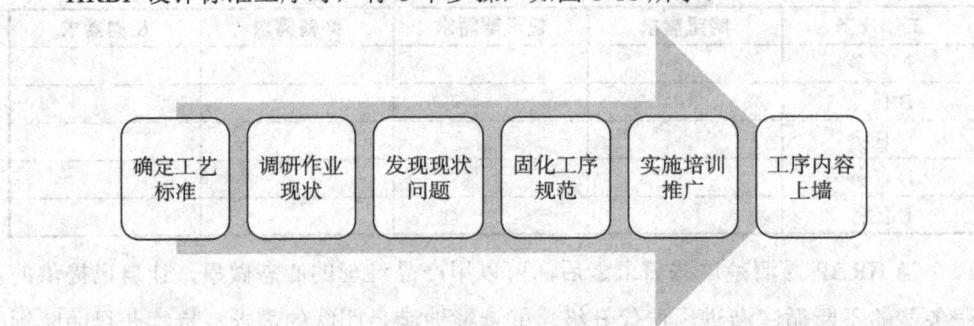

图 1-11　HRBP 设计标准工序的步骤

第 1 步，确定工艺标准。确定企业产品的尺寸、重量、材质、精度、技术，以及加工顺序等相关要求。

第 2 步，调研作业现状。通过实地观察调研，发现企业当前员工的操作情况，分析员工操作的价值点和问题点。

第 3 步，发现现状问题。比对标准与现状，识别多余的、缺少的、有风险的、与要求不符的动作，保留有价值的动作。

第 4 步，固化工序规范。形成符合实际操作的工序标准，注意描述动作要精准、具体、易懂，便于员工学习操作。

第 5 步，实施培训推广。把固化后的工序标准在企业范围内对相关岗位实施培训推广，使之成为工作要求。

第 6 步，工序内容上墙。把标准工序制作成清晰的图片、看板、手册等，让员工能够很容易地看到或者获取到。

1.3.5　设计流程方法

小企业更关注生存问题，大企业更关注发展问题。要发展，就要有规范的工作流程保证发展的持续稳定。很多企业因为缺乏统一的工作流程，造成了很多问题。这些问题，实际上都是企业为管理缺乏规范化付出的成本。要想有效地驱动业务发展，HRBP 要有能力帮助业务部门梳理和设计流程。

工作流程指的是把工作输入（条件）到工作输出（结果）连接起来的一系列有目的、有执行力的相关行动、任务或事件的组合。规范的工作流程能够实现从输入到输出的稳定性、重复性、可预期性。工作流程能够帮助企业落实规则系统，能够把企业文化融入工作中，也能有效地降低成本、提高效率。

企业中的工作流程应当分级管理，不同层级的流程代表着不同的含义，如图 1-12 所示。

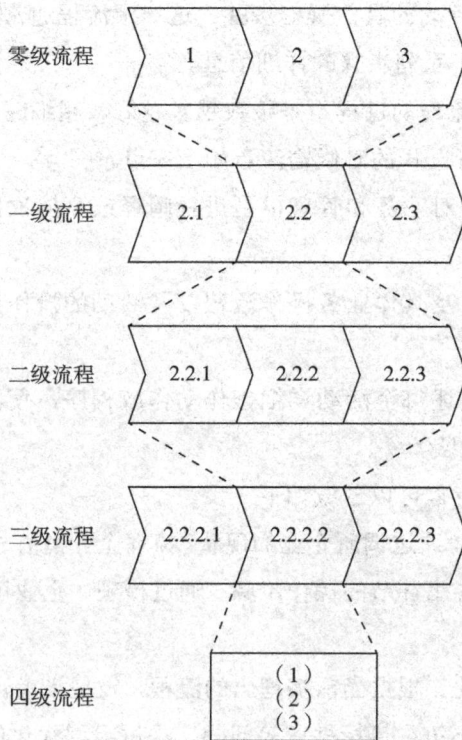

图 1-12　企业流程的层级

1. 零级流程

零级流程就是企业在业务层面的核心价值链，是整个企业中的最高级别流程。在零级流程中，每一个方框代表着一个业务流程的总名称。

2. 一级流程

一级流程是企业在业务层面的流程链，是对零级流程模块中某一个方框（某个业务流程）的流程化图示。在一级流程中，每一个方框代表一组子流程。

3. 二级流程

二级流程是更详细的流程图示。在二级流程中，每个方框代表一组可以有所产出的行动。在这一级流程中，可以观察到相对具体的操作。

4. 三级流程

三级流程是具体的行动图。在三级流程中，每个方框代表一系列组成该流程的具体行动。在这级流程中，可以观察到每个具体的动作。

5. 四级流程

四级流程是完成行动的具体操作步骤。这一级流程通常只有一个方框，代表着完成动作时进行的一系列步骤的详细信息。

将价值链分解到流程的过程不是级数越多越好、越细越好，应当根据需要有所选择。HRBP 在进行选择的时候需注意如下 3 点。

（1）如果是为了对业务和管理模型进行阐释或高层次的分析，可以将价值链分解到一级流程。

（2）如果需要涉及具体业务操作流程以及活动的操作流程，可以将价值链分解到二级流程。

（3）如果需要描述每个活动详细操作动作或程序，使流程可操作，可以将价值链分解到三级或四级流程。

HRBP 制定工作流程可以分成如下 3 步。

第 1 步，流程梳理。通过调研企业的现状，梳理企业当前相关环节的流程情况，绘制流程图，并描述各个环节的操作步骤。通过梳理，企业可以进一步明确流程，减少内耗。

第 2 步，流程优化。根据当前梳理出的流程，发现当前流程中的冗余、模糊、错误、延误、与战略不符、目标性差等问题，探讨流程优化的可能性。

第 3 步，流程再造。根据流程优化中对企业价值链的梳理和分解过程，发现当前流程的问题，对流程进行规范、重塑，确定新的流程方法，确定流程中需要用到的工具。

第 2 章
HRBP 人力规划方法与工具

人力资源规划是一切人力资源管理工作的基础。要做好人力规划，HRBP 需要发现组织层面的问题，做好组织层面的规划，提升组织能力；需要查找部门层面的问题，做好部门层面的权责利划分，提升部门运转效率；还需要了解岗位层面的问题，做好岗位层面的评估，提升岗位工作效率。

2.1　组织与战略规划方法

HRBP 要掌握组织诊断工具的使用方法，具备组织诊断的能力；要熟练运用战略分析工具和战略选择工具，认清企业的优势、劣势、机会、威胁，识别企业的核心竞争力，帮助设计组织层面的战略和人力资源管理战略；要有能力设计人力资源部的组织机构，让人力资源管理工作更好地服务业务、驱动业务发展。

2.1.1　组织诊断工具

HRBP 要诊断组织机构的管理效能，可以用到一个工具——6 个盒子。6 个盒子，也叫 6 盒模型，是一种诊断组织健康状况的工具。通过 6 个盒子工具，能够盘点组织的现状，快速找到组织当前存在的问题，更精准、高效地解决问题。

6 个盒子实际上指的就是 6 个维度，分别是使命与目标、结构与组织、关系与流程、奖励与激励、支持与工具、管理与领导，如图 2-1 所示。

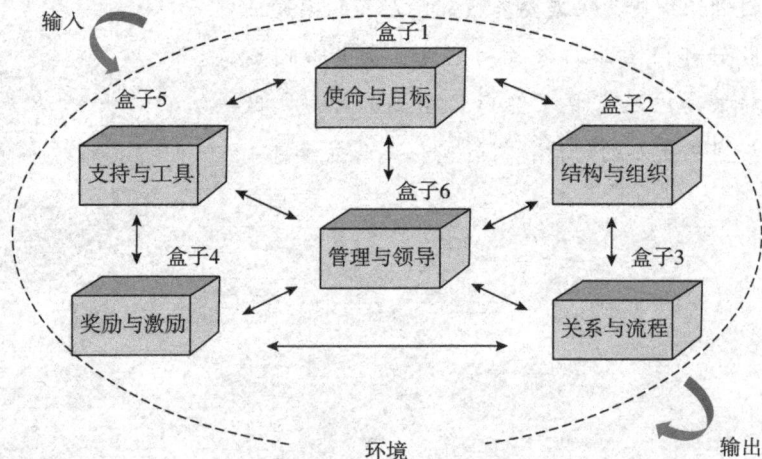

图 2-1　6 个盒子工具

这 6 个维度的含义如下。

（1）使命与目标，指的是企业是否有明确的使命与目标；员工是否清楚并理解企业的使命与目标；企业的使命与目标和企业的组织能力是否相符；企业准备为谁创造价值；企业实际正在为谁创造价值。

（2）结构与组织，指的是企业的组织机构是如何划分的；企业的组织机构是否能够对企业的使命和目标起到支持作用；企业内部是如何开展分工协作与内部信息沟通的；企业内部的分工协作是否顺畅、高效。

（3）关系与流程，指的是企业内部各业务部门之间的关系如何；是否存在流程上的矛盾或问题；当前的流程是否存在冗余；内部流程运行的效率如何；是否在内部关系或流程上存在不必要的耗损。

（4）奖励与激励，指的是企业当前的奖励或激励是否及时；当前的奖励或激励是否能够支持员工的工作任务和工作目标达到预期；当前的奖励或激励能否有效地激发员工采取企业想要看见的行动。

（5）支持与工具，指的是企业是否存在支持自身发展的系统；员工能够获取的工具是否简单、有效；员工能否快速获得工作需要的资源。

（6）管理与领导，指的是企业是否存在能够随时衡量其他 5 个盒子问题的管理系统；管理者是否能及时发现异常并采取有效的行动。

应用 6 个盒子工具的时候，要注意以下 4 点。

（1）平等性：6 个盒子之间不存在谁比谁更高级，没有重要性的先后顺序，都非常重要。

（2）关联性：6 个盒子之间存在一定的关联性，有的盒子中的问题的产生是因为其他盒子的问题。

（3）共同性：6 个盒子要一起应用，单独运用其中某几个盒子，忽略其他盒子，将起不到效果。

（4）应用性：要想让 6 个盒子成为管理者探讨组织问题的语言，需要在工作中经常运用。

应用 6 个盒子工具的时候，有以下 3 个误区。

（1）当成万能钥匙。有的管理者把 6 个盒子当成解决一切组织问题的万能钥匙。6 个盒子并不能包含组织层面的全部问题。组织诊断的时候除了要考虑 6 个盒子的维度之外，还要考虑企业中其他的实际维度。

（2）忘记发展变化。有的管理者常忘记组织的问题是不断发展变化的。当用 6 个盒子工具做诊断之后，不代表一段时间之后的问题还是当时的问题。6 个盒子工具要在当下讨论运用。

（3）忽略因果关系。有的管理者把 6 个盒子孤立地看，就某个问题只在单个盒子中讨论。6 个盒子之间存在一定的因果关系，有的问题产生是因为其他盒子中的问题，应当把 6 个盒子关联起来看。

2.1.2　战略分析工具

不论是企业的战略分析还是人力资源战略分析，都可以用到 SWOT 分析工具。SWOT 分析工具是通过全面分析企业内部的优势（strength）和劣势（weakness）、外部的机会（opportunity）与威胁（threat）获得相关信息，从而得出结论的工具。

HRBP 既可以用 SWOT 分析工具协助组织做好战略分析，也可以用 SWOT 分析工具进行人力资源战略或人力资源竞争力分析。分析之后，可以根据需要，制定相应的应对策略。

举例

某 HRBP 想要制定明年的人力资源管理战略，结合企业战略和当前人力资源管理情况，运用 SWOT 工具分析后得到的结果如图 2-2 所示。

根据 SWOT 分析结果，HRBP 在企业人力资源管理方面决定采取如下战略措施。

（1）打造雇主品牌，增强企业在人才市场的吸引力。

（2）建立激励机制，做到物质激励和精神激励结合。

（3）进行人才盘点，做好人才培养，形成人才梯队。

（4）做好薪酬调研，保持薪酬在市场上的领先地位。

（5）拓展招聘渠道，保证人才缺失后得到及时补充。

（6）提高培养手段，让人才培养能够取得预期效果。

（7）强化校企合作，通过合作接触并获得高端人才。

（8）支持创新创业，支持并持股优秀创业项目企业。

优势	劣势
1. 企业最高管理层对人力资源管理比较重视 2. 人力资源学历水平较高，整体素质较好 3. 企业核心岗位的薪酬水平在行业内保持在75分以上	1. 雇主品牌建设不足，企业在人才市场的吸引力低 2. 人力资源的司龄较短，凝聚力不强，归属感和稳定性较差，缺乏有效的人才激励方法 3. 人才的培养手段比较单一，没有形成人才梯队
机会	威胁
1. 企业所在的行业属于朝阳产业，业绩较好，在同行业中遥遥领先 2. 已招募有丰富经验的人力资源管理团队，全面提升组织能力和人力资源管理能力 3. 人才市场中需求人才的供应较充足	1. 行业竞争比较激烈，对人才的竞争也比较激烈 2. 竞争对手的挖角比较严重，相互争抢优秀人才 3. 行业内的高端人才比较稀缺，有技术、有能力的人才偏向于创业

图 2-2　某企业人力资源管理的 SWOT 分析

2.1.3　战略选择工具

选择和制定战略要谨慎，要在充分了解内部资源和能力之后做出选择。HRBP 应当在 SWOT 分析的基础上，进一步分析组织能力和资源，帮助组织找到核心竞争力，获得竞争优势。要实现这一点，HRBP 可以用到 VRIO 模型。

VRIO 模型包括价值（value）、稀缺性（rarity）、难模仿性（inimitability）和组织（organization）4 个部分。

价值（value）的含义是企业当前的资源和能力情况能否帮助企业保持优势、化解劣势、把握机会、消除威胁，是否能够让企业持续增值。

稀缺性（rarity）的含义是企业当前的资源和能力是否存在一定的稀缺性，具备这类资源和能力的其他企业是否比较少。

难模仿性（inimitability）的含义是企业当前的资源和能力是否难以被他人模仿，不具备这类资源和能力的企业如果想获得类似的资源和能力，难度有多大。

组织（organization）的含义是企业对当前的资源和能力是否有足够的组织能力，企业能否有效运用当前的资源和能力。

HRBP 运用 VRIO 模型的步骤可以分成以下 3 步。

第 1 步，罗列企业具备的能力和资源。

第 2 步，通过 VRIO 模型对这些能力和资源进行分析。

第 3 步，找到企业的核心能力和资源，确立企业的核心竞争力。

第 4 步，围绕进一步提升企业的核心竞争力，采取一系列的战略选择。

第 5 步，围绕如何弥补能力和资源上的不足，采取一系列的战略选择。

举例

某企业是一家生产制造型企业，该企业的 HRBP 帮助企业通过 SWOT 分析确定战略之后，又采取 VRIO 模型找到企业的核心竞争力，得出的结果如表 2-1 所示。

表 2-1　企业核心竞争力的 VRIO 模型分析（表中"√"代表"具备"，"×"代表"不具备"）

能力或资源	价值	稀缺性	难模仿性	组织
市场营销能力	×	×	√	√
产品开发能力	√	√	√	√
质量管控能力	√	×	√	√
企业文化氛围	×	×	×	×
销售渠道资源	√	√	×	√
采购渠道资源	√	√	×	√

从表 2-1 的分析结果能够看出，该企业的产品开发能力是企业的核心竞争力。

该企业在质量管控能力、销售渠道资源和采购渠道资源方面都有比较明显的竞争力；在销售渠道资源和采购渠道资源方面的竞争力并不具有难模仿性，也就是当竞争对手掌握这些渠道资源后，竞争对手可能会快速获得这方面的竞争力；在质量管控能力方面的竞争力并不具有稀缺性，即很多企业也具备这种能力。

该企业在市场营销能力方面不具有价值和稀缺性，即不能让企业持续增值，很多企业也具备类似能力。

该企业在企业文化氛围方面并不具备市场竞争力。

针对以上分析，该企业决定做出如下战略选择。

（1）扩大对产品开发的资源投入，巩固其核心竞争力的地位。

（2）研发独有的质量管控方法，增加技术壁垒，做好知识产权保护。

（3）强化企业保密管理，保证销售和采购渠道资源受到保护。

（4）提高市场营销能力，并在市场营销方法上有所创新。

（5）弥补企业文化建设能力，学会用有竞争力的文化管理企业。

2.1.4 人力资源规划

人力资源规划的目的是承接和满足企业总体的战略发展要求，促进企业人力资源管理工作更好地开展，协调人力资源管理各模块的工作计划，提高企业人力资源的工作效率，让企业的目标和员工个人发展的目标一致。

人力资源规划有狭义和广义之分。狭义的人力资源规划指的是人员的配置计划、补充计划和晋升计划。广义的人力资源规划除了以上 3 项外，还有员工的培训与发展计划、薪酬与激励计划、绩效管理计划、员工福利计划、员工职业生涯规划、员工援助计划等与人力资源管理相关的一系列计划的总和。本小节主要介绍狭义的人力资源规划。

人力资源规划的程序可以分成 5 步，如图 2-3 所示。

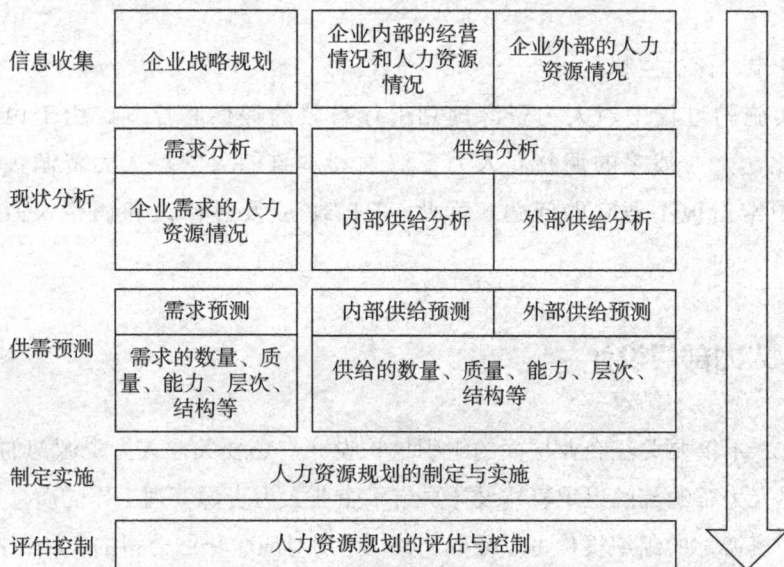

信息收集	企业战略规划	企业内部的经营情况和人力资源情况	企业外部的人力资源情况
现状分析	需求分析	供给分析	
	企业需求的人力资源情况	内部供给分析	外部供给分析
供需预测	需求预测	内部供给预测	外部供给预测
	需求的数量、质量、能力、层次、结构等	供给的数量、质量、能力、层次、结构等	
制定实施	人力资源规划的制定与实施		
评估控制	人力资源规划的评估与控制		

图 2-3　人力资源规划程序

第 1 步，信息收集。

收集、调查、整理企业的战略规划、内部经营状况，以及内外部的人力资源情况等各类相关信息。收集的信息应全面、真实、有效。企业的战略规划应包含市场、产品、技术、扩张等经营管理层面的全部规划。

第2步，现状分析。

对所有收集到的信息材料进行整理分析，包括对需求的分析和对供给的分析。做供给分析时需注意，供给分析可以分为内部供给分析和外部供给分析，应本着先内部再外部的原则进行分析，而不能只关注外部供给分析。

第3步，供需预测。

通过定量和定性方法，对人力资源的供需状况进行预测。在预测前，需要对当前的人力资源情况进行盘点，包括人力资源的数量、质量、能力、层次、结构等，掌握当前的存量情况，在盘活存量的基础上，预测未来的增量情况。

第4步，制定实施。

根据前3步的分析和预测，制定人力资源规划并开始实施。需要注意的是，在制定人力资源规划时，既要充分考虑企业的短期需求，也要充分考虑企业的长期需求；既要促进企业现有人力资源价值的实现，又要为员工的长期发展提供机会。

第5步，评估控制。

在实施的过程中对人力资源规划进行有效的评估和控制。由于内外部环境的变化、企业战略的调整和人力资源规划本身的欠缺，人力资源规划在实施过程中常出现不适宜的问题，为此，HRBP应及时修改和调整人力资源规划策略。

2.1.5 人力部门设计

HRBP不仅要关注企业层面的组织机构设计，还要关注人力资源部的组织机构设计。人力资源部的组织机构设计决定了企业人力资源管理工作的质量。

人力资源部的组织机构可以分成3种，分别对应着集团公司的3种管控模式，分别是财务管控型、战略管控型和操作管控型。其中，操作管控型最集权，财务管控型最分权。这3种模式在发展目标、总分公司的关系、管理手段、核心功能、应用方式上都不相同，不同点如表2-2所示。

表2-2 3种集团公司的管控模式的不同

属性	财务管控型	战略管控型	操作管控型
发展目标	·投资回报 ·投资业务组合的结构优化 ·追求公司价值最大化	·公司组合的协调发展 ·投资业务的战略优化和协调 ·战略协同效应的培育	·各业务单元经营行为的统一与优化 ·公司整体协调成长 ·对行业成功因素的集中控制与管理
总分公司的关系	·以财务指标进行管理和考核，总部无业务管理部门	·以战略规划进行管理和考核，总部一般无具体业务管理部门	·通过总部职能管理部门对下属业务单元日常经营运作进行管理
管理手段	·财务控制 ·法律 ·企业并购	·财务控制 ·战略规划与计划控制 ·人力资源	·财务控制 ·生产、质量 ·人力资源 ·营销或销售 ·新业务开发
核心功能	·资产管理	·资产管理 ·战略协调	·资产管理 ·经营管理
应用方式	·多种不相关产业的投资运作	·相关或单一产业领域内的发展	·单一产业领域内的运作

在发展目标方面，财务管控型更强调子公司或各部门在投资回报、投资业务组合的结构优化和公司价值最大化这些财务结果层面；操作管控型强调各业务单元经营行为的统一与优化、公司整体协调成长、对行业成功因素的集中控制与管理这些具体操作层面的事项；战略管控型，既强调财务结果层面，又强调操作层面，介于前两者之间。

对应地，在总公司与分公司之间的关系方面、在公司管理手段的侧重点方面、在母公司或集团公司的核心功能方面，以及在管理的应用方式方面，这3种类型的管控模式都有不同的特点。

集团公司的管控模式不同，对人力资源管理的幅度和要求也不同。想让人力资源管理在不同的公司发挥价值，人力资源部内部架构和职能的设置显然不可以千篇一律。从集中和分散的角度考虑，人力资源部内部架构可以分成以下3种类型。

1. 纵向集权型架构

这种架构在传统纵向型组织架构的公司中最为常见。集团总部的人力资源部各模块的职能设置通常都完整而清晰，在承接和分解集团总体战略后，统筹安排和规划集团及各子公司的人力资源管理工作。纵向集权型人力资源部架构如图2-4所示。

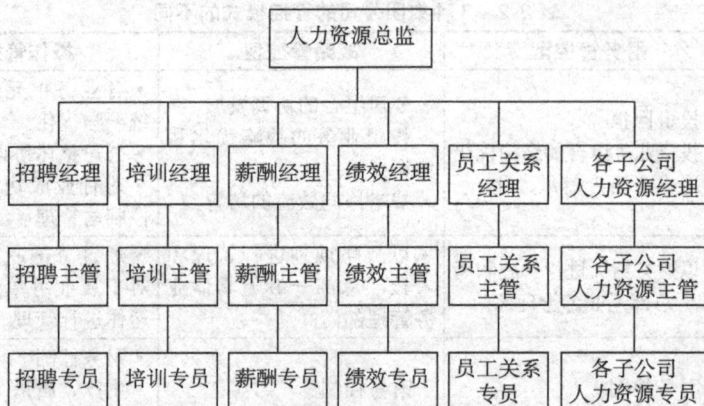

图 2-4 纵向集权型人力资源部架构

　　各子公司设立的人力资源部的定位是执行层，执行集团人力资源部安排的各模块工作。各子公司的人力资源经理受集团人力资源部的直接管理，受子公司总经理的行政管理。这种组织架构适用于战略管控型或操作管控型的集团公司。集团公司管控模式的集权程度越高，人力资源部的集权程度通常也应该越高。

　　2. 横向分权型架构

　　这种架构比较适用于财务管控型的集团公司。集团总部的人力资源部只负责集团总部的人力资源管理工作，如果集团总部为虚设或人数较少，也可以不单独设人力资源部。有的公司甚至只在总部虚设一个人力资源总监岗位，由某子公司的人力资源总监或经理兼任。横向分权型人力资源部架构如图 2-5 所示。

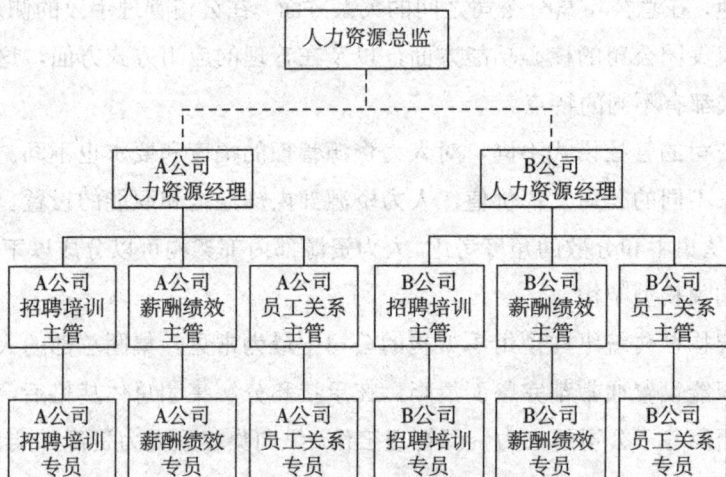

图 2-5 横向分权型人力资源部架构

横向分权型架构的子公司内部设立人力资源部，工作职责内容包含各模块。各子公司之间的人力资源部相对独立，子公司的人力资源经理受子公司总经理直接管理。集团人力资源部不直接管理和干预子公司人力资源部的工作，只做一些必要的业务支持或指导，以及一些重大事项的安排或布置。

3. 划分角色型架构

划分角色型的组织架构来源于戴夫·乌尔里克的 HR 三支柱模型。这个模型，也成了许多大型企业中比较流行的人力资源部架构的三角模型，如图 2-6 所示。

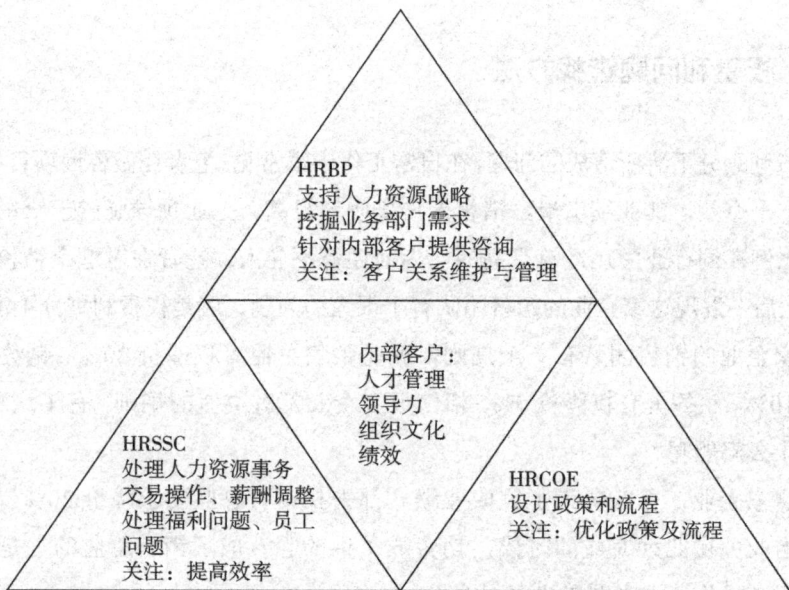

图 2-6　划分角色型人力资源部架构

这个三角模型的 3 个角分别是：HRBP、HRCOE 和 HRSSC。

这个三角模型是人力资源管理部门职能转型的发展方向，使人力资源部从职能导向转型为业务导向，实现人力资源管理的业务增值和价值主张，能够极大地提升 HR 的效率和效能。企业在运用 HR 三支柱模型按照三大角色设计人力资源部组织架构的时候，要充分考虑企业自身的状况，不要盲目运用。

2.2 部门权责利划分方法

团队中的每个岗位，都有对应的权限、责任和利益。当这 3 项达到平衡状态的时候，是一个团队的岗位设置比较完整的状态。如果某个岗位的权限和利益太小，但是责任太大，没有人会愿意做这个工作，很难招聘到人才。如果岗位的权限和利益很大，但是责任却很小，那对组织来说就是一种浪费。HRBP 应当具备帮助部门划分权责利的能力。

2.2.1 权责利问题查找方法

权责利划分不清所造成的问题，在日常工作中很常见。笔者在做咨询项目的时候，遇到过一个企业，其业绩下滑，销售人员离职率很高。企业领导疑惑于给销售人员的提成比例在同行业中已经算是高的，为何还留不住人。笔者在对这个销售团队进行调研之后，发现这家企业的销售团队有个很大的问题，就是权责利划分不清。

这家企业的销售团队有一个规则，就是销售总监有权降价 20%，销售经理有权降价 10%，业务员有权降价 5%。相信很多企业都有类似的规则。有了这种规则，会出现什么问题呢？

在这家企业，业务员为了完成业绩，都去找销售总监要求降价 20%。这种情况下，当业务员业绩完成的时候，功劳成了谁的呢？成了销售总监的，是因为销售总监同意降价，业务员的业绩才能完成。

当业务员业绩完不成的时候，责任成了谁的呢？还是销售总监的。这个时候，有的业务员说："因为销售总监不给我降价，我才没完成业绩。"有的业务员说："销售总监给另一个业务员降价，不给我降价，我才没完成业绩。"有的业务员说："因为客户听说销售总监有权降价，都不找我买，直接去找销售总监买了，我的业绩才没完成。"为此，团队内部出现很多矛盾。

总之，在这家企业的销售团队当中，一切问题的根源都是等级权利不对等。从这家企业的问题中能看出一个道理，那就是谁拥有主要权利，谁就对这项工作负主要责任。

那么，如何发现部门中权责利分配不对等的问题呢？要发现部门权责利的问题，可以利用部门权责利问题查找表，如表 2-3 所示。

表 2-3　部门权责利问题查找表

部门或岗位	当前权限	当前责任	当前利益	当前权责利问题						
				权大责小	权小责大	责任重叠	责任错位	利大责小	利小责大	……

部门权责利问题查找表可以分成两大部分。左边的部分包括部门或岗位的基本情况，以及对应的权限、责任和利益的情况。右边的部分包括当前权责利存在的问题，例如权大责小、权小责大、责任重叠、责任错位、利大责小、利小责大等问题，也可以根据需要增加相应的权责利问题。

在应用部门权责利问题查找表的时候，可以遵循如下流程。

第 1 步，发现权责利问题后，召集相关部门负责人和相关领导进行专题研讨。

第 2 步，理清部门当前的权限、责任、利益以及权责利对比之后的具体问题。

第 3 步，根据当前的权责利问题进行讨论，重新划分相关部门的权责利。

2.2.2　权责利划分应用工具

HRBP 要划分权责利，可以用到一个工具——权责利分配矩阵，如表 2-4 所示。

表 2-4　权责利分配矩阵

项目贡献占比	任务	A 部门或个人	B 部门或个人	C 部门或个人	D 部门或个人	E 部门或个人
	任务 1 责任划分					
	任务 1 权限划分					
	任务 1 利益划分					
	任务 2 责任划分					
	任务 2 权限划分					
	任务 2 利益划分					
	任务 3 责任划分					
	任务 3 权限划分					
	任务 3 利益划分					

权责利分配矩阵的纵向是具体的工作任务或者目标，这些工作任务或目标最终会指向团队更大的目标。这里的工作任务或目标又划分成责任、权限和利益三个部分。权责利分配矩阵的横向是相关的岗位，对纵向上每一个工作任务或者目标，横向上的岗位可以有对应的权责利划分。

权责利分配矩阵中的"项目贡献占比"反映的是项目划分的任务在整个项目中的贡献度。对项目贡献越大的任务，在整个项目中的贡献占比越高，分配到的权限、责任和利益越大。

权责利分配矩阵中的"任务"指的是项目分配的具体任务。项目能分成几项任务就写几项。列出每个任务不同的责任、权限和利益划分，它们在每个任务中是相互对等的。这里也可以把任务换成目标。

权责利分配矩阵中的"部门或个人"，如果是比较宏观的项目或任务，权责利的划分可以对应部门，如果是比较微观的项目或任务，权责利的划分应当对应具体的个人。

运用权责利分配矩阵划分权责利是根据事实来划分的，而不是凭空想象。这样划分出来的权责利，最终指向具体的任务或者目标，更加具体。

在权责利分配矩阵当中，不同的岗位在不同任务或目标中的角色，包括谁负责、谁参与、谁审批、谁知悉以及因为这项任务或者目标获得利益分配的具体比例等内容。

通过权责利分配矩阵，人们可以清晰地看到，对于一个具体的任务或目标，确实有一个总的负责人，这个负责人负责从整体上推进这项任务或目标的工作。但是这项任务或目标如果失败了，并不是这个负责人负全责，因为任务中还有其他参与者，他们也有责任。如果某个任务或目标成功，也不是这个负责人获得全部收益，而是根据大家的参与程度，分配获得的收益。每个岗位的参与程度、负责程度和利益分配程度都是匹配的。

如果这项任务或目标成功，某个岗位获得的收益是 10%，那么其在这个项目中的参与程度就是 10%，负责程度就是 10%。成与败，其都有 10% 的责任。

2.2.3　权责利划分实施流程

权责利分配矩阵应如何应用呢？

笔者曾经所在的公司是由集团公司管控整个集团的技术研发工作，集团公司有一个技术研发中心，在这个技术研发中心里面，有接近40个技术研发人员。笔者对这些技术研发人员采取的管理模式是项目制，也就是当集团内部某个分公司有产品开发或改进要求的时候，由技术研发中心成立项目小组，从当前的技术研发人员中挑选项目小组成员参与不同的技术研发项目。

在项目启动会上，除了项目的基本进度之外，一定要用到权责利分配矩阵。根据项目中的分工情况，划分项目任务，然后划分项目任务的负责比例。在项目启动会的最后，项目小组要完成权责利分配矩阵。

形成权责利的初步划分结果后，在项目实际运行的过程中，难免会出现变化。例如原本认为某人要参与10%，结果这个人因为种种原因实际没参与；或者另一个人原本不需要参与项目，结果实际参与了，而且可能还发挥了比较重要的作用。

出现这些变化情况很正常，出现变化没有关系，在项目运行过程中总会有围绕项目进度情况的阶段性评估会议。在阶段性评估会议上，权责利分配矩阵是一个必须拿出来讨论和修改的表。这时候，项目团队将根据实际情况做出修改。

到了项目结束的最后一次会议上，除了对项目做总结和复盘之外，权责利分配矩阵也是必须要讨论确定的一个项目。最后的项目奖金，就是按照项目结束时的权责利分配矩阵来计算的。

那家公司技术研发中心员工的基本工资不高，技术团队里大部分的收入都来自项目收益，所以公司非常重视工作过程中权责利的划分。当时有很多新产品开发项目，公司按新产品上市后一年销售额的一定百分比来奖励项目技术研发团队。

新产品从研发成功到最终上市需要1～2年，项目奖励落实也需要1～2年。一旦开始发技术项目的奖金，由于奖金的金额比较大，对技术人员来说很有吸引力。这样设计技术人员激励薪酬的好处，是能比较有效地留住技术研发人才。如果技术人员在项目分配收益前离职，将无法享受这部分收益。

技术研发团队当中有很多是高级技术人才，他们的技术在全国领先，但他们不具备管理能力，也不想往管理方向发展。面对这种情况，很多公司的做法是给这类人设置技术职业成长通道。其实给技术人员设置技术职业成长通道确实是一个方法，不过这种权责利分配更直接。通过项目制发奖金的方式，也能给这类有技术的人很强的物质激励，而且这种奖励是聚焦价值结果的。

在设计技术职业成长通道的情况下，一旦技术人才达到技术等级，不管实际上有没有为公司创造价值，最后都要按照比较高的技术等级发工资。而按照这种权责利分配矩阵，不管技术人才现在的技术等级是什么，公司主要是为其在团队中的贡献付费。

当按照贡献付费时，技术等级就不再重要，这样做更公平，也更公正。例如很多技术研发项目的负责人实际上做的是行政管理，主要负责项目工作推进、内部沟通、人员管理和协调资源这类工作，可能较少参与技术部分的工作，有时候还要兼任很多项目的负责人。

每个项目能够顺利完成，项目中的核心技术人才起至关重要的作用。所以项目负责人很可能对项目完成的责任和利益都比项目中的核心人才要少，很可能一个项目最后一大部分奖金都应当分给核心技术人才。这其实是非常合理的，因为谁做出主要的贡献，谁就拥有主要利益。

另外，任务和目标运行过程中，负责审批的人一般对这项任务或目标负主要责任。因为过程中的一些审批权限，在一定程度上决定了这项任务的完成质量。

2.2.4　权责利划分注意问题

HRBP 应用权责利分配矩阵划分权责利时通常会遇到如下问题。

1.对于一个任务，不同人员权责利的百分比应如何设置

比较好的做法是让这个任务的所有参与人员一起讨论决定。

这时候通常会发生两种情况。一种情况是遇到比较强势的项目负责人，可以直接分出项目中每个任务的百分比，参与的人也没有异议。另一种情况就是大家对项目负责人分出来的任务百分比持不同意见，或项目负责人不愿意就划分比例发表意见的时候，可以采取投票的方式，每人写一个百分比，然后取平均值。

这里要特别注意的是，HRBP 不要轻易站出来发表意见，最好不要说出谁应该划分多少比例的确切数字，否则很容易引发内部矛盾。HRBP 在这个过程中，应当引导业务部门形成内部决策的结果，让业务部门的人充分发表意见。

延伸来说，其实很多人力资源管理工作不成功，就是因为很多人力资源管理者喜欢主导或指导业务部门做事。人力资源管理工作虽然属于一种管理工作，但人力资源管理者毕竟不是业务部门的直属领导，也不是总经理，很多事还是要学会引导业务部门自己得出答案。

在权责利的分配问题上，权责利分配矩阵就像是一条铁轨，用好了以后，权责利的划分就能步入正轨，否则就会出问题。铺好了轨道，往哪个方向走，怎么走，人力资源管理者要给业务部门一定的自由发挥空间。

2. 权责利分配矩阵除了能用在项目制的团队中，能否用在平时的工作中

实际上是可以的。其实权责利分配矩阵的运用是不分项目制与否的。因为项目制的团队是为了某个目标临时组成的团队，刚开始大家没有权责利的划分，用这个工具划分就比较方便。因为平时的部门已经是一个成形的组织，所以看起来似乎不适合用该工具，实际上也可以用。

如果发现某个已经成形的部门中出现了权责利分配不清的问题，例如有的人很忙，有的人很闲的情况，或者出现绩效管理中"鞭打快牛"的情况，就是多做多错，少做少错，最忙、最累的人反而受罚最多的情况，是完全可以用权责利分配矩阵来重新划分权责利的。

对于已经成形的部门应用权责利分配矩阵，难点主要在于是否具备操作权限。如果具备操作权限，完全可以按照权责利分配矩阵的原理打破现有部门的职责，重新划分工作内容，重新分配岗位薪酬。

3. 应用权责利分配矩阵时，要注意哪些原则

应用权责利分配矩阵要注意以下 6 项原则。

（1）围绕战略原则。部门存在的目的是实现企业的战略，在给部门划分权责利时，应当围绕企业的战略实施。

（2）权责利对等原则。权责利的对等才能形成内部工作的稳定，才能让工作有序、平稳地进行。

（3）遵照模式原则。划分权责利的时候，要遵照企业的管控模式，不能有悖于企业的管控模式。

（4）提高效率原则。权责利的划分不能让管理效率降低，应当以提高效率为目标。

（5）控制成本原则。权责利的划分不能提高管理成本，应当以降低成本为目标。

（6）降低风险原则。在划分权责利的时候要考虑可能存在的风险，尽可能减少风险。

2.3 岗位分析评估与效率提升方法

在岗位管理的层面，HRBP 要掌握岗位分析的基本方法，了解岗位的基本情况；要掌握岗位评估的方法，判断岗位任职者的绩效、能力和经验情况；要掌握帮助岗位任职者提升效率的方法，让岗位任职者不断提升工作效率。

2.3.1 岗位分析方法

常见的岗位分析方法包括观察分析法、岗位访谈法、工作实践法和问卷调查法4种。其中，准确度比较高、经常用到的分析方法是观察分析法和岗位访谈法。工作实践法和问卷调查法可以作为前两种方法的补充验证。

1. 观察分析法

观察分析法是通过观察进行岗位分析的方法。通过对特定对象的观察，把有关工作各部分的内容、原因、方法、程序、目的等信息记录下来，把取得的岗位信息归纳整理为适合的文字资料。

观察分析法取得的信息比较广泛、客观、正确，但要求观察者有足够的经验，而且在必要的时候要懂得提问和纠偏。这种方法比较适合用在岗位工作内容标准化程度比较高、变化性和创新性比较小的岗位，不适合用于创新性比较大、可变性比较大、循环周期长和主要以脑力劳动为主的岗位。

运用观察分析法的时候，除了记录现状之外，HRBP 还可以通过观察，发现并分析员工作业的每一个动作，哪些动作是产生价值的，哪些动作是无价值，甚至产生副作用的。然后持续修正员工的作业动作，让员工在未来的工作中保持正确的动作，减少错误的动作，规范作业流程，从而显著提高生产效率，降低成本。

2. 岗位访谈法

岗位访谈法是通过 HRBP 与任职人员面对面的谈话来收集信息资料。岗位访谈包括单独面谈和团体面谈。这种方法比较适合用在岗位工作内容标准化程度比较低、变化性和创新性比较大的岗位，例如人力资源管理、行政管理、专业技术等难以从外部直接观察的岗位。实施岗位访谈法，需要 HRBP 掌握比较好的面谈技巧。

岗位访谈是一种事实挖掘类的面谈，其目的是获得事实而非观点或偏见。所以 HRBP 要注意引导整个面谈过程，把被访谈者带入整个面谈的主题中，让被访谈者针对问题回答事实而不是个人的观点，同时给被访谈者留出足够的时间思考。

在岗位访谈的过程中，为了防止被访谈者不断表达个人观点或情绪，HRBP 要不断澄清事实，在沟通中使用提问和倾听的技巧，及时向被访谈者澄清其所有没有表达清楚的内容。

3. 工作实践法

工作实践法，又叫工作参与法，是指 HRBP 实际从事待研究岗位的工作，在工作过程中掌握有关工作的第一手资料。采用这种方法可以切身体会岗位工作的实际任务以及在体力、环境、社会方面的要求，能够细致、深入、全面地体验岗位的工作实践。

工作实践法适用于短期内可以掌握的工作，但是对那些技术难度比较高、需要接受大量训练才能掌握或者危险系数比较高的工作，不适合采取这种方法。

实施工作实践法的优点是可以实现与岗位的零距离接触，获得的岗位信息比其他所有岗位分析方法获得的信息都更真实，HRBP 的感触更深，能获得一些其他岗位分析方法无法获取到的信息与感受。

实施工作实践法的缺点是由于 HRBP 自身知识和能力的限制，其应用范围比较窄，这就决定了很多入门门槛比较高的岗位很难实施工作实践法。而且与岗位工作分析的其他方法相比，这种方法的时间成本比较高。

4. 问卷调查法

问卷调查法是 HRBP 根据岗位工作分析的目的、内容，编写结构化调查问卷，通过发放结构化调查问卷给岗位任职者，由岗位任职者填写调查问卷之后，HRBP 收集并整理信息，提炼出岗位内容的方法。

比较适合运用问卷调查法的情况如下。

（1）已经拥有比较好的人力资源管理基础的公司，并已经具备岗位分析的基础数据信息。

（2）HRBP 已经对岗位具备一定的了解，需要补充收集信息。

（3）待分析的岗位种类和数量较多，没有时间实施其他岗位分析方法。

岗位分析的调查问卷应当根据岗位的实际情况设计，通用模板如表 2-5 所示。

表 2-5　岗位分析调查问卷

填表日期：					
工作部门			职务名称		
一、岗位概述 1. 该岗位存在的目的是什么？ 2. 该岗位的职责需要和被考核的具体成果是什么？					
二、职责内容 1. 什么是该岗位应负的职责？ 2. 什么是该岗位最关键、最核心的职责？ 3. 还有哪些突发的、临时的工作？					
工作项目		处理方式及程序		所占每日工作时数	
三、职责程序 1. 工作复杂性 2. 所受监督 3. 对工作结果的负责程度（对自己、部门或整个公司负责） 4. 与人接触程度（公司内部、外部）					
四、环境是否特殊：噪声、辐射、污染、异味？					
五、需要什么行为、素质、知识、经验？					
填表人签字		所属部门		直接上级签字	

2.3.2　岗位评估矩阵

　　HRBP 要整体把握团队内部各岗位的工作情况，评估各岗位的工作成果，可以用岗位评估矩阵工具。岗位评估矩阵工具就是将团队的编制情况、团队内部各成员的绩效情况、司龄情况、职等职级情况等表示在一张组织机构图中，并快速判断、查找和发现团队中问题的工具。岗位评估矩阵工具如图 2-7 所示。

总监 12/18　2A2B 2/12 高级管理/2

A项目经理 4/8　2B2C 6/6 中级管理/1

B项目经理 3/5　4A 4/10 中级管理/2

C项目经理 4/5　3A1B 5/9 初级管理/1

张三	李四	王五	赵六	徐七	甲	乙	丙
2B2C	1A3C	3A1B	1B3C	4S	2A2B	3B1C	3S1A
4/10	2/2	6/6	4/4	5/5	5/5	2/2	2/12
高级/4	初级/2	中级/3	初级/4	高级/2	中级/2	初级/2	中级/1

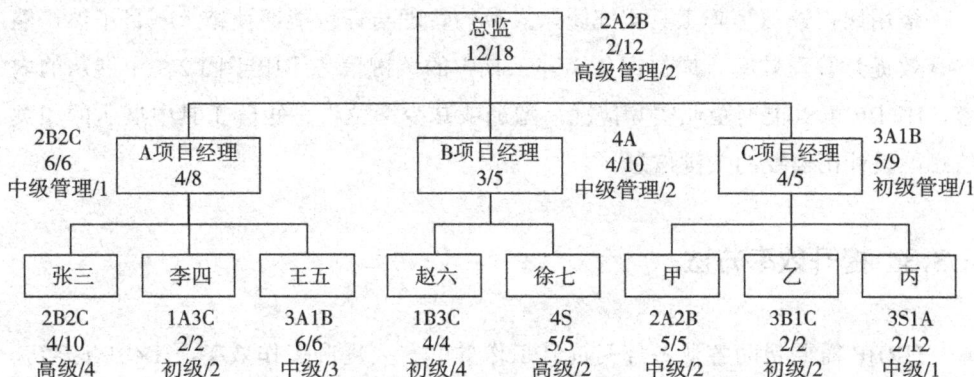

图 2-7　岗位评估矩阵工具

图 2-7 中，方框内包含了岗位名称和该岗位从业人员。方框内的数字信息，前一个数字表示所在部门的现有人数，后一个数字表示部门编制的总人数。通过现有人数和编制人数，能够看出团队人员的缺失情况。

方框旁边的信息，第 1 行表示该岗位过往连续 4 次一定绩效周期的绩效评估结果。通过连续 4 次一定绩效周期的绩效评估结果，能够看出岗位从业人员的绩效水平和稳定性。

方框旁边的信息，第 2 行的第 1 个数字表示该岗位从业人员当前的司龄年限，代表岗位从业人员在本企业的工作年限；第 2 个数字表示工龄年限，代表岗位从业人员曾有过的工作年限。通过司龄年限和工龄年限的信息，能够看出岗位从业人员的经验情况。

方框旁边的信息，第 3 行的第 1 个信息表示该岗位从业人员当前的职等职级，第 2 个信息表示从事当前职等职级的年限。通过职等职级和从事职等职级的年限信息，能够了解当前岗位从业人员的能力和经验情况。

图 2-7 中企业的绩效评估结果分成 S、A、B、C 4 级，S 级代表绩效结果最优，C 级代表绩效结果最差。企业把对人才的整体评价分成卓越、合格、基本合格与不合格。通过岗位评估矩阵工具中对连续 4 次绩效评估结果的评价，能够得到如下结论。

绩效评价结果为卓越的人为：徐七、丙。

绩效评价结果为合格的人为：B 项目经理、C 项目经理、王五、甲。

绩效评价结果为基本合格的人为：总监、李四、乙。

绩效评价结果为不合格的人为：A 项目经理、张三、赵六。

运用岗位评估矩阵工具实施团队人员的管理与评价能够使结果一目了然，能够有效提升管理效率。岗位评估矩阵工具中的关键信息不限于图 2-7 中展示的内容，HRBP 可以根据企业实际情况，增加或减少岗位评估矩阵工具中展示的相关信息，设计出需要的关键信息。

2.3.3　提升效率方法

HRBP 需要帮助各业务部门提升工作效率。要提升工作效率，HRBP 应当分析岗位的基本情况，了解岗位工作的具体内容，与从事岗位的员工一起分析每项工作提升工作效率的方法，有针对性地提升每项工作的效率。这时候，HRBP 可以利用工作分析与效率改进样表，如表 2-6 所示。

表 2-6　工作分析与效率改进样表

发生频率	工作性质	工作内容	工作用时	日均用时	日均用时比例	提升效率的方法	效率改进后日均用时	效率改进后日均用时比例

表 2-6 中的"发生频率"指的是工作内容对应的频率，可以是每天、每周或每月。

"工作性质"指的是工作内容对应的性质。根据分析改进的需要，可以是固定性质的工作或非固定性质的工作，可以是管理型工作或事务型工作，也可以是独立工作或团队工作。

"工作内容"指的是岗位主要的工作任务，也可以是岗位的关键职责。

"工作用时"指的是每项工作任务对应需要的工作时间。

"日均用时"指的是用工作用时除以发生频率之后得到的工作时间。这里需注意，当发生频率大于每天时，应用实际工作日的时间，不应把休假日算在内。

"日均用时比例"指的是工作内容对应的日均用时除以日均用时之和所得的比例。这个比例能够看出工作内容的分配情况是否合理，是判断工作内容的日均用时是否需要调整的依据。

"提升效率的方法"指的是根据每项工作内容的情况，实际分析后，得出每项工作内容提升效率的方法。

"效率改进后日均用时"指的是实际开始实施落地提升效率的方法后，日均用时的情况。此时的日均用时有可能减少，代表效率改进成功；有可能不变，代表效率改进没有成功；也有可能增加，代表效率改进不但没有起到正面效果，反而起到了反效果。

"效率改进后日均用时比例"指的是效率改进后日均用时除以效率改进后日均用时之和所得的比例。这个比例可以判断效率改进后工作内容用时占比是否达到预期。

举例

某企业人力资源部分管招聘工作的专员对工作情况做了分析，并针对每项工作的内容和用时情况，结合企业和部门目标，制定出提升工作效率的方法，并对提升效率后的情况做了统计，如表 2-7 所示。

表 2-7　某企业人力资源部分管招聘工作专员工作情况分析与效率提升样表

发生频率	工作性质	主要工作内容	工作用时（小时）	日均用时（小时）	占日均实际工作量的比例	实现效率提升的方法	工作调整后用时（小时）	工作调整后日均用时（小时）	工作调整后占日均实际工作量比例
每天	固定	面试	5	5	59.17%	1.…… 2.……	4	4	61.07%
每天	固定	发布招聘信息	1	1	11.83%	1.…… 2.……	0.5	0.5	7.63%
每天	非固定	指导实习生	0.5	0.5	5.92%	1.…… 2.……	1	1	15.27%
每周	固定	准备、参加人力资源周例会	8	1.6	18.93%	1.…… 2.……	4	0.8	12.21%
每月	固定	与劳务派遣公司结算	4	0.2	2.37%	1.…… 2.……	3	0.15	2.29%
每月	非固定	猎头、劳务派遣费用审批、流转	3	0.15	1.78%	1.…… 2.……	2	0.1	1.53%
合计				8.45	100%			6.55	100%

工作分析与效率改进的方法不仅适用于 HRBP 分析业务部门各岗位，同样适用于 HRBP 对自身工作效率的分析与提升。

第 3 章
HRBP 招聘选拔
方法与工具

人才招聘与选拔工作直接关系着企业人才数量和质量，影响着企业业务发展。要做好招聘选拔工作，HRBP 需要做好岗位定编，实现高效用人；需要提高招聘满足率，满足人才需求；需要有效开展面试，做好人才甄选工作。

3.1 岗位定编的方法

实施合理定编，能够让人力资源的效率最大化，能够有效管控人力成本。HRBP 在实施岗位定编的时候，要根据企业的业务方向和规模，在一定时间内和一定技术条件下，本着精简机构、节约用人、提高工作效率的原则，规定各类人员必须配备的数量。

3.1.1 企业预算定编法

应用预算进行定编是财务管控型企业中经常使用的定编方法。这种方法是通过人力成本预算的金额或比率管控在岗人数，而不对某一部门或某类岗位的具体人数做硬性规定。部门负责人对本部门的业务目标、岗位设置和员工人数负责，在获得批准的预算范围内，自行决定各岗位的具体人数。

由于企业的资源是有限的，且与产出是密切相关的，因此，预算管控对企业各部门人数的扩展有着严格的约束。

预算定编法的公式如下。

定编人数 = 销售预算额 × 预算人事费用率 ÷ 平均每人的人力成本额。

举例

某集团公司给 A 子公司设定明年的销售预算额为 10 亿元，预算人事费用率为 10%。A 子公司平均每人每年的人力成本（非工资）为 8 万元，该子公司应配置多少人？

计算过程如下。

A 子公司的定编人数 $=10 \times 10^8 \times 10\% \div (8 \times 10^4) = 1\,250$（人）。

其中 "$10 \times 10^8 \times 10\%$" 是明年的预算人力成本额。

若公司的战略或市场环境发生较大变化，预算相应发生了重大变化，则定编人数也应相应调整。以本例来说，假如市场形势较好，A子公司明年的销售预算额调整为12亿元，则按照预算定编法，该子公司定编人数的算法如下。

A子公司的定编人数 $=12 \times 10^8 \times 10\% \div (8 \times 10^4) = 1\,500$（人）。

其中"$12 \times 10^8 \times 10\%$"是明年的预算人力成本额。

3.1.2 劳动效率定编法

应用劳动效率进行定编的方法是根据生产任务和员工的劳动效率以及出勤率等因素来计算岗位人数的方法，或者根据工作量和劳动定额来计算员工数量的方法。因此，凡是实行劳动定额的岗位，特别是以手工操作为主的岗位，都适合采用这种方法。

劳动效率定编法的计算公式如下。

定编人数 = 计划期生产任务总量 ÷（员工劳动效率 × 出勤率）。

举例

某公司明年计划生产的产品总任务量是100万件，工人平均的生产效率（或劳动产量定额）为每人每天生产10件，工人的年平均出勤率为90%，该公司工人的定编人数应是多少？

计算过程如下。

该公司工人定编人数 $=1 \times 10^6 \div [10 \times (365 - 2 \times 52 - 11) \times 90\%] = 444$（人）（四舍五入）。

其中："1×10^6"是计划期内生产任务总量；"10"是员工每天的劳动效率；"365"是一年的天数；"2×52"是每年的公休（周六和周日）天数；"11"是每年国家法定节假日的天数；"90%"是出勤率。

劳动定额的基本形式有产量定额和时间定额两种。如果采用时间定额，则计算公式如下。

定编人数 = 计划期生产任务总量 × 时间定额 ÷（工作时间 × 出勤率）。

以本例来说，如单位产品的时间定额为1小时，则计算过程如下。

该公司工人定编人数 $=1 \times 10^6 \times 1 \div [8 \times (365 - 2 \times 52 - 11) \times 90\%] = 556$（人）（四舍五入）。

其中："1×10^6"是计划期内生产任务总量；"1"是每件产品生产需要的小时数；

"8"是每名工人每天工作的小时数；"365"是一年的天数；"2×52"是每年的公休（周六和周日）天数；"11"是每年国家法定节假日的天数；"90%"是出勤率。

3.1.3　业务数据定编法

应用业务数据进行定编的方法是根据企业的业务数据变化来确定员工人数的方法，通常适用于员工人数与业务数据关联性较大的岗位。这里的业务数据包括销售收入、销售量、利润额、市场占有率等。

根据企业的历史数据和战略目标，可以确定企业在未来一定时期内的岗位人数。根据企业的历史业务数据及企业发展目标，可以确定企业短期、中期、长期的员工编制。其具体方法是根据企业的历史数据，对员工数与业务数据进行回归分析，得到回归分析方程。根据企业短期、中期、长期业务发展目标数据，确定人员编制。

这里的回归分析，可以通过办公软件中的回归分析功能判断数据之间的关系。常用的 Excel 软件就可以实现此功能。

举例

某品牌笔记本电脑销售公司去年每月的平均销售额为 1 亿元，预计明年销量将增长 20%。通过回归分析，每月销售额与销售人员数量的回归分析方程得数为 $4.286×10^{-6}$。该公司需要的销售人员定编数量应是多少？计算过程如下。

明年销售人员定编数量＝明年月平均销售额×回归分析方程得数＝$1×10^{8}×1.2×4.286×10^{-6}$=514（人）（四舍五入）。

业务数据定编法中用到的回归分析方法是建立在对未来预测的基础上的。要保证计算结果的准确性，首先要保证预测的准确性，其次要加强数据管理，保留真实的历史数据，便于用统计的方法建立回归分析方程。

除了基本的业务数据外，还可以应用业务流程中的数据进行定编。运用业务流程进行定编的方法是根据岗位的工作量，确定各岗位每名员工单位时间的工作量。例如，单位时间的产量、单位时间处理业务量等。根据业务流程环节，确定各岗位编制人员比例。根据企业总的业务目标，确定单位时间内流程中的总工作量，从而确定各岗位人员编制。

某部门每天全部的工作流程一共分5个环节，每个环节需要的工作量（换算成数值）以及平均每名员工每小时能完成的工作量如表3-1所示。

表3-1 某部门流程与工作量

流程环节	1	2	3	4	5
每天需要的工作量（小时）	72	64	160	40	80
每名员工每小时工作量	3	4	5	5	1

假设员工出勤率为80%，该部门应配备多少名员工？计算过程如下。

该部门定编人数 =[72÷（3×8）+64÷（4×8）+160÷（5×8）+40÷（5×8）+80÷（1×8）]÷80%=25（人）。

3.1.4 行业对标定编法

行业中管理比较成熟的标杆企业有时候可以作为岗位定编的重要依据。通过持续与标杆企业的数据进行对比，企业能够获取重要的参照信息，从而为企业自身的定编提供数据支持。

根据行业对标企业的情况进行定编的方法是用某一特定行业的企业中某类岗位人数与另一类岗位人数的比例来确定该岗位人数的方法。其原理是，在企业中，由于专业化分工和协作的要求，某一类人员与另一类人员数量之间总是存在一定的比例关系，并且两者之间可能会随着数值的相互变化而变化。

这种方法比较适合人力资源管理、行政管理、后勤管理等各种辅助支持类岗位的定编。在企业成立时间不久，没有历史数据记录的情况下，可以用行业对标定编法进行岗位定编。或者当企业有比较明确的竞争对手，且竞争对手的劳动效率比较高时，也可以用该方法定编。

行业对标定编法的计算公式如下。

某类岗位定编人数 = 另一类岗位人员总数 × 行业内对标企业定员比例。

举例

某连锁餐饮服务公司现有一线服务人员1万人，在该行业的其他对标公司中，人力资源管理者人数与公司一线服务人员人数之间的比例一般为1∶100。该公司应配置多少名人力资源管理者？计算过程如下。

该公司配置的人力资源管理者人数 $=1\times10^4\times1\div100=100$（人）。

3.2 提升招聘满足率的方法

随着人才供求关系的变化，很多企业存在招聘效率低下、招聘需求难以满足的情况。人才是企业发展的基本保障，HRBP要具备帮助企业提高招聘满足率的能力，保证企业持续稳定的人才供应。

3.2.1 人才招聘 4P 模型

提高招聘效率是一项系统的工程，并不是在某一个方面做出努力就能够提高招聘效率。例如，有的企业认为招聘效率低的主要原因是员工薪酬水平比较低，可是在提高薪酬水平之后，会发现招聘效率并没有明显提高。

人才招聘的本质就像产品营销。营销的过程大体是：先让大量的顾客了解企业的产品，然后让一部分对企业产品感兴趣的顾客产生购买行为。企业有产品，在寻找顾客，同时顾客有某种需求，在寻找产品来满足自己的需求。当双方的信息能够达成某种程度的对称性，同时达成一致意见时，交易就达成了。

人才招聘也是这样，人才招聘的过程大体是：让求职者知道企业有空缺岗位，在招聘人才，然后让合格的求职者愿意来企业工作。企业在寻找求职者，求职者也在寻找雇主，当双方的信息能够达成某种程度的对称性，同时达成一致意见时，雇佣关系就形成了。

在产品营销中，有一个4P理论，4P分别是产品（Product）、价格（Price）、渠道（Place）和促销（Promotion）。4P理论配合不同的营销策略（Strategy），就能完成一个成功的营销活动。

如果把人才招聘和营销的4P理论对应，产品对应着企业的雇主品牌和所提供岗位劳动属性的吸引力；价格对应着岗位薪酬待遇的吸引力；营销渠道对应着招聘渠道；促销对应着对招聘活动的宣传。

产品营销4P理论与人才招聘的对应关系如图3-1所示。

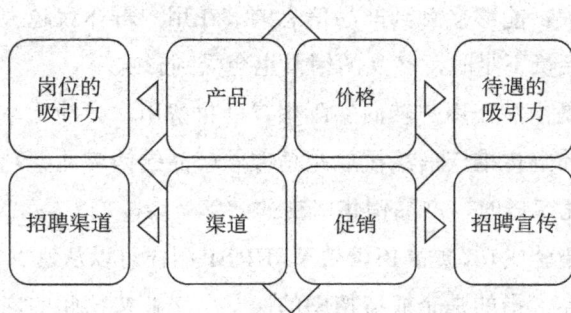

图 3-1　产品营销 4P 理论与人才招聘的对应关系

　　人才招聘的过程，实际上是招聘人员把企业的岗位"销售"给求职者的过程。

　　既然人才招聘的本质就像产品营销，运用产品营销的思维做招聘，将有助于HRBP更深刻、更全面地理解人才招聘，有助于 HRBP 系统地提高人才招聘的效率。

3.2.2　人才招聘成功的方法

　　要提高招聘效率，HRBP 可以向互联网企业的营销思维学习。在互联网企业中，整个销售过程与 3 个维度息息相关，分别是产品、流量和转化率，如图3-2所示。

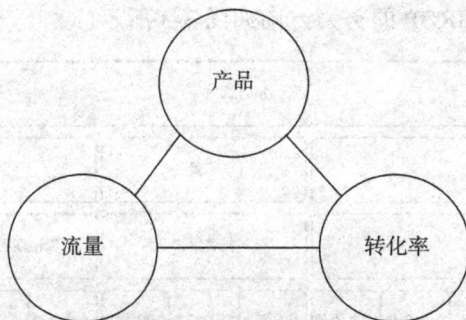

图 3-2　互联网企业销售过程

　　要提高销售量，企业可以从这 3 个方面做出努力。

　　产品是企业向用户的交付物，产品本身要具备实用价值，要能够满足用户的需求，要自带品牌，要具备一定的吸引力。除了功能属性之外，产品自带价值属性和价格属性，当产品的价格属性高于产品的功能属性和价值属性的总和时，产品将难以销售。

　　流量指的是对产品认知的潜在用户的数量，也就是能够接收到产品信息的人员数量。流量越大，能够接触到产品信息的潜在用户群体就越大，产生销售的可能性就越大。当流量不足时，产品的销量也会受到影响。

转化率指的是由潜在用户转向实际用户（付费用户）的比率。产品本身的吸引力越强，产品的宣传推广信息投放越精准，产品的销售文案越有效，产品的转化率越高。当转化率低时，产品销售成交的效率就会降低。

要保证人才招聘成功、提高招聘效率，HRBP同样可以从这3个方面做出努力。

招聘中的产品，指的是企业待招聘的岗位。企业待招聘的岗位吸引力越强，招聘成功的概率越高，招聘效率也越高。

招聘中的流量，指的是招聘信息能够到达的范围。招聘信息到达的范围越广，接收到招聘信息的人越多，招聘成功的概率越高，招聘效率也越高。

招聘中的转化率，指的是接收到招聘信息的人，最终选择企业待招聘岗位的概率。转化率越高，招聘成功的概率越高，招聘效率也越高。

互联网企业产品销售成交与人才招聘成功的公式一样，都是：产品 × 流量 × 转化率。

要系统性地提高招聘满足率，HRBP 需要在产品、流量和转化率 3 个方面同时做出努力，而且不能只做好其中的某一个方面，不顾其他方面变差的情况。要系统提高招聘效率，HRBP 的努力方向如图 3-3 所示。

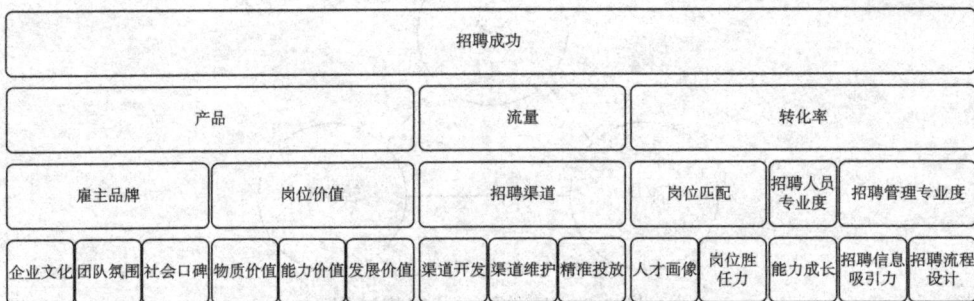

图 3-3　要系统提高招聘效率，HRBP 的努力方向

从企业的角度来说，雇主品牌影响着岗位的吸引力，雇主品牌与企业文化、团队氛围和企业的社会口碑有关。从岗位的角度来说，岗位价值影响着岗位的吸引力，岗位价值可以分成岗位的物质价值、能力价值和发展价值。其中，岗位的物质价值包括岗位的薪酬待遇、工作环境、劳动条件、隐性福利等；岗位的能力价值指的是从事岗位能够给人们带来的能力提升，以及这种能力的社会价值；发展价

值指的是从事岗位在未来会得到哪些预期职业发展或其他收益。

招聘的流量主要与招聘渠道有关。招聘渠道越多，招聘信息传播的范围越广，招聘流量就越大。要管理好招聘渠道，招聘渠道的开发、招聘渠道的维护和根据岗位情况在不同的招聘渠道精准投放的招聘信息都能影响招聘的流量。

招聘的转化率与岗位本身的吸引力有关，与招聘信息投放的精准度有关，除此之外，还和岗位与候选人是否匹配和招聘管理的专业度有关。通过人才画像，企业可以实现"人人匹配"；通过岗位胜任力，企业可以实施"人岗匹配"。

招聘实施人员的专业度影响着招聘管理的专业度。要提高招聘实施人员的专业度，可以通过刻意学习，让招聘实施人员获得能力成长。招聘管理是否专业，决定了投放的招聘信息是否具备吸引力，决定了招聘流程设计的专业度，这些都决定了候选人最终是否会选择企业，影响着招聘的成功率。

提升招聘的"产品""流量"和"转化率"，除了与以上通用因素相关之外，还可能存在其他的相关因素。HRBP可以根据企业的实际情况，运用人才招聘成功的公式，在这3个方面做出努力，提高招聘效率。

3.2.3　中小企业吸引人才的方法

很多中小规模的企业在人才市场上不具备优势，很多人才第一时间会选择规模比较大的企业。中小企业通常只能招聘到素质和能力较差的人才。中小企业如何提高自身的吸引力，突破招人难的问题，招聘到高素质、高能力人才呢？

中小企业吸引人才的方法可以包括以下两个方面。

1. 运用灵活性

中小企业和大企业比较起来，具备灵活性的特点。大企业流程制度比较健全，这就让大企业给每个岗位提供的就业条件往往比较刚性、难以变化。

大企业负责招聘的HR按照这些事先制定好的条件来实施招聘，就变成了如果候选人能接受企业为岗位提供的就业条件，招聘就成功了；如果候选人对这些条件不满意，即使候选人实际上比较优秀，值得更好的条件，在很多大企业中，往往也没有办法把条件提高到候选人满意的程度。

但中小企业可以允许弹性的存在，当然这里的弹性不仅指薪酬，还可以是福利、考勤、工作职责、权属关系等任何方面。只要实施弹性的方面不影响企业的正常运行，能让人才为企业所用，都是可以探讨的。

例如，有一位非常优秀的候选人，她当前最大的期望就是能有时间照顾家庭。所以她考虑离开原来待遇优厚的大企业，入职一家中小企业。这时候，即使这家中小企业当前还没有给任何一个岗位实施过弹性工作时间，但如果这个人才足够优秀，为了吸引她入职，也是可以尝试对她实施弹性工作时间的。

2. 运用突出优势

中小企业可能因为资金实力、财务状况等没办法像大企业那样给某个岗位提供优厚的薪酬、福利、学习、发展等各种待遇。但是中小企业可以用某一方面非常突出的优势，来掩盖自己在其他方面的劣势。

经典的"木桶原理"，说的是一个木桶最短的那条边，决定了它装水的量。对于大企业提供的岗位条件来说，基本上是遵循"木桶原理"的，也就是提供的岗位薪酬、福利、学习、发展这些方面的吸引力都差不多，一般没有特别突出的方面，也没有特别差的方面。

但对于中小企业来说，要做的不是像大企业一样，把自己当成一只木桶，而是可以做一只酒提，这叫作"酒提原理"。酒提是一种打酒的工具。以前的酒都是装在大坛子里的，因为人们抱起坛子来倒酒很费力，所以就发明了酒提，便于深入到酒坛里取酒。

酒提取酒的那个部分类似于"小木桶"，是取酒的基础，决定了一次取酒的量。如果没有这部分，就是竹篮打水一场空。所以中小企业要吸引人才，应提供岗位条件的一些基本保障。如果没有这部分基本保障，再怎么突出优势也没有用。

酒提的长度，决定了一只酒提能够从坛子里取酒的深度。有了一定的基础之后，就可以在某一个方面发挥绝对优势，把大企业给比下去。这种绝对优势的选择，每个企业可以根据实际情况不同自行规划。

例如，有的企业经营和财务状况比较好，就是缺人才，那么就可以简单一点，直接通过高薪酬、高福利来吸引人才；有的企业如果近期经营情况不佳，但是远期预期很好，可以通过远期收益来吸引人才，例如长期股权计划、长期现金计划或长期福利计划等；有的企业近期财务状况不好，远期也不敢保证经营能变好，可以在其他非财务方面吸引人才，例如提供比较高的职位、提供充分的信任和授权、提供学习和锻炼的机会等。

3.3　面试实施方法

面试按照标准化和结构化程度的不同，可以分成结构化面试、半结构化面试和非结构化面试3种。结构化面试的标准化程度最高，非结构化面试的灵活性最高。按照一场面试中被面试人数量的不同，面试可以分成单人面试和集体面试；按照媒介形式来划分，面试可以分成电话面试、视频面试和现场面试。

3.3.1　结构化面试实施方法

结构化面试中的面试题、评分方法、评分标准采取的都是标准化的操作方法，面试官应当按照标准和流程的规定逐项实施面试，不能随意地改动。这类面试一般来说结构比较严谨，层次性强，整个面试过程的标准化程度相对较高。

有人认为结构化面试就是整场面试全都从一个问题库中挑问题问，不能随便问；有人认为只要对每个候选人问一样的问题，就叫结构化面试。这些观点都是对结构化面试的误解。真正的结构化面试，不只和问题有关，还和3个要素相关，如图3-4所示。

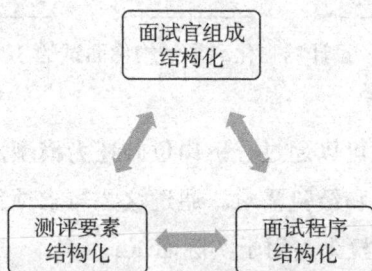

图3-4　结构化面试的3个要素

1. 面试官组成结构化

为了保证面试测评的准确性，结构化面试从面试官的选择开始就要结构化。即便有人认为自己看问题很客观，但因为每个人受专业、学识、年龄这些因素的影响，就算态度上再客观，认知上也不可能面面俱到。所以面试官队伍的组成，要体现出一定的互补性。

在结构化面试中，面试官的工作性质、年龄层次、性别差异、专业特点应当具备一定的结构特点，不应过分偏重某一个方面。面试官的数量一般为奇数，根据面试规模的不同，多数情况为 3 ～ 11 人。

2. 面试程序结构化

结构化面试通常应该有一套比较标准的面试流程。例如有的结构化面试规定先笔试，再面试，笔试超过 80 分才有资格参加面试。面试又分成初试和复试，初试由什么人做面试官，面试什么内容；复试由什么人做面试官，面试什么内容，面试多长时间。面试通过后，在上岗之前，还要参加某方面的体检。

3. 测评要素结构化

测评要素可以理解成岗位胜任力模型的要求，或者人才画像、岗位任职资格的要求。面试官需要提前了解对某个岗位，企业需要什么样的候选人。这里需要什么样的候选人，可以按照素质、知识、技能、经验等维度进行维度化划分。

面试过程中候选人的测评要素应当遵循一定的结构，包括候选人的仪容仪表、语言表达、分析能力、沟通能力等项目。每个测评项目的设置都有一定的目的性和考察重点。面试中对候选人所有测评项目的评分具备一定的标准。

设计结构化和半结构化面试的时候，都可以参考以下 3 个步骤，如图 3-5 所示。

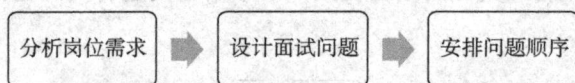

分析岗位需求 ➡ 设计面试问题 ➡ 安排问题顺序

图 3-5　设计结构化和半结构化面试的 3 个步骤

1. 分析岗位需求

岗位需求的分析一般可以通过分析岗位胜任力模型，重点分析岗位的素质需求、知识需求、能力需求和经验需求。通过这些需求项目，设置招聘选拔过程中的关键项目，分配项目的权重，用于实际面试。

2. 设计面试问题

根据面试测评的项目，设置面试过程中的问题。这些问题要能够指向和评估出面试测评的项目。通过候选人对面试问题的回答，能够让面试官了解候选人在测评项目上的适合程度。根据测评项目回答的可能性，设置评断标准或具体分数。

3. 安排问题顺序

完成面试的问题设计后，面试问题的排序同样重要。一般面试问题设置的原则是循序渐进、先易后难。先从候选人能够预料到的问题出发，让他适应面试的节奏，展开思路，快速进入角色。同时，要注意面试官的设置和面试问题的设置之间的匹配性，让适合的面试官问适合的问题。

举例

某大型零售连锁上市公司，主营业务为综合超市。该公司招聘综合超市基层员工岗位采取的是结构化面试的方法。

该公司在选拔基层员工的时候，面试分成初试和复试，初试是由人力资源部来面试，复试是由用人部门来面试。初试采取的是结构化面试，由 3 名面试官同时面试候选人。这 3 名面试官的组成是 1 名招聘经理、2 名招聘专员。每个候选人的面试时间是 10 分钟。

这家公司根据基层员工岗位的胜任力分析，确定基层员工要测评的是顾客导向、沟通能力、执行力、公司认知和诚信自律这 5 个维度。面试官在对候选人进行招聘选拔时，除了评断候选人的年龄、性别、外形、基本的语言表达之外，将按照表 3-2 中的测评项目、问题和评分标准打分。

表 3-2　某大型零售连锁公司超市基层员工面试评估维度和面试话术示意

测评维度	权重	测评目的	面试问题	评分等级		测评分值	折算倍数
顾客导向	25%	考察候选人能否做到以顾客为中心，很好地服务顾客	假如一件事情，并不是你的错，但是顾客非要你道歉，你会怎么办	杰出	先向顾客道歉，体现出良好的顾客意识、识大局	5	4
				优秀	先道歉，再说明道理	4	
				合格	纠结于到底是谁的错，在无奈之下道歉	3	
				不合格	拒不道歉	1	
沟通能力	10%	考察候选人是否具备与领导、同事、顾客良好沟通的能力	在工作中，你和主管意见不一致时，你会如何解决	杰出	具有很强的沟通意识并能通过有效的沟通达成共同意见	5	3
				优秀	采取有效的沟通方式，意在达成共识	4	
				合格	沟通，但是仍然固执己见	3	
				不合格	不沟通，武断使用自己的意见	1	

测评维度	权重	测评目的	面试问题	评分等级		测评分值	折算倍数
执行力	25%	考察候选人能否积极完成工作任务，履行工作职责	假设，今天是你家人的生日，家人打电话催你早点回去庆祝，可是工作还没有完成，你会怎么做	杰出	坚守自己的岗位，集中精力提高工作效率，尽早完成工作，回家庆祝	5	5
				优秀	与家人沟通好，留下来完成自己的工作	4	
				合格	与要好的同事协商，帮助自己完成工作	3	
				不合格	明天再做工作，直接回家	1	
公司认知	15%	考察候选人对行业性质、公司文化的认同	在零售行业，周末、节假日是销售高峰期，一般无法安排休班，会安排平时倒休，能否接受	杰出	能够明确表示认同零售行业的特殊性	5	3
				优秀	能够理解零售行业的工作性质，能够接受	4	
				合格	有犹豫，勉强能够接受	3	
				不合格	毫不犹豫不能接受	1	
诚信自律	25%	考察候选人的道德品质及职业操守	假如你看到和自己要好的同事下班时将自己买的商品按打折处理，你会怎么办	杰出	敢于向店长检举此类问题，不营私舞弊	5	5
				优秀	跟同事讲清利害关系，维护公司的规章制度	4	
				合格	上前制止，劝其打消该念头	3	
				不合格	多一事不如少一事，不去理睬，装作没看见	1	
备注：70分以下不录用，70分以上可录用							

因为篇幅有限，表3-2仅作为案例演示，表中展示了一部分面试问题，实际应用时的面试问题采用的是试题库的形式。根据岗位胜任力测评项目的特点，每个测评项目设置5个以上可供选择的面试问题。

3.3.2 半结构化面试实施方法

半结构化面试是在结构化面试的基础上进行的，这种形式介于结构化面试和非结构化面试之间。其有标准的成分，也有灵活的成分。半结构化面试结合了结构化面试和非结构化面试的优点，同时避免了单一方法运用上的不足。

通过半结构化面试，面试官可以和候选人保持双向的沟通，可以获得更完整、深入的信息。通过指定的问题和自由的追问相结合的方式，让面试的形式既规范又灵活，有利于候选人充分展示自己，也有助于面试官深入考察候选人的素质情况。

举例

以3.3.1小节中的某大型零售连锁公司为例，该公司对于超市店长岗位的招聘，采取的是半结构化面试的方式。对于店长候选人的面试，该公司设置的时间是30~60分钟。和招聘基层员工不同的是，店长属于中基层管理岗位，肩负着管理的职责，在工作中会有一定的个性成分。所以对店长岗位的招聘，采取的是兼顾标准化和灵活性的半结构化面试。

该公司对店长岗位的半结构化面试评估维度和面试话术如表3-3所示。

表3-3　某大型零售连锁公司超市店长岗位面试评估维度和面试话术示意

评价要素	权重	对应问题	其他问题	评价要点
沟通协调能力	15%	请简单地做下自我介绍 之前你在自己的工作岗位上都取得了哪些令你自豪的业绩	针对候选人的工作经历灵活提问，提问过程坚持STAR原则，即情景(situation)、目标(target)、行动(action)、结果(result)	礼貌、表达流利、沟通能力强、有目光交流、反应迅速、论点有说服力等
销售能力	10%	在搬运货架的过程中，货架上的一个钉子把一名顾客刚买的价格不菲的裤子给刮破了，你作为店长应该怎么办		之前的工作业绩、销售的基本知识、顾客导向等
组织领导力	15%	在以往的工作中你是如何去约束部属的，是如何去调动他们积极性的		激励他人、合理分配目标、跟踪进度、影响他人
执行力	10%	举个例子来说明一下你曾经做过的一个成功计划及其实施过程		任务分配合理、遵守企业规章制度、工作有效率等
团队建设与凝聚力	15%	刚到一个新店，店里的员工不服你，作为店长你会怎么办		团队合作、同事关系和谐、公平激励等
培训与发展他人的能力	10%	你认为上司应通过什么方式来帮助下属成长		给别人以指导、适度授权、鼓励他人等
诚信自律	5%	你认为现代社会中一个人最重要的品质是什么，为什么		诚实、严格要求自己
责任感	5%	你对委任的工作任务完不了时，如何处理		敢于承担、负责到底、协助他人等
专业知识	10%	笔试		
数据分析能力	5%			

表 3-3 内容仅为案例演示，表格中只展示了一部分问题，实际应用时的面试问题采用的是试题库的形式。在表 3-3 中，对店长岗位面试测评的评价要素主要包括沟通协调能力、销售能力、组织领导力、执行力、团队建设与凝聚力、培训与发展他人的能力、诚信自律和责任感，专业知识和数据分析能力通过笔试测评的方式来考察。

面试官在实施半结构化面试的时候要注意，面试问题虽然可以有一定灵活性，但是不代表面试官可以漫无边际地随意提问。不论面试官延伸出什么问题，最终都应是为了保证企业的用人标准得到贯彻落实。

为了保证面试的公平性，面试官在围绕岗位需要的能力标准进行延伸提问的时候，不能对某一个候选人提出特别多的延伸问题，对另一个候选人完全不提出延伸问题。面试官要保证所有的候选人得到同等的考察。

为防止这种情况出现，一般来说，半结构化面试也可以规定延伸的问题数量范围。例如，某个岗位的半结构化面试操作指南规定，在一次面试中，对候选人提出的延伸问题数量不超过 3 个。

3.3.3 非结构化面试实施方法

非结构化面试是在面试之前不会对面试官、面试流程和面试过程做具体的、结构化规定的面试方式。对于一些岗位需求人数比较少、临时增加的岗位，或者是很多中小企业来说，可以采取非结构化面试的方法。

在非机构化面试过程中，可以用到 6 类比较经典的问题，分别是导入类问题、动机类问题、行为类问题、应变类问题、压力类问题和情境类问题。

1. 导入类问题

导入类问题有两大作用。第一个作用是暖场，面试官可以通过导入类问题给面试过程建立起一个良好的氛围。通过问候选人一些简单的问题，逐渐切入面试话题，获取到候选人的基本信息。第二个作用是发现候选人的个性特征。有时候，通过导入类问题，也能在一定程度上了解候选人的世界观、人生观和价值观。

2. 动机类问题

动机类问题是了解候选人的职业价值观、职业性格特质、职业发展规划等方面的问题。这类问题的主要目的是判断候选人的职业价值观、职业性格、职业目标和规划与岗位是否匹配，和企业文化是否匹配，企业能给候选人提供的职业发展是否和候选人未来的期望匹配。通过动机类问题，也能够侧面判断候选人可能的职业稳定性。

3. 行为类问题

行为类问题是通过对候选人曾经工作的知识、能力或经验的挖掘，了解候选人与岗位的匹配程度。面试官通过候选人学习过的知识和技能、做出过的工作成果、有过的工作经验，来判断候选人未来可能具备的工作能力，以及未来可能会产生的工作成果。

4. 应变类问题

应变类问题是一些需要候选人临场发挥的问题或者有一定难度的两难问题。这类问题是为了考察候选人的智商、情商、反应速度、应变能力、逻辑思维能力、分析能力、想象力以及解决棘手问题的能力。应变类问题有时候也会以一种智力类问题的形式出现。很多著名公司都偏向于在面试中设置应变类问题。

5. 压力类问题

压力类问题是通过面试官故意制造一种紧张的氛围，提出一些看起来比较生硬的问题，让候选人感觉不舒服；或者针对同一件事，进行一连串的发问，直到候选人开始感到回答困难。

压力类问题的主要目的是考察候选人的心理素质、承受压力的能力、在压力面前变通的能力以及沟通能力。有时候，候选人的气场比较强的时候，面试官也可以用这一类问题来平衡气场。

6. 情境类问题

情境类问题是假设一种在岗位实际工作中会发生的情景，要求候选人在这个模拟的环境中处理相应的问题。通过候选人对情境类问题的回答，面试官可以对候选人做出知识、经验、思维、观念、态度、习惯等方面综合的评价。

这类问题主要是考察候选人分析和解决企业实际问题的能力，看候选人是否具备处理具体问题的方法和技巧，看候选人处理问题的方式是否符合企业的实际情况、是否符合企业文化、是否能够被企业接受。

在通用的非结构化面试过程中，面试官可以按照这 6 类问题的逻辑顺序来进行提问，也可以根据面试岗位的特点和候选人的情况，对这 6 类问题进行组合应用。

注意，这 6 类比较经典的问题并不是非结构化面试专有的，在所有的面试测评中，都可以用到这 6 类问题。本章会分别介绍这 6 类问题包含的具体内容和实施注意事项。

3.3.4 单人/集体面试实施方法

单人面试和集体面试的概念与面试官的数量无关，与一场面试中候选人的数量有关。集体面试也叫多人面试或群体面试，是相对于单人面试而言的。单人面试指的是一次面试的候选人只有一人的面试形式。集体面试指的是一次面试的候选人有多人的面试形式。

单人面试适用于候选人人数比较少、经过初步筛选后候选人与岗位比较符合、待招聘的岗位相对价值比较高等情况。集体面试适用于候选人人数比较多且未经过初步筛选、待招聘的岗位相对价值比较低等情况。单人面试和集体面试各有优缺点。

单人面试更注重找到相对于岗位更适合的候选人。集体面试更注重候选人之间的比较，找到更优秀的候选人。

相比于集体面试，单人面试的优点主要是能够获得对不同候选人更深刻的了解。单人面试可能存在的缺点是耗费时间较长，面试的效率不高。如果短时间内面试很多人，容易忘记之前面试的候选人的基本情况。

相比于单人面试，集体面试的优点如下。

（1）面试的效率比较高。面试同样数量的候选人，集体面试花费的时间往往更短，能够在更短的时间之内快速筛选出适合的候选人。

（2）能够更直观地形成比较。集体面试能够把不同的候选人安放在同一时间和空间之内进行面试，通过候选人不同的表现，更直观地做出比较。

集体面试可能存在的缺点是比较、判断的环节有时会存在偏颇。例如集体面试中的抢答类问题，思维敏捷的候选人往往比心思缜密的候选人更有优势，如果岗位更适合思维敏捷的候选人，则这类问题有利于选拔人才；如果岗位更适合心思缜密的候选人，则这类问题不利于选拔人才。

3.3.5 电话面试实施方法

电话面试指的是面试官和候选人以电话为媒介进行测评筛选或交流沟通。通常情况下，面试官和候选人的第一次面试可以采取电话面试的形式。面试官在电话面试后认为候选人合格，再进行进一步的面试。

电话面试是一种以媒介形式划分的面试类型。如果按照标准化和结构化程度来划分，电话面试可以采取结构化面试、半结构化面试或非结构化面试的形式。一般来说，面试官在和候选人第一次接触实施电话面试时，可以询问如下问题。

（1）自我介绍。面试官可以请候选人简单介绍个人情况。通过自我介绍开场，是双方相互熟悉的过程。面试官可以借此判断候选人简历信息和个人描述是否一致，可以大体了解候选人的基本情况。

（2）询问和确认候选人各阶段的工作经历、工作职务以及工作职责，可以针对候选人简历上写的学习背景和工作内容谈一谈候选人的情况。这里要有工作时间和专业深度的匹配。例如有可能面试官发现候选人工作时间其实很短，但表现出来的专业深度却很深，这是为什么？对于这种情况，面试官在电话面试时可以确认一下。

（3）询问目前或上一份工作经历的主要内容、绩效以及主要技能。这里要注意，面试官应当要求候选人提供体现其曾经工作中做出的业绩或工作责任和复杂程度的确切数字。例如候选人管理了多少下属、管理了多少的预算、销售的目标以及实际销售的达成情况。

（4）询问候选人每个阶段离职的具体原因。判断候选人曾经的离职是因为个人没有确定自己的职业发展方向，因为候选人对当前薪酬不满，因为候选人工作得不开心，还是存在其他的原因。初步判断候选人离职的原因能够提前了解候选人入职后可能的稳定性。

（5）了解候选人求职的动机，询问候选人目前的薪酬情况以及能够接受的薪酬。如果候选人能接受的薪酬比岗位能够提供的最高标准高出 50% 以上，企业又不支持薪酬弹性，这类候选人可以不考虑。这类候选人即使适合岗位，在薪酬谈判的环节也会比较艰难。

（6）询问在简历筛选的过程中，面试官发现的各项疑问点。面试官在简历筛选过程中发现的所有疑问和信息不清之处，都可以在电话面试的时候先行确认，以免进一步面试时发现候选人在这个问题上不合适，浪费双方的时间。

电话面试的操作质量不仅决定了面试官对候选人各方面考察获得信息的完整性，还决定了候选人和企业之间进一步交流沟通的可能性，以及候选人最终入职的可能性。面试官在进行电话面试的时候，需要注意如下事项。

（1）做好沟通过程的笔记。虽然电话面试并不是正式的面试，但面试官还是应当重视，必须做好记录。有时候电话面试的记录，可以为正式面试提供一定的参考。

（2）电话面试不同于现场的面试。在现场面试的时候，面试官担心候选人在等待的时候可能会相互交流，影响面试的公平性。因为电话面试时这种情况很难出现，所以为了公平对待所有候选人，面试官可以对所有候选人问相同的问题，可以用相同的询问方式，可以采取相同的提问顺序。

（3）面试官在电话面试的过程中要用心和专心听候选人说话，掌握候选人的基本信息。面试官要注意分析候选人的回答是否和简历存在相互矛盾的可能性，或者注意候选人的回答是否存在不符合逻辑的地方，以备进一步提问。

（4）面试官在电话中不要做任何不确定的承诺。例如承诺候选人如果入职，可能在 2 年之内得到晋升，或每年薪酬都会增长 10% 以上。候选人可能因为这一类的承诺而对企业产生好感，可是当候选人真正入职后发现这些承诺都是虚假的时候，他很可能愤然离职，同时会对企业造成非常不良的影响。

（5）和现场面试的原理一样，电话面试的过程应该尽量让候选人表达，而不是让候选人一直听面试官表达。电话面试的主要目的是获取信息，次要目的是传递信息。

如果电话面试之后，面试官觉得候选人并不符合岗位的要求，可以将其直接淘汰，不需要邀约其参加现场面试。如果面试官觉得候选人基本符合岗位的要求，可以在电话中对候选人进行初步的肯定，增强候选人来面试的信心，同时向其正式地发出现场面试的邀约。

当与候选人沟通确认好现场面试邀约后，面试官可以把现场面试的具体时间、需要候选人准备的具体事项以及面试地点的具体地址和乘车路线、停车位置等信息发送给候选人，同时附上企业名称、联系人电话等必要信息。

给候选人发的邮件中应包括企业的大概情况、所招岗位名称及相关情况，并留下电话号码，便于候选人有不明之处可电话咨询。如果有一封正式的邀约面试的信函，候选人会感受到企业的正规和自己被重视，而且也便于其查阅关键信息。

3.3.6 视频面试实施方法

视频面试指的是以网络视频信息技术为媒介进行面试测评筛选的过程。相对于电话面试，视频面试的优点是面试官能够在面试过程中见到候选人的样貌和神态，能够实现接近于现场面对面交流的效果。

视频面试同样是一种以媒介形式划分的面试类型。如果按照标准化和结构化程度来划分，视频面试也可以采取结构化面试、半结构化面试或非结构化面试的形式。

目前市面上可以支持视频面试的软件载体非常多，微信、QQ等主流社交软件以及一些主流直播软件都可以实现视频面试。实际上，只要是能实现视频通话功能的常用软件，都可以作为视频面试的载体。很多大众软件都开通了视频会议的功能，也可以作为视频面试的软件载体。

运用主流软件实施视频面试的好处是软件比较大众化，操作方式对候选人来说比较友好，操作比较便捷，候选人能很快掌握视频面试的操作方法；缺点是大众主流社交软件的主要功能是日常聊天，商务保密性相比于专业视频会议软件较差，而且一些大众主流社交软件还有"美颜"功能，有时无法真实显示候选人的样貌。

出于安全、保密的考虑，企业也可以采用一些有视频会议功能的商务专用软件实施视频面试。相比于大众主流软件，商务专用软件的好处是商务保密性较好，能够比较真实地显示候选人的形象；缺点是候选人可能没接触过这类软件，在视频面试之前，需要指导候选人使用软件。

面试官在实施视频面试时，需要注意如下事项。

1. 确保优良的网络环境

视频面试传输的是视频画面，因此对网络环境（带宽）有一定的要求。如果网络环境较差，视频面试过程的连贯性可能会受到影响。这里优的网络环境不仅指企业方的网络环境，还包括候选人的网络环境。

双方网络环境都达标是保证视频面试顺利实施的必要条件。面试官一方面要注意调试好企业方的网络环境，另一方面要提前把视频面试需要的网络环境条件告知候选人，要求候选人在视频面试开始前准备好需要的网络环境。

2. 确保清晰的视频设备

除了网络环境之外，视频面试对设备还有一定的要求。企业方一般应当选择像素较高的视频设备，同时应当对候选人的视频传输设备做出一定要求。无论候选人通过手机还是计算机实施视频面试，视频设备的像素同样应达到一定要求。

对候选人视频面试设备的具体要求，企业应当根据当前大多数人持有电子产品的平均技术条件做出要求。如果对视频面试设备的要求过高，可能会劝退很多候选人，不利于面试结果，不利于达成招聘满足率。如果对视频面试设备要求过低或者无要求，可能会降低视频面试质量。面试官要做好这两者的平衡。

实施视频面试的时候需注意，有的电子设备之间有电信号干扰，从而产生杂音和视频画面的信号传输问题。面试官在进行视频面试之前要调试视频面试设备，在视频面试过程中要注意将可能存在电信号干扰的电子设备分开。

3. 确保适合的面试环境

面试官要选择适合的环境做视频面试。视频面试的环境应当安静，周围不应有装修施工、团体活动或临街噪声等声音干扰。同时，面试官要注意提前告知候选人，让候选人按照同样的标准选择视频面试的环境。

面试官要注意视频面试的背景环境，背景环境中最好有明显的标识、符号、色彩、商标等体现企业文化与外部认知的内容。如果没有这类背景环境，则选择优雅、朴素、大方、平和的办公环境，白墙也可以。注意背景环境不要脏、乱、差。

3.4　员工入职操作方法

员工入职环节既关系到员工能否快速融入企业，又关系到企业的用工安全。HRBP 要做好员工入职前的准备工作，注意员工入职操作的办理流程和规范，做好用人部门与新员工的交接，注意入职信息的填写，做好入职风险防控。

3.4.1　入职前的准备内容

在新员工入职之前，HRBP 首先要做好准备，主要包括 3 个方面，如图 3-6 所示。

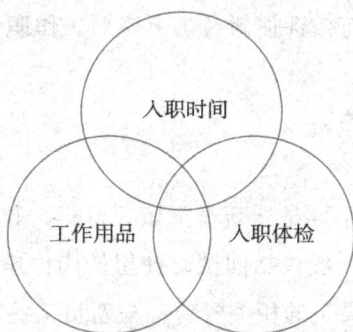

图 3-6 新员工入职前准备的 3 个方面

1. 入职时间

HRBP 要确定新员工的入职时间，提前做好入职手续办理的各项准备。虽然录用通知中已经包含入职需要携带的相关资料信息，为了防止新员工入职时遗漏，HRBP 最好在新员工正式办理入职手续的前一天，提前电话与其确认。

2. 入职体检

企业如果需要新员工在入职前做体检，需要安排好体检的相关事项。入职前的体检环节是确认新员工身体健康状况的依据。

根据《中华人民共和国就业促进法》（2015 年 4 月 24 日修正版）第三十条的规定："用人单位招用人员，不得以是传染病病原携带者为由拒绝录用。但是，经医学鉴定传染病病原携带者在治愈前或者排除传染嫌疑前，不得从事法律、行政法规和国务院卫生行政部门规定禁止从事的易使传染病扩散的工作。"

有的劳动者为了获得岗位，可能伪造体检结果，甚至伪造健康证。在这个环节，HRBP 要强化对体检结果真实性的核查工作。必要的时候，企业可以指定体检中心，并且和体检中心建立长期稳定的合作关系。在候选人体检后，直接通过体检中心获得其体检结果。

3. 工作用品

HRBP 要协同用人部门和相关部门，给新员工提前安排好座位，并提前准备好相关的办公用品、工作服、工作牌、餐卡、入职需要的各类资料和表单等。HRBP 要提前和用人部门对接，通知用人部门的领导，提前为新员工安排好师傅或入职对接人。

这里要注意，在新员工入职前，HRBP 需要告知新员工用人岗位清晰、明确的岗位职责，既是为了方便新员工入职后能够快速理解岗位工作内容、快速进入工作状态，也是为了能够有效评估新员工上岗后工作职责的履行情况。

3.4.2 入职手续办理流程

办理入职手续的过程主要是让新员工填写资料、收集资料、核对信息、整理归档的过程。这里的资料一般包括面试时使用的岗位申请表，可以作为面试的入职登记表使用；收取的新员工的相关资料；与新员工签订的劳动合同。

在入职手续办理流程中，HRBP 要注意 3 个环节，如图 3-7 所示。

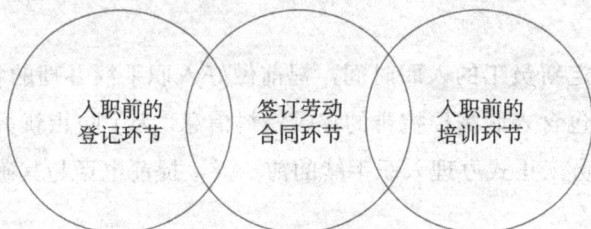

入职前的
登记环节

签订劳动
合同环节

入职前的
培训环节

图 3-7　入职手续办理注意的 3 个环节

1. 入职前的登记环节

HRBP 要对员工入职材料和信息的真实性仔细核查，重点关注的信息包括员工的教育背景信息、工作经历信息、家庭成员信息、紧急联系人及通信地址信息、健康状况信息。务必要新员工在岗位申请表最后的声明中亲笔签字。

HRBP 要核查员工上一个工作单位开具的双方已经解除劳动关系并不存在任何劳动纠纷的证明。对于特殊或敏感岗位，要提前通过电话、邮件、传真等方式审查候选人是否还处在竞业限制期。

2. 签订劳动合同环节

HRBP 和新员工签订劳动合同时，要注意劳动合同必须在用人单位和劳动者确立劳动关系之后的一个月之内签订。劳动合同的条款必须合法合规，最好用当地人力资源和社会保障部门提供的格式模板。

3. 入职前的培训环节

HRBP 在办完基本的入职手续之后，要安排新员工培训。HRBP 要对规章制度等应知应会的知识进行培训，培训的过程最好有视频记录，有新员工参与培训的签到记录，有新员工就培训内容的考试记录。这里需要特别注意，所有新入职的员工必须学习规章制度，并且有关于培训内容和规章制度应知应会的知悉签字。

如果有必要，HRBP 可以带新员工参观企业和相关岗位。在参观之前，需要与各部门做好沟通，以免影响各部门工作的正常运行。参观的过程中，要进行比较专业和细心的讲解，耐心全面地解答员工在参观过程中提出的问题。

3.4.3　用人部门交接方法

新员工来到新的环境，周围的一切对他来说都比较陌生，这时候新员工的内心难免会有忐忑不安的感觉。在经过了正式上岗前的入职流程和入职培训之后，新员工对新的岗位、新的团队可能充满着想象与期待。

很多新员工在刚上岗的时候，不敢主动与周围的同事打招呼，不知道该和同事聊什么，可能短时间内在集体中交不到朋友。如果周围的同事也忙于工作，没有给新员工足够的关怀，新员工会感觉到孤独与失落。如果这样发展下去，有可能最终导致新员工的离职。

要让新员工融入团队，融入企业，用人部门的作用非常关键。这个环节直接影响着新员工的感受，决定了新员工未来愿不愿意留在企业，决定了新员工能不能有效融入企业，能不能适应岗位，能不能长期稳定工作。

用人部门在新员工入职过程中的工作主要包括以下内容。

（1）安排师傅或专人负责引导新员工并做相应的人员介绍。

（2）对新员工做本部门规章制度和岗位职责要求的必要介绍。

（3）在用人部门的例会上向其他同事介绍新员工的情况。

要引起用人部门对新员工的重视，HRBP 可以经常向用人部门安排实施非人力资源管理部门的人力资源管理培训，增强用人部门的人力资源管理意识。

3.4.4　入职信息填写注意事项

在新员工入职的环节，HRBP 要核对新员工岗位申请表上的相关信息与员工准备资料上的信息是否一致。除了员工的年龄信息、学历信息等基本信息之外，有一类很容易被忽略的信息，就是员工可以收到快递的地址或家庭住址信息，以及紧急联系人的信息。

有时候，可能会有一些紧急情况，需要邮寄给员工企业的文书，或者与员工的紧急联系人联络。例如，当有的员工不办理离职手续想直接与企业解除劳动关系的时候。从法律上讲，员工不履行正常的离职手续就擅自离岗，需要承担相应的违约责任。如果给原用人单位造成经济损失的，还应当承担相应的赔偿责任。但在实务操作中，这种员工的行为往往让企业很头疼，企业追究员工责任的成本很高。

　　应对这种状况，HRBP 可以在规章制度中规定：员工连续旷工 7 天或 1 年之内累计旷工 20 天，属于严重违反规章制度和劳动纪律的行为，将视为员工主动离职，企业可以和员工解除劳动关系，并不需要支付经济补偿。

　　按照这种方式操作，如果员工连续旷工满 3 天，HRBP 可以履行提醒的义务。首先通过电话与员工联络，如果通过电话无法联系到员工本人，可以尝试联络员工的紧急联系人。如果仍无法取得联络，可以通过快递向员工发送《恢复上班通知函》，履行提醒的义务，内容中提醒员工规章制度中的规定，希望员工上班。

　　《恢复上班通知函》的格式模板内容如下。

　　同志：

　　您自＿＿＿＿年＿＿月＿＿日起一直未正常出勤，现通知您务必于收到本通知后三日内到＿＿＿＿＿＿＿公司人力资源部办理恢复工作手续。

　　若在规定时间内您未恢复工作，公司将根据《规章制度》第＿＿＿章第＿＿＿节第＿＿条规定：连续旷工 7 日者，按自动离职处理，公司有权直接解除劳动关系，由此导致的一切不利后果，将由您自行承担。同时，公司保留通过法律途径追究您因未正常履行工作职责给公司造成经济损失的权利。

　　特此书面通知。

＿＿＿＿＿＿＿公司

人力资源部

年　月　日

　　当员工连续旷工满 7 天的时候，HRBP 可以发送《解除劳动关系通知函》，通知员工已经严重违反企业的规章制度，企业已经与其解除劳动关系。

　　《解除劳动关系通知函》的格式模板内容如下。

同志:

因您严重违反《劳动合同》的约定和公司相关规定,现经研究决定,自即日起解除双方劳动合同关系。

请您务必于收到本通知后3日内到_____公司人力资源部办理完毕离职手续,并领取解除劳动关系证明。若在规定时间内未履行上述手续,由此导致的一切不利后果将由您自行承担。

特此书面告知。

_____公司

人力资源部

年　月　日

这时候,就体现出员工在入职阶段填写的个人信息中员工的电话、地址、紧急联系人的联系方式等信息的重要性。

所以,HRBP在员工入职的环节,要核实员工提供信息的准确性。员工填写的地址信息不可以笼统,必须提供细到门牌号的可邮寄地址。如果是员工异常离职情况比较多的企业,可以要求员工入职时至少提供2个或者更多紧急联系人的联络方式。

3.4.5　入职常见风险防控

新员工入职环节存在各种风险,不了解或不注意的企业很容易在这些问题上犯错误,给企业造成不必要的损失。新员工入职环节比较常见的法律风险包括如下7类。

(1)招用童工的风险。国家法律法规明确规定,用人单位禁止招用不满16周岁的未成年人,即便是该未成年人主观上想到用人单位工作。法律依据为《禁止使用童工规定》(2002年10月1日发布)。

(2)就业歧视的风险。用人单位在实施招聘的时候,不得存在对民族、性别、宗教、传染病病原携带者、残疾人等各种类型的就业歧视。法律依据为《中华人民共和国就业促进法》(2015年4月24日修正版)、《就业服务与就业管理规定》(2018年12月14日发布)。

(3)信息不全的风险。用人单位要保存好新员工的相关录用材料,建立员工名册。法律依据为《中华人民共和国劳动合同法实施条例》（2008 年 9 月 18 日发布）。此项既是合法合规层面要注意的风险，也是保证用人单位内部管理要做到的。

（4）扣押财物的风险。用人单位不得要求员工提供任何财物或扣压员工的证件，作为双方劳动关系的担保，或作为劳动关系存在的条件。法律依据为《中华人民共和国劳动合同法》（2012 年 12 月 28 日修正版）。

（5）条件不符的风险。用人单位禁止招用没有合法证件的人员。法律依据为《就业服务与就业管理规定》（2018 年 12 月 14 日发布）。该项同样既是合法合规层面要注意的风险，也是保证用人单位内部管理要做到的。

（6）非法缔约的风险。用人单位不得用欺诈、胁迫或乘人之危的手段，在违背当事人意思表示的情况下订立劳动合同。法律依据为《中华人民共和国劳动合同法》（2012 年 12 月 28 日修正版）。

（7）信息泄露的风险。用人单位对员工的个人信息有保密的义务，不得泄露员工的个人信息或擅自使用员工个人的劳动成果。法律依据为《就业服务与就业管理规定》（2018 年 12 月 14 日发布）。

第 4 章
HRBP 培训开发方法与工具

　　人才培训与开发是人才能力达到岗位要求的重要保障。要做好人才培训与开发工作，HRBP 要有能力编制培训计划，让人才培养有序进行；要有能力设计培训项目，让培训课程完整、有效；要有能力实现培训成果转化，让培训结果落地；要有能力帮助员工做好职业发展，激发员工能力提升的内生动力。

4.1　培训计划编制方法

编制培训计划是为了满足企业的需求。根据企业需求的不同，常见的培训计划编制方法可以包括 3 种，分别是基于人才培养的培训计划、基于绩效提升的培训计划和基于体系建设的培训计划。

如果按照周期划分，培训计划可以分成年度培训计划、季度培训计划和月度培训计划。不同周期培训计划实施的基本原理类似，为便于解析，本节以年度培训计划的编制方法为例。

4.1.1　基于人才培养的培训计划

人才数量不足和人才能力欠缺是企业经常遇到的问题。当企业制定年度培训计划是为了解决人才数量和能力问题的时候，应当把培训计划定位在人才培养上。在这种情况下，企业在做培训目标设计和培训评估的时候，可以把重点放在"人才培养完成率"这个指标上。

制定基于人才培养的培训工作计划可以分成 4 步，如图 4-1 所示。

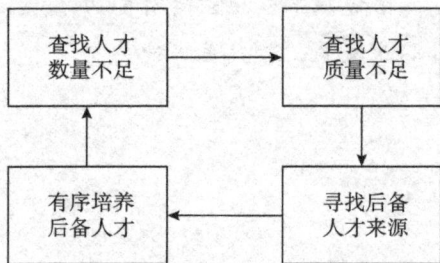

图 4-1　基于人才培养的培训工作计划的制定步骤

1. 查找人才数量不足

制定基于人才培养的培训工作计划通常情况是由于企业存在人才不足的问

题。这时候，HRBP 制定培训计划就应当针对当前人才的不足，提供解决方案。HRBP 应当查找当前在哪个地区、哪个部门、哪种岗位上存在人才数量的不足。

2. 查找人才质量不足

这个环节很容易被 HRBP 忽略。很多企业并非缺人，而是人的能力不行，或者质量不高。当现有团队成员不具备某些能力的时候，即便人才在数量上是充足的，在质量上也是不足的。这时候 HRBP 除了要在人才数量上补足之外，也要查找在人才质量上存在哪方面的不足。

3. 寻找后备人才来源

查找完人才数量和质量上的不足之后，HRBP 要尝试寻找后备的人才来源。这里的后备人才来源不仅限于外部招聘，也可以来源于内部的人才培养和培训。如果是来源于内部的人才培养和培训，就应当针对这部分人群设计培训计划。

4. 有序培养后备人才

针对后备人才的培训计划应当保证对人才某方面的知识、技巧和能力的培养，让人才能够达到岗位胜任能力的基本要求。对后备人才的培养应当循序渐进，注意人才培养的时间进展。

举例

某零售公司人才数量规划样表如表 4-1 所示。

表 4-1　某零售公司人才数量规划样表

需求与储备情况比较	20X1 年（120 家）					20X2 年（132 家）					20X3 年（151 家）				
	A 城市	B 城市	C 城市	D 城市	总计	A 城市	B 城市	C 城市	D 城市	总计	A 城市	B 城市	C 城市	D 城市	总计
计划开店的数量	12	48	36	24	120	26	40	46	20	132	23	45	53	30	151
需求店长数量	12	48	36	24	120	26	40	46	20	132	23	45	53	30	151
已储备店长数量	14	55	32	21	122	20	33	16	15	84	3	12	11	9	35
店长已储备与需求的差异	2	7	-4	-3	2	-6	-7	-30	-5	-48	-20	-33	-42	-21	-116
需求主管数量	84	336	252	168	840	185	277	323	139	924	158	315	368	210	1 051
已储备主管数量	88	395	379	185	1 047	151	223	276	128	778	78	123	158	69	428
主管已储备与需求的差异	4	59	127	17	207	-34	-54	-47	-11	-146	-80	-192	-210	-141	-623
需求员工数量	348	1 392	1 044	696	3 480	766	1 148	1 340	574	3 828	653	1 305	1 523	870	4 351

需求与储备情况比较	20X1 年（120 家）					20X2 年（132 家）					20X3 年（151 家）				
	A 城市	B 城市	C 城市	D 城市	总计	A 城市	B 城市	C 城市	D 城市	总计	A 城市	B 城市	C 城市	D 城市	总计
已储备员工数量	267	658	698	379	2 002	145	368	389	197	1 099	78	136	194	76	484
员工已储备与需求的差异	-81	-734	-346	-317	-1 478	-621	-780	-951	-377	-2 729	-575	-1 169	-1 329	-794	-3 867

　　某零售公司的人才数量规划要承接公司的战略规划。该零售公司每年都会制定未来的 3 年规划。在该公司的 3 年规划中，已经说明了要在哪些城市和地区开一定数量的店。从人力资源管理的岗位层级来说，开店需要店长、主管和员工。

　　不同层级的岗位对应着不同的能力要求。为了应对开店的人才需求，该公司对不同层级的人才已经有一定数量的储备。用已储备的人数减需求的人数，能够得到已储备与需求之间的差异。这个差异，正是该公司需要招聘、培养补充的人数。

　　层级越高的岗位，培养的周期越长，需要提前准备的时间越早；层级越低的岗位，培养的周期越短，需要提前准备的时间越晚。人才有一定的地域性限制，由于不同城市的人才需求数量不同，所以这家公司总部除了要规划出全公司总的人才需求之外，还要规划出不同城市的人才需求。

4.1.2　基于绩效提升的培训计划

　　除了人才的能力欠缺之外，企业另一个比较常见的问题是绩效水平比较差。企业中总会有一些绩效比较好的部门，也会有一些绩效比较差的部门。针对那些绩效比较差的部门，企业在制定培训计划的时候就应当围绕它们的绩效改进做计划。

　　对于绩效比较差的部门，企业应当把培训计划的重点聚焦在绩效问题的改进上。在这种情况下，企业在做培训目标设计和培训评估的时候，可以把重点放在"培训前后绩效的变化"这个指标上。

　　制定基于绩效提升的培训工作计划可以分成 4 步，如图 4-2 所示。

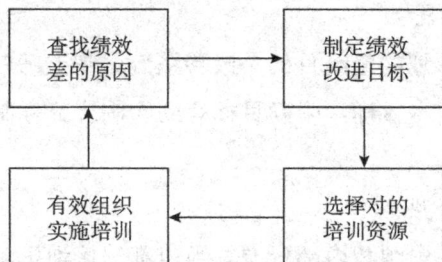

图 4-2　基于绩效提升的培训工作计划的制定步骤

1. 查找绩效差的原因

企业要查找部门绩效比较差的原因。在查找原因的时候，企业一定要实际调研部门绩效差的真实原因，而不是道听途说或凭空想象。这里可以用到的方法是持续问为什么。很多时候，问题只是表象，当持续问为什么的时候才能知道问题背后的根本原因。

举例

某线下连锁店中有个品类的产品销量持续下降。经过了几次会议之后，这个情况仍然没有改善。到了年底的时候，总经理提出要解决这个问题。

为什么该品类的产品销量会下降呢？

这时候发现，该品类产品销量下降的原因之一是该企业该品类的产品价格没有优势。在竞争对手店里，同品类的产品价格普遍比这家店低 10% ～ 20%。

为什么竞争对手店中同品类的产品价格比这家店的价格低呢？

产品的价格是企业采购部门和供应商谈判出来的。所以企业采购部门的谈判能力和产品价格的相关性特别大。这时候发现，该品类的产品采购人员和供应商谈判的时候总是谈不下价格来。

为什么采购人员和供应商谈不下价格，但竞争对手却可以呢？

因为竞争对手给了供应商大量的门店端架和堆头的资源。而且竞争对手和供应商谈的协议价格，是以某个销量为前提的，实际上是一个对赌机制。供应商给门店某个优惠的价格，门店保证某个销量。

分析出绩效差背后的原因之后，就能找到针对绩效改进、制定培训计划的具体方向。

2.制定绩效改进目标

企业做培训工作计划的最终目的是改善绩效。制定绩效改进目标，同样也是制定培训工作计划的基本目标。明确目标有助于围绕目标制定计划，也有助于评估计划最终的完成情况。

3.选择对的培训资源

培训资源分成外部资源和内部资源。当内部的培训资源能够解决绩效问题的时候，应当优先使用内部的培训资源。关于培训资源，企业应当注意，企业内部往往存在大量的待开发的培训资源。

以上例的线下连锁店为例，除了销量下滑的品类的产品之外，还存在销量增长势头较好的品类的产品。这些品类的产品的采购人员就是很好的内部培训讲师资源，他们对品类的产品价格的谈判方法就是很好的培训教材。

4.有效组织实施培训

企业在组织和实施培训的时候同样应该注意，应当针对某个问题，具体问题具体分析。在解决问题的时候，企业要看到通过改变环境、改变管理体制、改变工具方法等方面是否能够更好地解决问题，而不仅是通过培训。

4.1.3 基于体系建设的培训计划

培训体系不完善同样是企业中的常见问题。企业在制定年度培训工作计划的时候，可以把重点聚焦在培训体系建设上，重点建设那些影响人才培养和培训工作正常运行的薄弱环节。在这种情况下，企业在做培训目标设计和培训评估的时候，可以把重点放在"项目计划完成率"这个指标上。

一套完整的培训管理体系是企业的人才培养和培训工作正常、有序开展的重要保障。很多企业培训工作做不好，实际上是培训管理体系出了问题。针对人才培养和绩效提升制定的培训计划，大部分解决的都是"点"的问题。针对培训体系建设制定的培训计划，解决的是"面"的问题。

基于体系建设的培训工作计划制定的逻辑实际上是基于企业当前培训管理体系上的不足，而进行的项目改进逻辑。制定基于体系建设的培训工作计划可以分成4步，如图4-3所示。

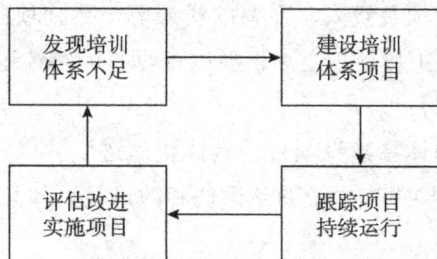

图 4-3　基于体系建设的培训工作计划的制定步骤

1. 发现培训体系不足

根据企业存在的问题，发现培训体系上存在的不足。也就是根据"点"上存在的问题，去发现"面"的问题。

举例

有的企业领导认为销售人员的业绩差是一个绩效改进的问题。实际上深入研究之后发现，销售人员业绩差的其中一个原因是销售人员对产品知识的了解不深入。造成这种情况的原因是产品的技术研发部门从没对销售人员做过任何产品知识的培训。

为什么技术研发部门从没有对销售人员做过任何产品知识的培训？

（1）因为企业没有制定相关的培训管理制度，没有这方面的要求。（制度层面的问题）

（2）技术部门没有指定和培养固定人员做培训讲师。（培训讲师建设的问题）

（3）技术部门没有根据产品的具体情况制定销售人员能够看得懂、用得上的培训资料和培训教材，有的资料只是产品说明书。（课程体系建设的问题）

2. 建设培训体系项目

根据对"点"的问题不断深入挖掘，企业可以发现很多"面"的问题。基于体系建设的培训工作计划正是在发现"面"的问题之后，通过体系建设解决这类问题。根据上述案例中发现的问题，可以在培训制度层面、培训讲师建设层面和课程体系建设层面，分别制定年度培训工作计划。

3. 跟踪项目持续运行

培训管理体系建设是一个项目工程。既然是项目工程，就会有项目内容、完成时间、完成标准、事项负责人、需要的资源等一系列项目的具体安排。在制定了基于体系建设的培训工作计划之后，要跟踪项目的持续运行情况。

4. 评估改进实施项目

当事先规划好培训体系建设项目的具体实施进度并展开实施之后，随着跟踪项目的持续运行，企业接下来要做的是评估和改进培训体系建设项目的实施情况。

4.2 培训项目设计方法

培训项目能够提升人才能力，企业需要优质、高效的培训项目促进人才发展，HRBP 应当具备培训项目设计的能力。常见的培训项目设计包括培训课程结构设计、培训课程开发和培训内容框架设计。

4.2.1 培训课程结构设计方法

学习强调学以致用。因此在设计培训课程结构的环节，需要首先引起参训人员的注意，让其主动发现问题，然后给予其理论指导并让其在实战中有效地演练和运用，并通过对问题的解决形成总结反思，形成持续改进、不断提升的闭环。培训课程结构设计的逻辑如图 4-4 所示。

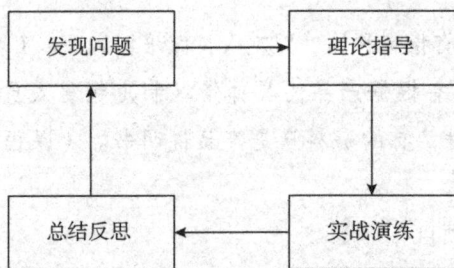

图 4-4 培训课程结构设计的逻辑

1. 发现问题

培训的目的是解决问题，但是参训人员很可能在培训开始之前没有意识到问题，或者已经意识到问题，但是对问题的认识不深刻、不全面、不到位。因此，在培训课程开始的阶段，要通过游戏、提问、测试、案例研讨等方式吸引参训人员的注意力，启发参训人员的思维，帮助其发现问题，激发其学习欲望，提升其认知水平。

2. 理论指导

发现问题后，培训讲师可以开始正式的课程，也就是向参训人员提供解决问题的科学方法和理论指导。在设计这部分培训课程的内容时，应当注意始终遵循KISS 原则（Keep it simple and stupid，保持培训课程的简单、易懂）。让所有的内容尽量简单、易懂，尽量不要有过多复杂的原理。

3. 实战演练

成年人喜欢在实战中学习，期待用学到的内容解决实战问题，喜欢参与、讨论与互动。所以在课程设计的时候，课程开发人员应尽量设计出提供给参训人员实战演练的环节。实战演练的环节不仅能够让参训人员在培训过程中获得练习，而且能够让培训讲师对参训人员的实际操作实施一定的点评、纠正或指导，巩固培训的内容，加深参训人员学习的印象，加强培训的效果。

4. 总结反思

在课程的最后，除了总结课程的全部内容之外，还可以增加总结反思的环节。通过参训人员之间对培训课题进一步的研究、交流、探讨，将学习所得升华，让学员深入反思自身与学习目标还存在哪些差距，应继续做出哪些方面的努力，对参训人员形成不断提升的闭环。

4.2.2　培训课程开发步骤

培训课程的开发不仅要注意课程本身的设计环节，还应在课程设计之前注重目标的确定和任务的分析，在课程设计之后注重在培训教学环节中真实的应用，以及应用之后得到结果的反馈与评价。培训课程开发流程如图 4-5 所示。

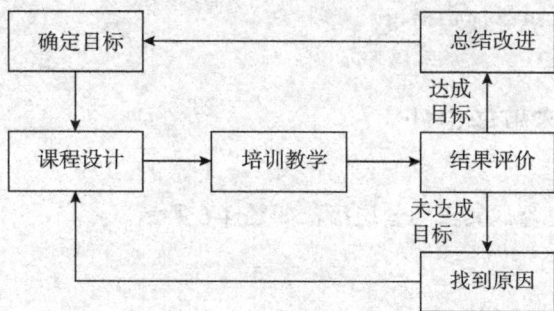

图 4-5　培训课程开发流程

1. 确定目标

在开发培训课程之前，课程开发人员要明确课程主要针对的是哪些具体痛点、解决哪些具体问题、想达到哪些具体目标。针对要达到的目标，课程开发人员要分析解决问题需要完成的工作任务以及培训课程中需要包含的具体内容。

2. 课程设计

根据课程开发人员对目标和对课程内容的确定，根据培训课程设计的结构设计培训课程。建筑物的建设是先搭框架，再填充混凝土，最后进行装修。课程的设计也是同样的道理。课程设计在确定课程的主题之后，一般需要先确定分成几个部门、有几个标题或目录，再确定包含哪些内容，最后进行整体性、系统性的优化。

3. 培训教学

完成培训课程之后，就可以开始进行培训了。对于有条件的企业，在正式的培训之前可以先进行小范围的试讲，以便及时发现课程的不足之处，及时改正。

4. 结果评价

在正式培训之后，通过对培训结果的评价，HR 能够得出该培训课程是否达成了预期的目标。如果达成目标，做一定的总结改进之后，根据新一轮培训目标的确定形成闭环；如果没有达成目标，HR 要及时找到原因，对课程进行重新设计或修改。

培训课程经过多次的设计、培训和完善后，可以考虑定版。之后随着环境的变化，再进行不断地修订。一般来说，定版后的培训课程保持一年至少修订一次的频率。有条件的企业可以在每次开课之前都根据行业变化、当下热点和参训人员类别调整课程以提升课程效果。

4.2.3 培训内容框架设计

培训课程的内容框架应当分层级，如图 4-6 所示。

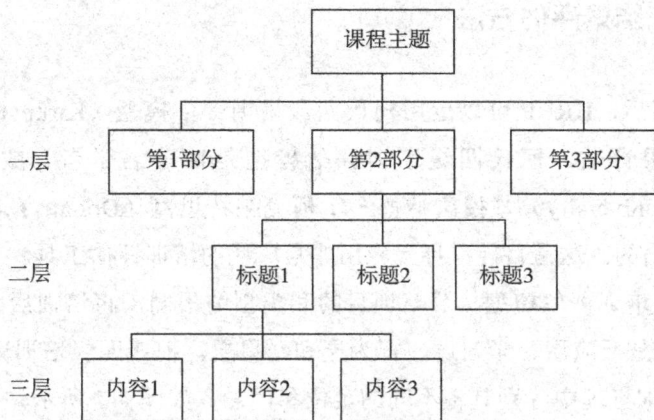

图 4-6　培训课程的内容框架示意

整个培训课程的内容框架应当遵循"论点—论据—论证"的逻辑和系统顺序。设计培训课程内容框架的步骤如下。

第 1 步，选定的课程主题应言简意赅，能够通过课程主题看出该培训课程待解决的主要问题。每个培训课程解决的问题最好是具体的某一个或某一类问题，内容较宽泛的课程往往起不到效果而且不容易被参训人员接受。例如，课程主题为"如何组织一场会议"就是比较可取的课程题目；课程主题为"会议管理与企业文化"就显得较为宽泛。

第 2 步，确定课程中共有几部分内容。各部分内容之间应当相对独立，并对说明课程主题都应当具有一定的支撑作用。

第 3 步，列出每个关键部分之下分别有多少个标题。标题是对各部分内容的细分，用来支撑每部分的内容。

第 4 步，列出每个标题之下有哪些具体内容。内容是对标题的再次细分，用来支撑标题。

4.3　培训成果转化方法

实施培训的目的是将培训效果转化到实际工作中，内化为员工的能力或行为，落实到员工的行动。要实现这一点，HRBP 对培训效果的转化以及对培训后参训人员的跟踪工作至关重要。

4.3.1　培训结果评估方法

培训结束后，HRBP 可以运用柯氏四级培训评估模型（Kirkpatrick Model）实施培训结果评估。柯氏四级培训评估模型是由著名学者、威斯康星大学（Wisconsin University）教授唐纳德·L.柯克帕特里克（Donald L.Kirkpatrick）于 1959 年提出的。这是目前世界上应用非常广泛的培训评估工具。

柯氏四级培训评估模型按照培训目的和类型的不同，将培训后的评估分为 4 个层级，分别是反应层、学习层、行为层和结果层。柯氏四级培训评估模型中的 4 个层级在培训管理中分别具备不同的定位和用途，如图 4-7 所示。

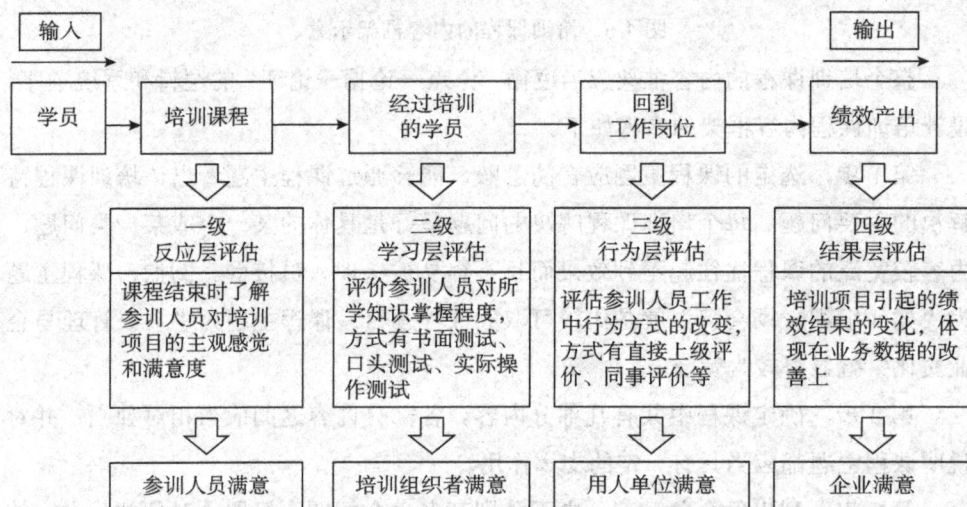

图 4-7　柯氏四级培训评估模型中的 4 个层级在培训管理中不同的定位和用途

从培训的输入到输出，评估贯穿整个培训流程。每一个过程节点对应着不同的评估内容。

第 1 级反应层评估。反应层评估又称一级评估，指的是参训人员对培训项目的意见，包含对培训的场地环境、设施设备、培训讲师、资料、内容和方法等的意见。进行反应层评估常用的方法包括问卷调查法、访谈法、小组讨论法、观察法等。评估参训人员对培训组织和授课的满意情况，逐步改善培训课程以使参训人员满意。

第 2 级学习层评估。学习层评估又称二级评估，指的是测试参训人员对培训项目传授的知识、理念和技能的掌握或领悟情况。每项工作有对应的技能和知识，学习层面的评估可以通过笔试、技能实际操作、案例分析、情景模拟、课堂回顾等方法，考察参训人员培训前后知识、理念、技能有多大程度的改善。对参训人员培训学习情况评估，使培训组织者满意。

第 3 级行为层评估。行为层评估又称三级评估，指的是衡量参训人员培训前后的工作变化情况，是了解参训人员有没有把掌握的知识和技能落实到行动或运用到工作中去的过程。这种评估方式一般是由平级、上级观察参训人员在培训前后行为上的差别，评价方法可采用绩效评估、访谈法、小组讨论法、观察法等。评估参训人员培训后行为上的改变情况，使参训人员所在用人单位满意。

第 4 级结果层评估。结果层评估又称四级评估，指的是衡量培训是否最终改善了企业的业绩。如果培训可以达到改变参训人员态度和行为的目的，那么接下来就应当考察参训人员的这种改变是否对企业经营业绩的改善起到积极的作用。结果层评估的方法可采用绩效评估、访谈法等。评估培训是否最终导致参训人员绩效的改变，以期使企业满意。

4.3.2　培训效果转化方法

参训人员把培训的效果内化为能力通常要经历 4 个阶段，分别是转化、应用、传播和固化。4 个阶段之后，培训效果获得内化，成果表现为参训人员工作能力的提升。培训效果转化过程如图 4-8 所示。

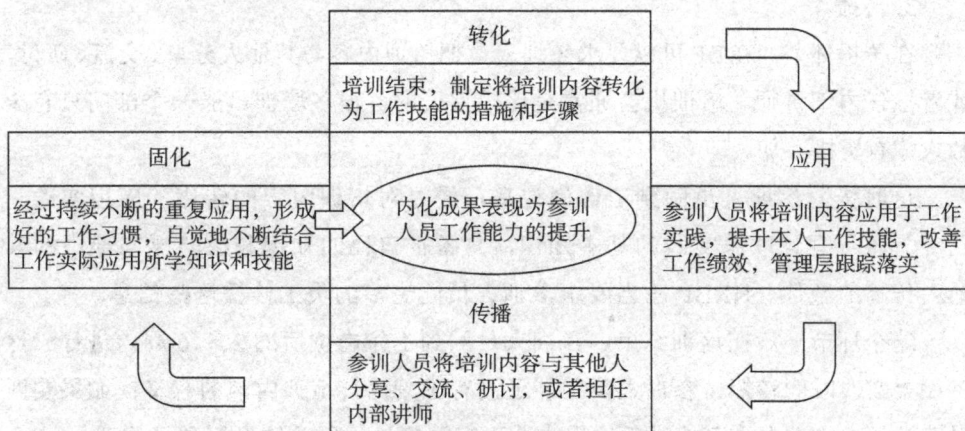

图 4-8　培训效果转化过程

1. 转化

HRBP 应当根据培训转化的步骤和企业情况，在培训结束之后，制定将培训内容转化为工作技能的措施和步骤。

例如，HRBP 可以告知参训人员的直属上级培训中对参训人员传授了哪些内容，和参训人员的直属上级沟通期望参训人员在培训后如何执行和应用这些内容，并期望其能够监督和评价参训人员执行和应用培训内容的全过程。

这种监督和评价也可以和参训人员在培训过程中做出的一些行为或绩效改进的承诺联系到一起。HRBP 可以把参训人员做出的承诺发给其直属上级，并期望参训人员的直属上级能够监督和评价参训人员承诺的执行过程。

2. 应用

在应用环节，HRBP 应当要求参训人员把培训内容应用于工作实践，提升参训人员的工作技能，改善参训人员的工作绩效，并且同样可以要求参训人员的直属上级协助跟踪落实。

例如，某企业某类生产工艺改变，员工参加新工艺操作方式的培训之后回到工作岗位，就必须按照新的培训工艺实施操作。

整个应用环节的关键不是 HRBP 做出了怎么样的要求，而是参训人员的直属上级能否有效地实施监督、评价、管理和纠正。因为在这个环节，参训人员已经回到了各自的岗位，HRBP 就算实施检查，也不可能面面俱到，不可能像参训人员的直属上级一样对参训人员的工作情况全面掌握。

3. 传播

在传播环节，HRBP 可以要求参训人员把培训内容与其他人分享、交流、研讨，或者担任内部讲师。培训机会通常是比较宝贵的，很多培训可能一个部门只有少数人才有资格参加。

这时候，参训人员回到工作岗位后，经过对培训内容的转化和应用实践，已经具备了理论联系实践的基本知识，具备把自己的知识和经验再向部门的其他人传播的条件。HRBP 应当要求参训人员向更多的员工传播这些信息。

这个环节一般在培训结束、参训人员回到工作岗位后的 2～6 周内进行。注意如果实践时间较短，参训人员可能还没有深刻体会培训内容的意义；如果实践时间较长，参训人员可能过于注重实践而忘记理论化的总结，不利于传播。

4. 固化

到了固化层面，参训人员通常已经具备了知识转化、应用实践以及与他人分享的经验，对培训内容有更深层次的理解和认识。接下来，是参训人员不断持续地操作和固化的过程。通过不断实践、不断复盘的过程，参训人员对培训信息的理解可能发生进一步深化和升华。

举例

某餐饮企业，外派一名厨师去另外一家大型的餐饮连锁企业学习了 10 种特色菜的做法。培训结束后，HRBP 为这位厨师制定了一份详细的培训效果转化方案。这个方案是保证培训成果能够最终落地的具体行动计划。

这份行动计划的大体内容如下。

（1）学习归来的厨师首先把这 10 道菜自行练习多遍。这是培训成果的转化环节。

（2）在这个过程中，厨师长负责监督、支持和帮助这位厨师不断练习和实践。这是培训成果的应用环节。

（3）企业将在 14 天后组织一场培训，由这位厨师把他学到的这 10 道菜的做法，教给其他厨师。然后，要求其他厨师也实施转化和应用，也就是其他厨师也必须持续练习和在实践中应用。这是培训成果的传播环节。

（4）培训结束后，这位厨师再应用 14 天。在应用的过程中，这位厨师可以与其他厨师不断地研讨流程和补充不足。通过这样的过程，厨师们还可能会对其中的某几道菜做出改进升级，让那几道菜的口味更好或者制作流程更简单。

（5）30 天之后，经过所有厨师的研讨和改进后，形成这 10 道菜的标准制作流程。这家餐饮企业在自己的菜单上，正式添加这 10 道特色菜。

4.3.3 培训成果追踪方法

培训结束后，HRBP 通过了解参训人员的工作情况、思想状况，不仅能够让参训人员感受到企业对其的关心和重视，同时能够帮助他们解决工作中实际遇到的问题或困难，增强参训人员对企业的归属感，以解决问题为导向进一步提升参训人员的技能和绩效。

HRBP 对参训人员实施培训追踪的常用方法有 6 种。

1. 撰写培训心得

HRBP 可以要求参训人员撰写关于培训的心得体会，内容必须包含培训课程中讲到的关键词、关键理念、关键内容等信息。HRBP 收集培训心得后将其发送至培训讲师及参训人员的相关管理者处，并要求相关人员对参训人员的培训心得做出反馈。

2. 制定行动计划

培训结束后，HRBP 可以要求参训人员制定行动改进计划，填写行动改进计划表，如表 4-2 所示。

表 4-2　行动改进计划表

姓名	培训收获	当前问题	设立目标	行动计划	截止日期	检查情况	检查人

在行动改进计划表中要详细写明参训人员重返工作岗位后运用培训理念或技巧的情况，参训人员与直属领导进行讨论后，共同确定该行动改进计划的操作方式和截止日期。HRBP 留存行动改进计划表复本以备追踪，同时也可以给培训讲师一份存档。

3. 问卷跟踪与辅导

培训结束一段时间后，HRBP 可以利用培训跟踪与辅导表，对参训人员实施追踪，如表 4-3 所示。

表 4-3　培训跟踪与辅导表

姓名	培训前			培训后			评估人	评估时间	检查人	检查时间
	工作态度	工作行为	工作绩效	工作态度	工作行为	工作绩效				

HRBP 可以请参训人员的直属上级或部门负责人对其工作态度、工作行为、工作绩效等整体改善状况进行评价，在过程中对参训人员理念、知识或技能上存在的问题实施指导，并将结果反馈至人力资源部。通过这种形式的追踪，HRBP 可以了解参训人员对行动改进计划的执行情况。

4. 实地访谈

实地访谈是 HRBP 或培训讲师到参训人员所在部门，与参训人员及其帮带师傅、直属上级或者部门负责人面对面沟通，了解参训人员培训前后变化、培训效果转化等方面的事项。

如果参训人员的人数较少，那么采用面对面交流的方式是获取培训效果最直接、有效的渠道。通过和参训人员深入地交流，能够让 HRBP 最高效、最直接地感知到他们对培训的想法。

HRBP 在与参训人员沟通时，要注意沟通的方式，不要以管理者的姿态进行盘问，而应以朋友关心的方式相互交流。沟通是为了产生积极的效果，所以注意沟通过程中不要让参训人员产生压迫感和排斥感。

HRBP 与参训人员的沟通内容可以包含：培训转化情况如何，工作进展情况，还存在的岗位难解决的问题，想提升的能力，对下一步工作的想法，对企业的建议，对培训的建议等，同时鼓励参训人员好好工作。

HRBP 与参训人员的帮带师傅、直属上级、部门负责人沟通的内容包括：参训人员培训后的工作改变，近期的工作表现，在能力上还存在的问题，在培训方面还需要人力资源部协助的事项等。同时可以向他们强调最有效的培训其实是发生在日常工作中的，鼓励他们用心培养参训人员。

HRBP 在实地访谈后，应形成培训访谈记录表，如表 4-4 所示。

表 4-4　培训访谈记录表

姓名	访谈时间	参训人员本人意见	管理者意见	访谈问题总结	培训工作改进建议	访谈人	备注

对参训人员、帮带师傅或部门负责人所反映的问题和提出的合理化建议，若 HRBP 能够现场解决，则应现场解决；若不能现场解决，HRBP 需汇总整理后及时与相关领导沟通，形成解决方案，定期追踪方案的完成情况，并及时向问题或建议提出者反馈。

5. 召开培训后座谈会

HRBP 可以在培训课程结束后一段时间内（一般为 2 周内）开展培训心得及培训成果转化的座谈会，了解参训人员的思想和行为动向。召开座谈会前，需要拟出会议议程，由专人做座谈记录，形成会议纪要。若有必要，也可以形成行动改进计划。

6. 成果认定与表彰

HRBP 综合所有参训人员的行动改进计划表，在培训结束后的季度、半年或年度定期追踪其完成情况，形成成果的认定，记入员工培训档案，并组织开展培训成果表彰会议，编写表彰成果转化优异参训人员的事迹，报道其成功的故事。对于培训成果转化不理想的参训人员，HRBP 可以统计他们的名单，与他们的直属上级或部门负责人沟通后，安排他们再次学习。

4.4 员工职业发展方法

HRBP 通过给员工提供晋升发展的机会，为员工建设职业发展通道，帮员工设计专属的职业发展计划，能够给员工带来比较强的愿望，让员工对自己产生更高的期待，从而主动对自己严格要求、提升行动力、提升绩效水平。

4.4.1 员工职业生涯规划

在员工为企业服务的期限内，HRBP 可以根据职业生涯规划，为员工规划一系列连续的任期。在每个任期中，HRBP 和员工共同制定任务目标，员工朝着目标努力，而 HRBP 负责为员工寻找资源支持。员工在创造价值的同时，企业也能够获得价值。

员工的职业生涯设计表现在企业内部流程和文件上，可以运用员工职业生涯规划表，如表 4-5 所示。

表 4-5 员工职业生涯规划表

填表日期： 年 月 日	填表人：					
姓名		出生日期		部门		岗位	
		最高学历		毕业学校		毕业时间	
具备技能、能力	类型						
	证书						
你拥有哪些专长							
请说明你对目前所从事工作的感兴趣程度		□感兴趣		□一般		□不感兴趣	
		原因：					
希望选择的晋升通道							
请简要说明你 1～3 年的职业生涯规划							

在填写员工职业生涯规划表时，HRBP 需要与员工的直属上级和员工谈话，并指导员工填写。这样做的目的是让员工能够充分考虑职业兴趣、优势劣势、职业锚及价值观等客观信息。

当员工的职业兴趣和从事的职业相匹配时，会产生很高的满意度和很低的流动率。如果员工对现在的工作满意，那么 HRBP 可以根据现在的职业和员工继续下一步规划。如果员工对现在的工作不满意，那么 HRBP 要给予重视，询问员工原因，并寻找解决问题的方法。如果不能解决，HRBP 需要和员工一起探讨是否选择其他职业。

员工确定好职业方向后，HRBP 可以按照职业定位让员工选择希望的职业发展通道和路径。这里的职业发展路径可以根据管理类、业务类、技术类和操作类 4 种分类并结合企业的实际情况设置。员工职业发展的 4 条路径如图 4-9 所示。

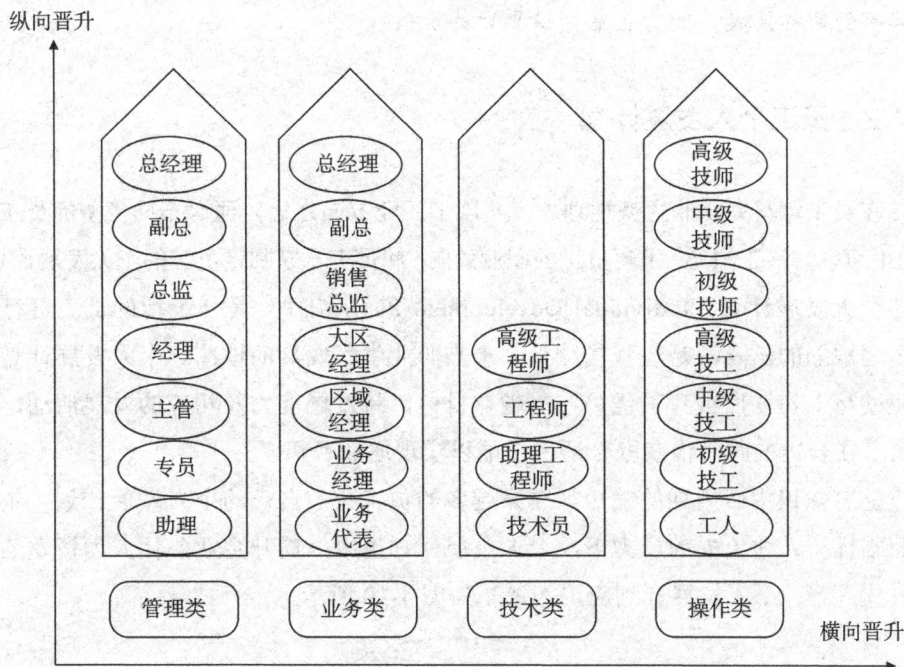

图 4-9　员工职业发展的 4 条路径

根据员工选择的职业发展通道和路径，结合企业实际情况，HRBP 可以和员工一起设计职业规划方案。职业生涯规划是对员工一系列连续任期的安排，在每个任期中，制定一个任务目标。每个任期内的任务目标来源于员工的职业目标。员工也可以对任期内的任务目标做进一步的分解，形成更加具体的阶段性目标。

举例

某企业招聘专员岗位员工的职业目标是 3 年后晋升到招聘主管岗位，那么对这位员工 3 年的职业生涯规划方案可以按照如下内容设计。

第 1 阶段，1 年之内，能够在招聘专员岗位沉淀下来，锻炼最基本的工作能力，积累工作经验，把工作的基础打牢。

第 2 阶段，利用 1 ~ 2 年的时间，成为一个在招聘工作中能够独当一面的人，能够独自完成招聘工作，能够独立承担责任，能够发现问题、解决问题，不需要上级管理者操心。

第 3 阶段，利用 3 年时间，不但能够独自完成招聘工作，而且学习管理知识，进行管理角色的转换，能够进行招聘管理工作，管理下属招聘专员，同时在工作中能有创新和发展，能为企业创造更大的价值。

4.4.2 员工个人发展计划

在员工填写完职业生涯规划表，明确了职业方向之后，面对不同类型的员工，HRBP 可以与员工沟通，了解员工的职业意向，和员工一起制定员工的个人发展计划。

个人发展计划（Individual Development Plan，IDP）是一个帮助员工进行职业生涯规划的工具，是一张描绘员工未来职业生涯发展的地图。个人发展计划能够协助员工勾勒出自身的优势、兴趣、目标、待发展能力及相应的发展活动，帮助员工在合适的时间内获取合适的技能以实现职业目标。

随着知识生命周期的缩短，越来越多的员工关心自己的个人发展计划。企业在面临优秀人才流失的压力下，个人发展计划也成为提升企业整体人力资本的重要方式之一。个人发展计划应用的逻辑如图 4-10 所示。

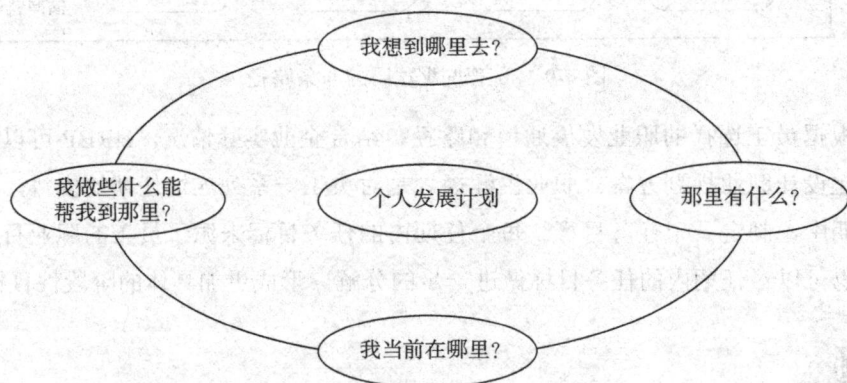

图 4-10　个人发展计划应用的逻辑

员工本人在应用个人发展计划时，可以分成 4 个步骤。

第 1 步，员工要考虑"我想到哪里去"，也就是员工个人的职业发展目标是什么。

第 2 步，员工要思考"那里有什么"，也就是实现个人职业发展目标需要什么样的能力素质基础。

第 3 步，员工要关注"我当前在哪里"，也就是评估自身当前能力和经验状况，思考要实现职业发展目标还需要提升哪些能力，弥补哪些经验。

第 4 步，员工要思考"我做些什么能帮助我到那里"，也就是制定详细的学习和发展的行动计划，提高自身的能力，以期实现未来的职业目标。

个人发展计划样表如表 4-6 所示。

表 4-6　个人发展计划样表

个人发展计划

姓名		所在公司		部门	
岗位		职务		直属上级	
计划有效期：　　年　月　日—　　年　月　日					
职业发展目标 （优势、劣势、挑战分别至列出为实现目标最关键的 3 项）					
职业发展目标					
优势					
劣势					
挑战					
个人现状总结					
期望发展的技能 （至少列出 3 项）					

具体行动计划				
行动计划	衡量标准	持续时间	评估方式	评估人

希望公司提供的支持		

签署计划		
□以上内容经过充分考虑和沟通，属于本人真实意愿，我同意此发展计划	本人签字： 时间：	直属上级签字： 时间：

HRBP 可以与员工的直属上级、部门负责人或员工一起制定员工个人发展计划，实施步骤可以分成 3 步。

第 1 步，员工过往发展回顾。

员工根据对个人发展计划应用的了解，实施对自己职业发展的回顾。回顾时要注意对自己的个人通用能力（包括沟通能力、时间管理能力等）、个人管理能力（项目管理能力、激励下属能力等）以及个人专业能力（包括岗位技术能力、专业应用能力等）进行整体回顾。

第 2 步，员工未来发展建议。

员工对自己职业发展的想法经常是不客观或存在偏差的，这时候企业应当根据员工对自己职业的初步想法，给员工意见或建议，和员工一起讨论并制定员工短期的业绩改进计划和长期的职业发展规划。

第 3 步，员工未来发展需求。

在与企业讨论并形成员工个人发展计划的过程中，员工可以提出为实现自己职业发展的需求，包括个人需要的通用能力、管理能力、专业能力的补充方式。在与企业沟通后，可以通过培训、轮岗或自学等多种多样的形式完成和满足员工能力的提升。

4.4.3 员工职业能力开发

在完成职业生涯规划表和个人发展计划表之后，HRBP 可以根据目前员工所选择的职业通道种类、职业发展路径、岗位职责及任职资格要求，帮助员工找到个人职业能力的缺陷，帮助员工弥补能力的短板。

这里用到的工具是员工能力开发需求表，如表 4-7 所示。

表 4-7　员工能力开发需求表

填表日期：＿＿＿＿＿年＿＿月＿＿日　　　　填表人：					
姓名		部门		岗位	
所承担工作	工作职责				
	自我评价	□完全胜任	□基本胜任	□不能胜任	
	上级评价	□完全胜任	□基本胜任	□不能胜任	
	上级评价依据				
对工作的期望和想法					

达到目标所需要的知识和技能	
达到目标所需要培训的课程	
需要公司提供非培训的支持	
备注	

对于员工能力开发需求表，需要员工所在部门的直属上级和员工共同根据员工目前的情况对工作胜任情况进行评价。在确认员工目前所任职岗位的主要工作后，建立工作清单，再按照工作清单一一对照，评估员工是否能够胜任当前的工作。

评估过程中需要注意客观公正和实事求是。评估的目的不是证明员工不胜任之后淘汰员工或对其降职。评估的最终目的是提升员工能力，通过评估寻找员工存在的不足之处，与其一起分析问题，并帮助其找到可行的解决方案。

评估过程中也要求员工能够正确认识自己的现状，需要员工对自己是否胜任工作做出评价，是完全胜任，胜任，还是不能胜任。如果员工认为自己不能胜任，要说明是哪方面不能胜任。员工需要提供自我评价的依据，这里的依据最好是详细、具体的，杜绝凭感觉。

根据工作评价的结果，员工对工作的期望和想法应当主要从职位期望、个人能力提升等方面填写。在这项内容上，HRBP 需要和员工不断沟通，发掘员工真正的需求，并且要鼓励员工说真话。有时候员工会担心自己的期望说出来会受到他人的否定而选择不说出真实的想法，这样企业在这方面的工作就很难达到预期的效果。

例如，有一个刚入职的招聘专员想 3 年内做到经理职位，但是担心自己的想法说出来以后别人说他好高骛远或是担心自己的上级听了会不高兴，就可能会对外说：没什么职业发展想法，就想做好自己的本职工作。这样 HRBP 和员工之间的谈话就很难延续。所以 HRBP 一定要创造一种开放的沟通氛围，鼓励员工吐露心声。

当然，HRBP 也不能完全按照员工的期望进行职业生涯设计。如果员工的期望过高，HRBP 发现很难或不能完成，可以和员工沟通。沟通时注意不要直接打击员工的积极性，而应该先肯定他的期望和想法，之后引导员工发现其中的难点或不切实际的点，引导员工将大目标分解成小目标和阶段性目标。

HRBP 要和员工从岗位职责和胜任力的角度分析员工所需要提升的知识和技

能。例如，大学刚毕业的招聘专员，想要晋升为招聘主管，他需要具备招聘相关的专业知识和技能，其中包括招聘管理基础知识、招聘流程管理知识、招聘渠道管理技能、识别人才的能力、良好的分析能力、良好的团队合作能力、解决问题的能力等。

根据招聘专员需要提升的知识和技能，结合企业的培训课程体系，HRBP可以为其制定专属的个性化培训方案。例如，招聘专员选择的是管理通道的晋升，所以不仅要学习专业技能提升课程，还要参加管理技能提升课程。通过专业技能和管理技能的共同发展，完成从员工到管理者角色上的转换、能力上的提升。

为此，招聘专员可以学习的专业技能方面的课程包括面试实战训练与高效沟通、面试与选拔技巧、人才测评技巧、招聘管理方法、招聘体系建立方法、结构化面试技巧等；管理技能方面的课程可以包括团队管理技巧、员工激励技巧、中层干部领导力等。

最后HRBP应询问员工除了需要企业内部提供培训之外，还需要其他哪些方面的支持。例如，有的员工希望转换职业通道，从当前的销售岗位转换到人力资源管理岗位，期望HRBP支持；或者员工想回家乡工作，期望HRBP能够协助其获得外调的机会。

4.4.4　员工职业适应工具

在工作中，HRBP常会听一些员工对自己的职业进行抱怨。有的员工抱怨自己的工作就像是"打杂的"，看不到希望；有的员工在频繁变换工作岗位后，抱怨职业达不到自己的期待；有的员工抱怨绩效总是不达标，薪酬水平一直比较低。

员工对职业产生抱怨，最直接的原因是员工的满意度低。在找到应对方法之前，HRBP首先要搞清楚两个概念：一是组织满意度，二是职业满意度。

组织满意度，指的是员工因为自己的职业表现能满足职业要求的程度，所获得的满意度；职业满意度，指的是员工因为自己职业的回馈，所获得的满意度。

组织满意度和职业满意度之间的关系如图4-11所示。

在理想状况下，当员工个体的能力能够满足职业要求的时候，员工的组织满意度就会提高，员工会获得职业上的成就感。这时候，员工会有一种成功的感觉。相应地，当职业的回馈能够满足个体需求的时候，员工的职业满意度就会提高，员工会获得职业上的幸福感。这时候，员工会有一种幸福的感觉。

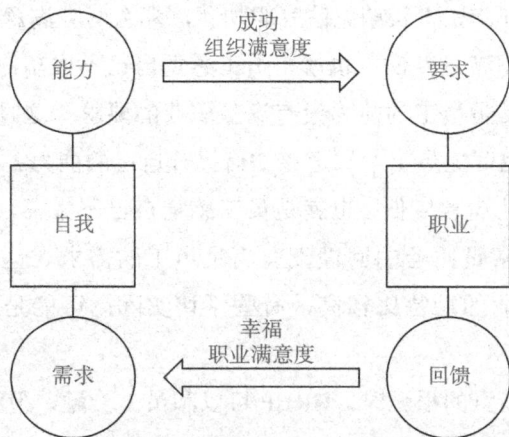

图 4-11　组织满意度和职业满意度之间的关系

反过来，如果个体能力不能满足职业的要求，组织对员工的行为表现就会不满意，员工就无法获得职业上的成功，失去职业上的成就感，员工的组织满意度就会降低。如果职业的回馈无法满足个体的需求，员工就无法获得对职业的满意，失去职业上的幸福感，员工的职业满意度就会降低。

要想减少员工的抱怨，就要想办法让员工收获职业上的满意，提高组织满意度或职业满意度。不过，要提高员工在职业上的满意度，HRBP 首先要搞清楚员工抱怨的究竟是什么。究竟是组织满意度低，还是职业满意度低。

要帮助员工解决问题，HRBP 要让员工搞清楚这两种满意度的不同，让员工自己发现问题究竟出在哪里。这个时候，HRBP 可以让员工思考自己不满意的环节在哪里，是觉得自己不够成功，还是不够幸福？或者希望自己更加成功，还是更加幸福？

如果员工觉得自己不够成功，一般是组织满意度有问题，也就是员工的能力不能满足职业的需要，员工没有成就感。具体表现可能是员工觉得职业给自己带来的声誉低、地位低，员工在精神上不能得到满足。

如果员工觉得自己不够幸福，一般是职业满意度有问题，也就是职业的回馈不能满足员工的需求，员工没有幸福感。具体表现可能是员工觉得职业给自己带来的收入低、福利低，员工在物质上不能得到满足。

组织满意度和职业满意度之间有一定的相关性。对于期望获得传统"升职加薪"的员工，升职对应着组织满意度，加薪对应着职业满意度。只要升职加薪，两个满意度都会提升。如果长期无法升职加薪，那么两个满意度都会降低。

如果员工的组织满意度低，也就是员工感觉自己不成功，精神层面不满足，这种情况的原因通常是员工的能力没有满足职业的要求。这时候，可能员工并不清楚职业的要求，也可能员工不知道该如何提升自己的能力。

如果员工的职业满意度低，也就是员工感觉自己不幸福，物质层面不满足，这种情况的原因通常是职业的回馈没有满足员工的需求。这时候，可能员工的需求比较高，对职业的期待比较高，有些不切实际；可能是职业的回馈确实比较低。

当找到员工不满意的根源时，HRBP 可以和员工一起，帮助员工分清楚主次，弄清员工当前想要解决问题的先后顺序，然后分步努力，逐个击破。

针对组织满意度和职业满意度常见的 4 种情况，HRBP 可以做出如下努力。

（1）如果员工不清楚职业的要求，HRBP 可以与员工沟通，让员工清楚岗位的具体要求；而且要提醒员工时刻关注企业和职业的变化趋势，提前做准备；帮助员工寻找优秀的员工做其职业导师，让员工少走弯路。

（2）如果是员工的职业能力有待提高，HRBP 可以帮助员工设定目标。定好目标之后，HRBP 可以帮助员工找到差距，根据清晰的岗位要求，列出自己能力和岗位要求之间的差距；制定清晰的、阶段性的能力提升计划；然后实施计划，通过刻意学习、持续练习，提升能力，调整自己的能力结构。

（3）如果是员工的需求比较高、比较不切实际，这时候，HRBP 可以分成以下 4 步做工作。

第 1 步，可以帮助员工系统地探索自己的职业价值观，系统了解自己对职业的需求都有哪些。

第 2 步，可以找到重点，明确在某一个阶段，员工最核心、最需要满足的 2～3 个核心需求。

第 3 步，帮助员工调整需求获取的方式，通过员工主动调整工作状态，找到当下可以满足员工需求的其他方式。

第 4 步，寻找资源，调动员工和企业的资源，搜索员工可以更好实现自我满足的可能性。

（4）如果是职业的回馈比较低，HRBP 可以看一下员工所在岗位的回馈是否在客观上是真的低。这里职业回馈的收益，要从全局的角度去看，不仅包括每月薪金上的短期收益，还包括发展空间、情感以及其他长远收益。同时，也需要做一些内外部的薪酬调查，评价的时候要客观。如果最终确认职业回馈低于市场水平和薪酬策略，HRBP 可以做出调整。

第 5 章
HRBP 绩效管理
方法与工具

绩效管理是实现企业目标的重要管理手段。绩效管理能够增强员工的目标感，有助于员工为企业创造价值。HRBP 要掌握绩效指标分解的方法，帮助员工设定指标；要掌握绩效管理工具的实施方法，帮助企业选择适合的绩效管理工具；要掌握绩效管理程序的实施方法，有效地实施绩效管理。

5.1 绩效指标分解方法

绩效指标设计既是绩效管理的第一步，也是至关重要的一步。分解和设计绩效指标的方法有很多，常见的方法有以解决问题为导向分解和设计绩效指标、以创造价值为导向分解和设计绩效指标和以实现战略为导向分解和设计绩效指标3类。

5.1.1 三层分解法

当企业需要以解决问题为导向分解和设计绩效指标时，可以采用三层分解法。三层分解法，指的是企业目标通常可以被逐项分解成 3 个层面的目标，分别是组织层面的目标、流程层面的目标和任务层面的目标。这 3 个层面的目标一般是自上而下的关系，数量由少到多。三层分解法的目标关系如图 5-1 所示。

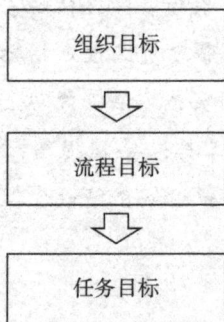

图 5-1　三层分解法的目标关系

最上层的组织目标，通常是具体的、能够量化的结果。比较常见的一般有销售收入、经营利润、经营成本、员工或顾户的满意度、企业规模增长速度等。

中间层的流程目标，通常是为了达成组织目标而能够起到关键作用的流程，应当如何有针对性地修改以承接组织目标。

最底层的任务目标，通常是为了达成流程目标而需要具体工作任务达到怎么样的结果。

举例

某大型餐饮企业，近期营业业绩有所下滑，分析后发现是到店消费的顾客数量明显下降。进一步分析后，发现顾客减少的原因是顾客的满意度明显下降。

该企业前 3 年的平均顾客满意度能达到 95%。可是近期的调研数据结果出来后，店长很吃惊，顾客满意度竟然只达到 85%，整整减少了 10%。

针对这一情况，店长制定了组织层面的目标，要把顾客满意度由 85% 提高到 95%。

可是仅仅设定目标，并不能保证目标的实现。接下来还需要从流程层面对组织目标进行承接。

为此，HRBP 和店长深入调研了顾客满意度低的主要原因。结果发现，顾客满意度比较低主要有两个方面的原因。

（1）上餐的速度比较慢，顾客等待的时间比较长。

（2）菜品的味道不一致，有时候偏咸，有时候偏淡。

对于上餐速度慢的问题，HRBP 和店长通过对流程的梳理，发现在用餐高峰期，当前店内顾客从选好餐到上餐的平均时间是 30 分钟。店长认为这是个问题，该门店之前基本能够保证 20 分钟之内上餐。

于是店长把这一项的流程目标定为：在用餐高峰期，上餐时间由当前的平均 30 分钟缩短到平均 20 分钟。

怎么实现这个流程目标呢？这里就需要具体工作目标的支撑，接下来要对流程目标涉及的具体流程进行分解。

顾客从点餐到上餐流程的第 1 步是前台服务员接待，第 2 步是厨师制作菜品，第 3 步是服务员上菜。针对这样的流程，要怎么具体到工作目标呢？

HRBP 和店长通过对这 3 步流程当前存在的问题进行分析后，发现第 1 步和第 3 步基本没有问题，也没有太大改进的空间。目前耗时最长，最需要也最可能减少时间的环节是厨师制作菜品这个环节。

HRBP 和店长调研后发现，当前厨师平均制作一个菜品的时间是 4 分钟。为了实现流程的目标，这个时间必须缩短。于是店长想把这项任务目标定为厨师平均制作一个菜品的时间由原来的 4 分钟缩短到 2 分钟。

具体要如何实现呢？

HRBP 和店长发现当前厨师在开餐前，对所有菜品提前备半成品的比例是 70%。经过与厨师长沟通，发现以当前餐厅的菜品种类，以及每天点餐的频率来看，可以把菜品提前备半成品的比例提高到 75%。

店长对这个提升比例并不满意，于是和厨师长又进行了深入的分析和挖掘，发现当前上菜速度慢的另外一个原因，是为了吸引顾客，餐厅新上的一批新菜品。

这些新菜品虽然口味比较好，但是制作时间比传统菜更长。原因一是现有厨师对制作流程不熟练；二是制作流程比以前的菜都要复杂，耗时更长。

要改善这个问题，HRBP 和店长再深入地挖掘，发现这些菜品是厨师长外出学习归来后带回来的一系列新品。厨师长后来只是进行了技能的传授，并没有进行适合餐厅大批量、高速度制作条件的改良。

经讨论，发现有 15 种菜品的制作工艺都可以进行改良。经过对菜品的改良，店长决定把提前备半成品的比例，提高到 85%。

对于菜品口味不一致的问题，店长发现问题主要也都出在这些新菜品身上。于是店长协同厨师长，要求必须把菜品的制作流程 100% 标准化，标准化菜品的原材料的重量、调味料重量，数量必须清晰，量具要准确且方便厨师操作。

经过以上这一系列环节，HRBP 和店长就把绩效目标从组织、流程和任务 3 个层面进行了细化和分解，让绩效目标更加清晰和明确，其逻辑关系如图 5-2 所示。

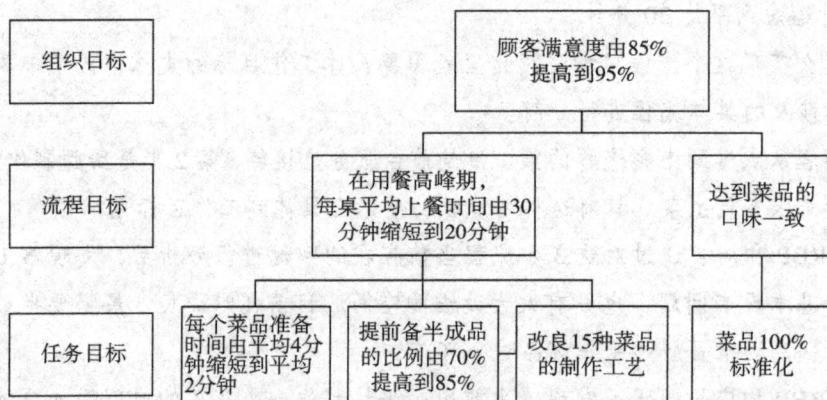

图 5-2　某餐饮企业绩效目标分解示意

按照这个逻辑定出的任务目标，能够充分满足流程目标，流程目标也能够充分满足组织目标。对于这 3 个层面的目标，HRBP 可以将其对应到相应的岗位，找到具体的责任人，使其成为该岗位、该责任人一段时期内的绩效指标。

除了以解决问题为导向分解和设计绩效指标之外，对于业务比较单一的中小企业、人数比较少的小团队、目标比较明确的项目组等都可以采取三层分解法。

5.1.2 价值结构法

当企业的诉求是创造价值，或者想要达到比较明确的财务目标时，可以用价值结构法分解和设计绩效指标。用价值结构法分解和设计绩效指标的步骤如下。

第 1 步，找到最顶端、最重要的产生价值的流程。

第 2 步，总结该流程中涉及的关键过程和控制点。

第 3 步，用这些关键过程和控制点画出价值结构图。

第 4 步，以关键过程和控制点为核心实施指标设置。

以实体连锁店的绩效价值结构梳理为例。

第 1 步，明确连锁店的价值流程。连锁店最顶端的产生价值的流程是顾客来到店里购买商品。通过多名不同的顾客到店，或者一名顾客重复到店产生的购买量，给连锁店提供销售额，产生价值。

第 2 步，总结价值流程中的关键过程和控制点。关键过程中有 4 个控制点：一是要有顾客，也就是客流量要大；二是顾客到店之后，要形成有效的购买行为，也就是成交率高；三是顾客购买的商品最好足够多，也就是客单价高；四是之前购买过商品的顾客最好可以形成重复购买，也就是重复购买率高。

第 3 步，画出价值结构。根据第 2 步中总结出的关键过程中的 4 个控制点，画出价值结构，如图 5-3 所示。

图 5-3　实体连锁店绩效价值结构

第 4 步，设置绩效指标。通过价值结构图的梳理和绘制，HRBP 能够清晰地看出企业最顶层的价值结构是如何形成的。

对于线下实体连锁店来说，要形成最终的销售额，也就是价值创造的来源，需要客流量、成交率、客单价和重复购买率 4 项指标的支持。这 4 项指标和销售业绩成正比例关系，当这 4 项指标中其他 3 项不变，任何一项提高的时候，连锁店的销售额将有效提升，也就是将有效地完成价值创造。

实体连锁店要提高销售业绩，在这 4 个数据当中任何一个上做出努力，都有可能达成绩效目标。当价值结构图画到这一步的时候，是比较粗糙的。这时候虽然顶层的指标是清晰的，但是并不能作为可以被直接用来实施操作的指标，也不能作为行动的有效依据。

这时候，HRBP 还需要继续把指标向下分解，继续往下画出更深层级的价值结构。最终让价值结构分解后的绩效指标能够与可实施、可操作的行动计划相对应。

例如，在明确了实体连锁店的客流量是最高级流程（一级流程）中最重要的绩效指标之后，HRBP 可以继续向下分解，找到影响这一关键指标的其他关联指标。客流量价值结构分解如图 5-4 所示。

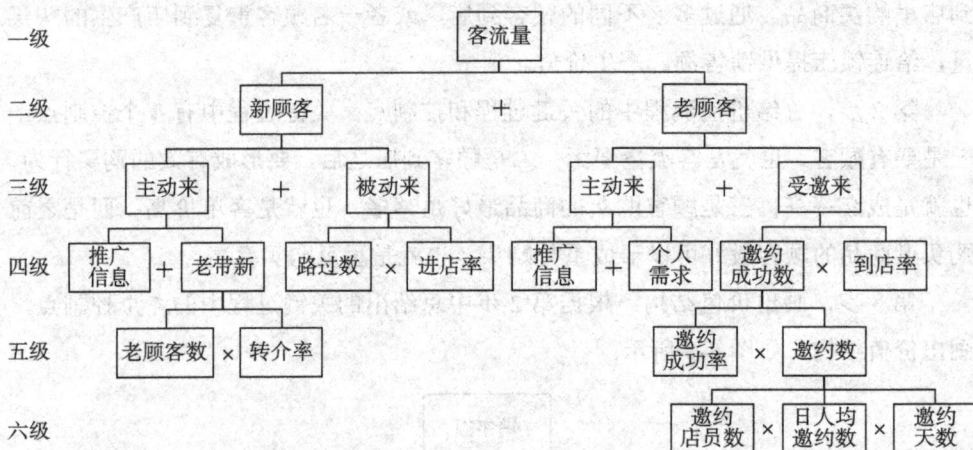

图 5-4 客流量价值结构分解

HRBP 可以根据企业与客流量关系最大的环节、目前比较薄弱的环节或能够实现量化的环节设置绩效指标。这时候绩效指标的设置已经不是简单地指向最终结果，而是通过对过程指标的设置，指向绩效指标结果，形成各项关键过程。

本节对实体店客流量价值结构分解的重点是展示绩效价值结构分解的一般思路和方法。如果有连锁经营行业的读者，在参照此方法的同时，请根据自身企业经营业务的实际情况操作，建议不要生搬硬套。

5.1.3 战略地图法

当企业的诉求是实现某个战略，可以用战略地图法分解和设计绩效指标。战略地图是一个描述企业战略的工具，是在企业战略的指引下，分层级逐级定义企业的目标，保证各层级之间保持因果关系和递进关系，保证企业能够以一种完整、系统、连贯的方式来审视自身的战略。

战略地图可以按照平衡计分卡（Balanced Score Card，BSC）的财务、客户、内部运营和学习与成长 4 个层面划分层级，也可以根据企业的行业特性和实际需要划分层级。但不论按照哪种方式来划分层级，都应当包含财务、客户、内部运营和学习与成长 4 个维度的目标。

许多企业有了战略却不能成功执行，往往是因为不能全面、清晰地描述战略，造成了员工不了解战略或不了解战略与自身岗位之间的关系。战略地图最大的好处是能够让员工了解企业的战略。

企业可持续发展的基础是无形资产，也就是核心竞争力。可是无形资产难于管理，同时也没有办法直接帮助企业创造有形的成果。能够创造企业未来价值的核心竞争力必须和企业的战略保持一致，才能发挥作用和价值。

如果不能掌握这部分无形资产，将是对企业投资的极大浪费。开发和绘制战略地图的关键，就是找到把无形资产转化为有形成果的具体路径，建立起能够把概念化的战略转化为具体的财务和顾客价值指标的过程。

根据企业战略，可以按照如下步骤绘制企业的战略地图。

第 1 步，确定企业战略的价值目标和客户价值主张。

第 2 步，将企业价值按照某个逻辑分解成不同层级。

第 3 步，把最终想要达成的结果放在战略地图的最顶端。

第 4 步，把其他支持目标分别列在各自对应的层级中。

第 5 步，把想达成的结果、其他目标的因果关系用指示线表示。

第 6 步，描述最终目标与其他层级目标之间的关系。

国内某大型连锁药店经过十几年的快速发展，到 20×1 年，已经成为全国排名前五的连锁药店品牌。该企业发展过程中，运用了战略地图的概念，将企业的战略目标层层分解，分步落实，取得了较好的经营成果。

该企业某一年的战略地图如图 5-5 所示。

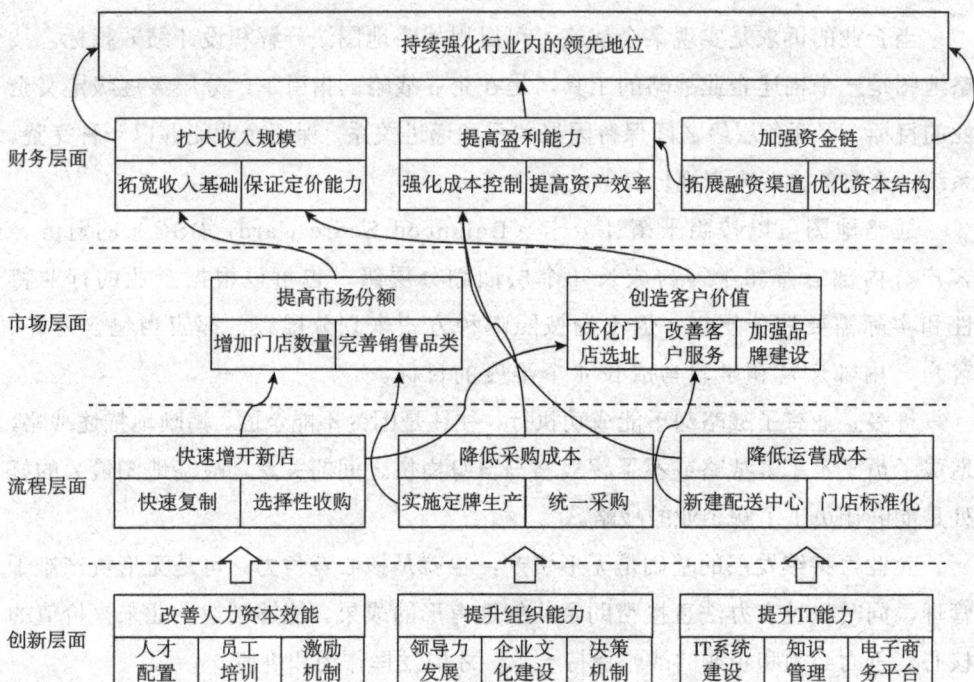

图 5-5　某企业战略地图示意

1. 财务层面

扩大收入规模是该企业最重要的要求。作为药品的连锁零售企业，该企业首先需要在销售量上做出努力，同时必须保证一定的定价能力。

盈利是该企业第二位的需要。只有当盈利能力得到保证时，才能在收入增长、资金保证两个方面都取得理想的均衡。提高盈利能力需要在成本控制、资产效率上做出努力。

在资金链的问题上，该企业通过拓展融资渠道、优化资本结构两种方式来保证。

2. 市场层面

为了实现财务层面上收入规模的扩大，该企业需要在市场层面做出两方面的努力：一方面，是通过提高市场份额，来保证企业整体的收入基础；另一方面，是通过创造客户价值，来保证销售上的定价能力。

在提高市场份额方面，该企业通过增加门店的数量和完善销售品类两个方面来实现；在创造客户价值方面，该企业通过优化门店选址、改善客户服务、加强品牌建设 3 个方面来实现。

3. 流程层面

为了实现市场层面增加门店数量和优化门店选址的要求，该企业必须在流程层面能够快速增开新店。在门店扩张中，该企业没有采取连锁加盟的形式，而是采用了自营形式。该企业一方面实现自身的快速复制，另一方面有选择地进行收购。

财务层面要求的强化成本控制，在流程层面通过降低采购成本、降低运营成本两个方面来实现。在降低采购成本方面，该企业通过实施定牌生产和统一采购两方面实现；在降低运营成本方面，该企业通过新建配送中心和门店标准化两方面实现。

4. 创新层面

为了对财务层面、市场层面和流程层面形成支持，在创新层面，该企业需要做好改善人力资本效能、提升组织能力、提升 IT 能力 3 方面的工作。

在人力资本效能方面的努力反映在人才配置、员工培训、激励机制 3 个方面；在提升组织能力方面的努力体现在领导力发展、企业文化建设和决策机制 3 个方面；在提升 IT 能力方面的努力体现在 IT 系统建设、知识管理和电子商务平台 3 个方面。

5.2 绩效管理工具实施方法

常见的绩效管理工具包括目标与关键成果法、关键绩效指标法、关键成功要素法、目标管理法、平衡计分卡等。除此之外，360 度评估可以被认为是一种绩效管理工具，也可以被认为是一种绩效评价方法。

5.2.1 OKR 实施方法

目标与关键成果法（Objectives and Key Results，OKR）的创始人是英特尔公司（Intel Corporation）创始人安迪·S.格罗夫（Andrew S.Grove）。在 1976 年左右，英特尔公司面临着从存储器业务到处理器业务的转型，格罗夫为了让全员都明确工作的重心，提出高产出管理（High Output Management，HOM），开始在公司内推行 OKR。

OKR 在应用的时候，可以分成"O"（Objective，目标）、"KR"（Key Result，关键结果）和"T"（Task，任务）3 个部分。每个 O 都对应着 KR，每个 KR 都对应着不同的 T。当完成 T 的时候，KR 也相应能够完成。当 KR 全部完成的时候，对应的 O 也应当能够全部完成。

OKR 的逻辑组成关系如图 5-6 所示。

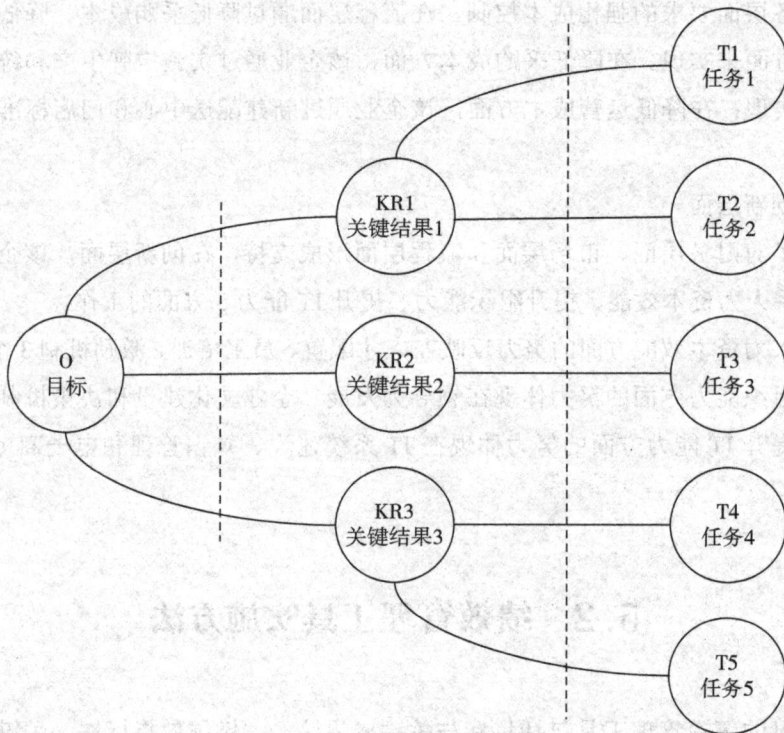

图 5-6 OKR 的逻辑组成关系

OKR 的逻辑组成关系就像是一架火箭。O 就像是火箭的头部，是火箭承载的关键部位。KR 就像是火箭的助推器，起到承载火箭的作用。T 就像是发动火箭的燃料，起到全面推进的作用。

1. O（目标）

OKR 中的 O 要遵循 SMART 原则，即具体的（Specific）、可以衡量的（Measurable）、可以达到的（Attainable）、与其他目标具有一定相关性的（Relevant）、有明确截止期限的（Time-bound）。

这里需注意，OKR 中的 O 不必刻意追求"定量"，可以是"定性"的描述。有时候为了鼓舞团队的士气，O 可以是比较宽泛、比较宏观的目标。例如某互联网企业某 App 产品项目团队的目标是"在年底之前，在某领域，成为市场上用户数量最多的 App 产品"。

这个目标虽然没有明确量化的数字，但也是比较"具体的"目标，遵循 SMART 原则。而且"最多"比较具有挑战性，具有鼓励团队的性质。相比之下，如果该团队的目标改成"在年底之前，在某领域，App 产品的用户数量超过 100 万"，虽然有了明确的数字，但在鼓励人心的情感成分上却逊色不少。

另外需注意，OKR 中的 O 不刻意追求量化并不代表能量化的时候故意不量化，也不代表为了鼓舞团队士气，可以把目标定得不切实际。例如某企业当前在同类市场中与第 1 名的用户规模差 10 倍，却盲目地将企业目标设定为"在年底前，在某市场中成为用户规模最大的产品"。这种不切实际的目标对实施 OKR 并无益处。

OKR 中的 O 要能够为组织创造价值，要在制定出之后鼓舞和促进团队达成目标，要是团队通过努力能够控制、可以达到的，要有明确的时间截止期限。

2. KR（关键结果）

KR 是能够保证 O 实现的结果指标。KR 同样应当遵循 SMART 原则。1 个 O 通常对应着 3 ～ 4 个 KR。多个 KR 也常被表示为 KRs（表示复数）。多个 O 与对应的 KRs（多个关键结果）也常被表示为 OKRs（多个目标与关键结果）。

这里需注意，OKR 中的 O 可以定性描述，但 KR 应当追求定量。KR 是保证 O 实现的必要条件，对 O 的达成具有直接的支持作用。KR 不必强调情感成分，而是越具体、越量化越好。

KR 只需要关注关键项，而不需要把所有与 O 相关的事项全部列出。KR 的内容要简单明了，要考虑到所有的可能性。对于企业层面的 KR 来说，在设计的时候，要设置好责任人。KR 的描述最好使用积极正向的语言。例如"错误率达到 0"的描述，就不如"正确率达到 100%"的描述。

KR 是结果导向的，而不是行为导向的。结果导向，指的是 KR 的输出物是结果，而不一定是某个具体行为。KR 或 KRs 同样要有具体的目标。也可以这样理解，O 是大目标，KRs 是为了完成大目标的多个不同的小目标，这些小目标分别从不同的角度，支持 O 这个大目标的达成。

举例

某公司以周为周期实施OKR,该公司的人力资源经理制定的OKR内容如表5-1所示。

表 5-1　某公司人力资源经理制定的 OKR

O 序号	O 内容	O 权重	KRs 序号	KRs 内容	KRs 权重
O1	本周末，招聘满足率达到85%	50%	KR1	本周获取不少于 100 份符合岗位要求的简历	40%
			KR2	本周完成 80 人的面试	30%
			KR3	本周末之前，确定 30 个即将入职的候选人	30%
O2	本周末，全部完成新的企业文化思想培训工作	30%	KR1	本周内，组织 1 场全员针对新的企业文化思想的培训	40%
			KR2	本周内，组织 1 场关于新的企业文化思想的考试	30%
			KR3	本周内，联合行政部一起启动学习新的企业文化活动的内刊投稿活动	30%
O3	本周末，完成薪酬的测算与发放工作	20%	KR1	本周前 3 天完成全部薪酬测算工作	30%
			KR2	本周薪酬测算的正确率达到 100%	40%
			KR3	本周内完成五险一金的测算和缴费工作	30%

3. T（任务）

OKR 要得到有效的实施，除了 O 和 KR 之外，还要有 T 的支持。OKR 的 T 是与 KR 对应的。要达成每个 KR，需要完成 KR 对应的 T。设计 T 的基本原则是要对 KR 起到明显的支持作用，每一个 T 都来自某个 KR。

KR 与 T 之间并非一一对应的。有时候，某个 KR 可能对应着多个 T，也就是要达成该 KR，需要完成多项任务。也有的 T 对应着多个 KR，也就是当完成某个任务的时候，对多个 KR 都具有支持作用。

OKR 在运用的时候，在企业、部门和团队的层面，一般不体现 T，主要体现 O 和 KR。但到了岗位层面，因为关系着绩效落地，需要体现 T。T 经常是以岗位层面的任务计划或行动计划的形式出现的。

5.2.2 KPI 实施方法

关键绩效指标（Key Performance Indicators，KPI）指的是通过对组织内部流程的输入和输出的关键参数进行设置、取样、计算、分析，以衡量绩效的目标式量化管理指标，是组织实现战略目标需要的关键成功要素的归纳和提取，是常用来衡量不同部门或岗位人员绩效表现的量化指标。

KPI 绩效管理工具的核心是"关键"和"指标"。并不是所有的目标都值得被关注，并不是所有的指标都值得用来做岗位评价，只有岗位关键的目标，才值得作为岗位的绩效指标，形成关键绩效指标。

KPI 是绩效评价的依据，企业通过对 KPI 的实时监测，能够及时发现部门或岗位存在的问题，并通过反馈机制，促使部门或个人及时改进，引导组织向期望的目标发展。

实施 KPI 绩效管理需要完善的系统，组成要素包括如下内容。

1. 指标系统

KPI 包含 2 层含义：第 1 层含义是方向，第 2 层含义是目标。岗位的 KPI 本身表示岗位工作的方向，表明了岗位工作的重点和关键成果的输出。每个岗位 KPI 对应的目标值，表明了岗位工作成果要达到的程度。所以每一个 KPI 既要有导向性，又要有目标值。

在一个企业当中，KPI 的指标系统分成组织的 KPI、部门的 KPI 和岗位的 KPI。KPI 指标系统如图 5-7 所示。

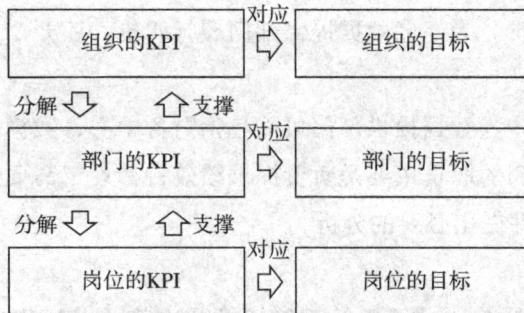

图 5-7　KPI 指标系统示意

组织的 KPI 对应着组织的目标。部门的 KPI 由组织的 KPI 分解而来，对组织的 KPI 起到支撑作用，对应着部门的目标。岗位的 KPI 是由部门的 KPI 分解而来，对部门的 KPI 起到支撑作用，对应着岗位的目标。

组织的 KPI、部门的 KPI 和岗位的 KPI 共同组成了企业的 KPI 指标系统。在一些管理咨询公司，随着实施绩效管理案例的积累，可以形成 KPI 指标库。KPI 指标库中可以包含不同层级、不同岗位类型、不同时间周期的指标类型。

举例

某公司组织层面的 KPI 包括销售额达到 n 元、顾客数量达到 n 人、人均利润达到 n 元、成本控制在 n%。

为了实现组织层面的 KPI，市场部门的 KPI 分为销售增长率为 n%、货款回收率为 n%、新增顾客数量达到 n 人、销售队伍总数控制在 n 人、营销费用率控制在 n%、售后服务费控制在 n 元。

为了实现部门层面的 KPI，销售业务员岗位的 KPI 分为销售业务达到 n 元、新增顾客数量达到 n 人、营销费用控制在 n 元。

2. 衡量系统

KPI 的组成要素除了指标系统之外，还要有配套的指标衡量系统。只有可衡量的指标，才能够被定性。对 KPI 进行衡量，是为了对岗位的工作成果实施评价，是为了得出员工绩效结果的结论。

KPI 的衡量并不是人力资源部一个部门能够完成的，它还需要关联部门的协作与支持。在 KPI 的衡量系统中，要定义提供指标数据结果的部门，要定位数据提供部门的具体职责。为保证数据提供部门履行职责，还要定义与数据提供相关的奖罚政策。

在一般的企业中，数据提供部门可能包括财务中心、数据中心、信息中心等部门。数据提供部门的职责主要是负责提供绩效目标设定需要和实际完成情况的相关信息或数据，并做出必要的分析。

3. 应用系统

徙木为信、赏罚分明是绩效管理能够顺利实施并发挥作用的重要保障。对 KPI 评价的下一步，是对 KPI 结果的应用。

KPI 的应用系统，是把 KPI 的评价结果应用到其他管理方式中的过程。根据"目标—承诺—结果—应用"的原则，在得出 KPI 的评价结果之后，企业可以根据绩效管理制度，进行相应的应用。

5.2.3 KSF 实施方法

关键成功要素（Key Success Factors，KSF），也叫薪酬全绩效模式，是一种对员工创造价值实施激励的绩效管理工具。KSF 是把员工的薪酬和企业想要的绩效进行融合，寻找两者之间的平衡点，从而让员工和企业形成利益共同体，实现共创和共赢。KSF 不仅着眼于绩效的优化，更致力于同步提升员工的收入，激发员工的士气和创造力。

在很多采用 KPI 绩效管理工具的企业中，采取的绩效考核模式是企业给员工定指标、定目标、压任务、做考核。绩效考核的重心变成了给员工压力，强调绩效的强制性，迫使员工完成目标，使员工产生了较强的反感情绪。

采取 KSF 绩效模式的企业在薪酬设置方面常常无法跟进，这类企业通常是将员工薪酬的一部分（例如 20%）作为绩效工资。当员工目标完成的时候，通常获得的绩效工资奖励不多；当员工目标没有完成的时候，绩效工资减少得也不多。

举例

某公司对员工采取月度绩效考核，员工每月的工资由两部分组成，分别是固定工资和绩效工资。绩效工资根据每月的绩效考核分数折算。

员工张三每月的工资基数为 10 000 元，其中，固定工资为 8 000 元，绩效工资为 2 000 元。某月，张三的绩效考核分数为 50 分。从绩效考核评价结果来看，已经属于绩效水平严重不合格，属于全公司当月的最低分数。

然而根据公司的绩效管理规则，张三该月的应发工资 =8 000+（2 000×50%）=9 000（元）。

张三当月的绩效水平已经严重不合格，已经是公司最差，可是张三当月的应发工资（9 000 元）与每月的工资基数（10 000 元）相比，仅减少了 10%。

员工李四的工资基数和工资组成与张三相同。当月，李四的绩效考核分数为150 分。从绩效考核评价结果来看，已经属于绩效水平超常完成，属于全公司当月的最高分数。

然而根据公司的绩效管理规则，李四该月的应发工资=8 000+（2 000×150%）=11 000（元）。

李四当月的绩效水平已经是公司最佳，可是李四当月的应发工资（11 000元）与每月的工资基数（10 000元）相比，仅提高了10%。

和更强调岗位绩效目标的KPI相比，KSF更趋向于价值分配和员工激励，是从薪酬发放的源头上寻找员工激励的落脚点。通过把薪酬与绩效全面融合，能够实现对员工潜能的挖掘，让员工充分参与企业的价值分配，因此也更容易让员工接受。

举例

某公司对员工采取KSF绩效管理工具。员工张三每月的工资基数为10 000元。某月，员工张三的KSF得分情况如表5-2所示。

表5-2　某公司某月员工张三的KSF得分情况

考核指标	K1	K2	K3	K4
	A	B	C	D
平衡点	100	100	100	100
月薪权重（100%）	40%	30%	20%	10%
金额（元）	4 000	3 000	2 000	1 000
奖励制度	每增加10	每增加10	每增加10	每增加10
奖励尺度（元）	400	300	200	100
少发制度	每减少10	每减少10	每减少10	每减少10
少发尺度（元）	400	300	200	100
当月得分	50	50	50	50
当月应发工资（元）	2 000	1 500	1 000	500

张三当月的绩效水平较低（各项皆为50分），在采用KSF绩效管理工具时，这种较低的绩效水平非常直接地体现在了薪酬水平上。张三当月的应发工资（5 000元）为月工资基数（10 000元）的50%。

员工李四与员工张三的岗位相同，考核方式相同，月工资基数也相同。

某月，员工李四的KSF得分情况如表5-3所示。

表 5-3　某公司某月员工李四的 KSF 得分情况

考核指标	K1	K2	K3	K4
	A	B	C	D
平衡点	100	100	100	100
月薪权重（100%）	40%	30%	20%	10%
金额（元）	4 000	3 000	2 000	1 000
奖励制度	每增加 10	每增加 10	每增加 10	每增加 10
奖励尺度（元）	400	300	200	100
少发制度	每减少 10	每减少 10	每减少 10	每减少 10
少发尺度（元）	400	300	200	100
当月得分	150	150	150	150
当月应发工资（元）	6 000	4 500	3 000	1 500

　　李四当月的绩效水平较高（各项皆为 150 分），因为采用了 KSF 绩效管理工具，这种较高的绩效水平同样非常直接地体现在了薪酬水平上。李四当月的应发工资（15 000 元）为月工资基数（10 000 元）的 150%。

5.2.4　MBO 实施方法

　　目标管理（Management by Objective，MBO）最早是由管理专家彼得·F.德鲁克（Peter F.Drucker）在 1954 年提出的。德鲁克指出，企业的使命和任务必须转化为目标。并不是因为有工作才有目标，而应是因为有目标才有了工作岗位。

　　MBO 的实施逻辑，类似 PDCA（Plan，计划；Do，执行；Check，检查；Act，处理）管理循环，是一个设定目标、执行目标、评估目标和改进目标的循环管理过程，如图 5-8 所示。

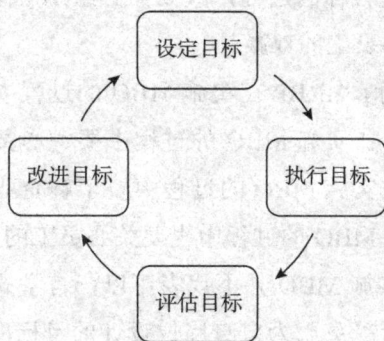

图 5-8　MBO 的实施逻辑

1. 设定目标

设定目标是实施 MBO 的第 1 步，也是整个 MBO 实施逻辑的核心环节。MBO 强调对目标的管理，目标是整个 MBO 管理的灵魂。在企业中实施 MBO，首先要保证企业和部门有对应的目标，更重要的是，要保证各岗位有目标。

2. 执行目标

执行目标是实施 MBO 的第 2 步，是保障目标落地的关键步骤。目标是方向，要达成这个方向，免不了要有努力的过程。如果设定目标之后，相关岗位的员工不重视目标，不围绕目标工作，目标将会形同虚设，偏离最初的计划。

3. 评估目标

评估目标是实施 MBO 的第 3 步，是评价目标完成情况的重要环节。目标是否达成需要进行评价。为了更好地达成目标，需要进行复盘。通过评价与复盘，判断目标的完成情况，为下一步分析改进目标提供准备和依据。

4. 改进目标

改进目标是实施 MBO 的第 4 步，是绩效提升和岗位能力发展的有力保障。不论目标是否达成，都涉及目标的改进。当目标达成时，可以评估目标达成的原因，判断是否存在进一步提升的空间；当目标未达成时，可以评估目标改进的方法，寻求达成目标的途径。

从组织发展的角度，MBO 的整个实施逻辑虽然是围绕目标展开的，但 MBO 并不是一个只关心目标的冰冷工具。企业在运用 MBO 的时候，要与绩效管理程序相匹配。

MBO 中的目标，实际上是把组织层面的目标分解成岗位层面的目标，把大目标分解成小目标。实现目标的过程，既要关心组织层面的价值，又要关心员工个人的价值，实现组织与员工的双赢。

为了更好地设计目标，HRBP 在实施 MBO 的过程中需要对战略分解；为了更好地执行目标，HRBP 在实施 MBO 的过程中要关心员工的工作环境；为了更好地评估目标，HRBP 在实施 MBO 的过程中要了解企业整体状况；为了更好地改进目标，HRBP 在实施 MBO 的过程中也要关心员工的个人成长与职业发展。

从管理者的角度，实施 MBO 并不代表可以一言堂式地给员工强加目标，也不代表只能被动等待或接受员工为自身岗位设计的目标，而是应当和员工一起设计符合岗位实际的目标。在员工执行目标的过程中，如果员工的能力离完成目标有一定差距，管理者要适时地辅导员工。如果员工为了实现目标需要某种资源支持，管理者应当视情况帮助员工获取资源。

MBO 强调员工的上级管理者和员工一起定期检查、评估目标的完成情况，并持续将结果反馈给员工。在整个过程中，上级管理者要持续地引导员工自己评价预先设定好的目标，鼓励员工形成自我发展的意识，激发员工的内生动力。

从员工的角度，要尊重 MBO 的目标，积极配合企业设计和实施本岗位的目标。岗位的目标对员工来说不仅是一种压力，而且是员工证明个人能力、实现个人价值的有力方式。通过不断达成岗位目标，员工能够获得能力成长与价值变现。

通过 MBO 的实施逻辑，各岗位不断从设定目标到改进目标，有助于企业管理岗位形成工作成果，评价岗位的工作成效，让各岗位的绩效不断发展。随着目标不断被达成，岗位的目标能够不断提升。企业实施 MBO 后目标发展情况如图 5-9 所示。

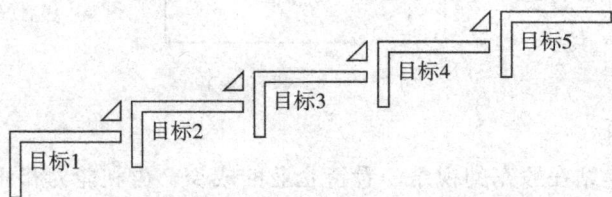

图 5-9　企业实施 MBO 后目标发展情况

岗位目标提升的过程同样类似 PDCA 的管理循环。当较低水平的目标达成时，经过总结与复盘，可以尝试追求较高水平的目标。当较高水平的目标达成时，经过继续总结与复盘，可以尝试达成更高水平的目标。

随着不断达成新的目标，持续总结与复盘，长期坚持这种管理模式，岗位能够不断达成更高的目标，为企业创造更大的价值。

5.2.5　BSC 实施方法

平衡计分卡（Balanced Score Cards，BSC）是由美国哈佛商学院的教授罗伯特·S. 卡普兰（Robert S. Kaplan）和诺朗诺顿研究所（Nolan Norton Institute）所长、美国复兴全球战略集团创始人兼总裁戴维·P. 诺顿（David P. Norton）共同创建的。

平衡计分卡作为一套完整的业绩评估系统，主要从 4 个维度来衡量组织的经营情况，体现了组织价值创造的全过程，如图 5-10 所示。

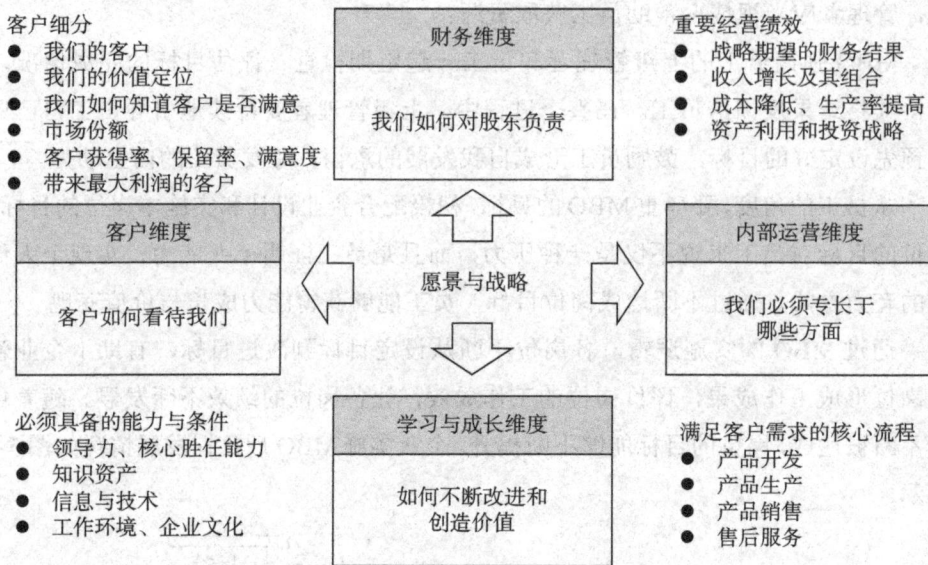

客户细分
● 我们的客户
● 我们的价值定位
● 我们如何知道客户是否满意
● 市场份额
● 客户获得率、保留率、满意度
● 带来最大利润的客户

重要经营绩效
● 战略期望的财务结果
● 收入增长及其组合
● 成本降低、生产率提高
● 资产利用和投资战略

财务维度

我们如何对股东负责

客户维度

客户如何看待我们

愿景与战略

内部运营维度

我们必须专长于
哪些方面

必须具备的能力与条件
● 领导力、核心胜任能力
● 知识资产
● 信息与技术
● 工作环境、企业文化

学习与成长维度

如何不断改进和
创造价值

满足客户需求的核心流程
● 产品开发
● 产品生产
● 产品销售
● 售后服务

图 5-10　平衡计分卡

1. 财务维度

这个维度是站在股东的视角，看待企业的成长、盈利能力和风险情况，是组织在财务结果上的直观表现。常见的指标有营业收入、资本回报率、利润、现金流、经营成本、资产负债率、项目盈利性等。

2. 客户维度

这个维度是从客户的视角，看待企业创造价值在外部市场体现出的差异化，是客户对组织感受的直接表现。常见的指标有市场份额、客户满意度、客户忠诚度、价格指数、客户保留率、客户获得率、客户利润率等。

3. 内部运营维度

这个维度是从经营管理的角度，看待内部流程为业务单元提供的价值主张，是产生结果之前的重要过程管控。常见的指标有新产品开发时间、产品质量、生产效率、生产成本控制、返工率、安全事故件数等。

4. 学习与成长维度

这个维度是从创新和学习的角度评价企业的运营状况，是关注企业未来是否有持续稳定发展能力的指标。这类指标通常与人力资源的情况有一定关联。常见的指标有员工满意度、员工离职率、员工生产率、人均培训时间、合理化建议数量、员工人均收益等。

一个完整的BSC应用应当从财务维度、客户维度、内部运营维度和学习与成长维度4个层面着手分解并设计相关指标。同样地，一套完整的BSC指标应当包括财务类指标、客户类指标、内部运营类指标、学习与成长类指标。

举例

某公司处在快速成长期，上市后，董事会设计出公司每年的利润目标，强调公司要围绕净利润开展生产和经营活动。为了不让公司的绩效管理失之偏颇，陷入盲目追求财务目标的情况，该公司选择运用BSC绩效管理工具，围绕公司的净利润目标，在BSC的4个维度上对目标进行分解，如图5-11所示。

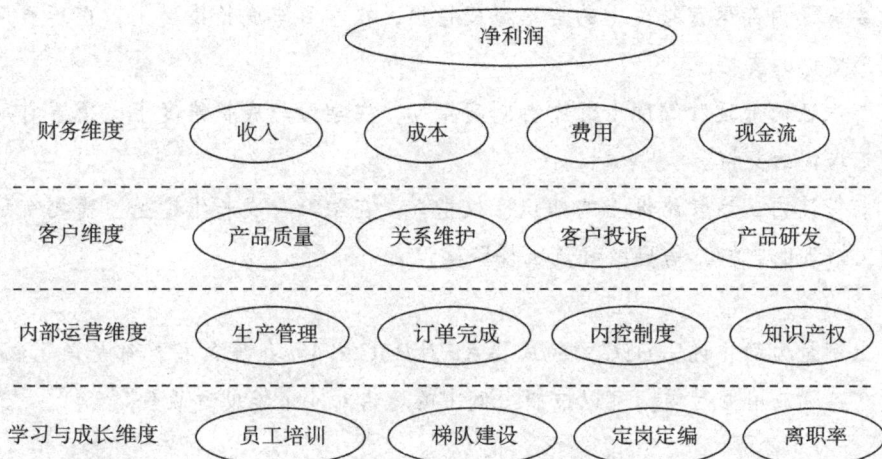

图5-11　某公司BSC分解逻辑

要完成净利润目标，该公司在财务维度上需要保证收入、成本、费用和现金流。这4项指标可以作为公司在财务维度上的指标。

要保证财务维度的收入指标，在客户维度上，需要产品质量的支持，需要良好地维护客户关系，需要妥善地处理客户投诉，需要做好产品研发工作。

要保证财务维度上的成本指标，在客户维度上，需要注意客户关系的维护，需要注意客户投诉的处理，需要注意产品的研发。

要保证财务维度上的费用指标，在客户维度上，需要保证产品质量，需要做好客户关系维护，需要控制产品研发的成本。

要保证财务维度上的现金流指标，在客户维度上，需要做好客户关系维护。

要保证客户维度上的产品质量指标，在内部运营维度上，需要生产管理能力的支持，需要建立完善的内控制度。

要保证客户维度上的关系维护指标，在内部运营维度上，需要保证产品订单按期完成，实现产品服务保质保量交付。

要保证客户维度上的客户投诉指标，在内部运营维度上，需要有生产管理能力的支持。

要保证客户维度上的产品研发指标，在内部运营维度上，需要有相关的知识产权的支持。

要保证内部运营维度上的生产管理指标，在学习与成长维度上，需要有足够的员工培训，需要做好员工梯队建设，需要做好定岗定编，需要保证员工的离职率。

要保证内部运营维度上的订单完成指标，在学习与成长维度上，需要有足够的员工培训的支持。

要保证内部运营维度上的内控制度指标，在学习与成长维度上，需要有足够的员工培训的支持。

要保证内部运营维度上的知识产权指标，在学习与成长维度上，需要有足够的员工培训的支持，需要做好员工梯队建设。

上例是为简化说明BSC的组成要素，对BSC中4个维度的指标都是简化说明。读者在实际应用的时候，可以按照上例中的逻辑对4个维度逐级分解。

5.2.6　360度评估实施方法

有人认为360度评估是一种绩效管理工具，有人认为360度评估应该是绩效评价方法。在人力资源管理实战中，360度评估既可以被看成一种绩效管理工具，也可以被看成一种绩效评价方法。

360度评估，也叫全方位评估，最早是由英特尔公司提出并实施的。这个方法的原理比较简单，评价结果相对比较准确。360度评估是由员工的直接上级、直接下级、关联方、客户等与员工相关联的人，对员工进行全方位评估的方法。

360度评估的应用是比较广泛的，几乎所有的企业都可以应用这种方法来实施绩效管理或评价工作。采用360度评估之后，被评估者不仅可以获得来自各方的反馈，也可以从不同角度的反馈中更清醒地认识到自己的优势与不足。

360 度评估的示意如图 5-12 所示。

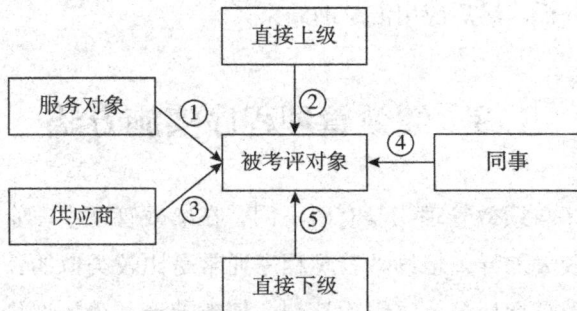

图 5-12   360 度评估示意

在 360 度评估中，不同关系间设置的权重一般是①>②>③>④>⑤。例如，HRBP 可以把①的权重设置成 30%，把②的权重设置成 25%，把③的权重设置成 20%，把④的权重设置成 15%，把⑤的权重设置成 10%。

360 度评估的优点包括以下几点。

（1）避免了只有上级考核下级可能出现的绩效评判错误。

（2）从多个角度评价员工绩效，其结果相对来说更加准确。

（3）更强调对内外部客户的服务，提升企业的运行效率。

（4）能够对员工的态度、能力、素质进行更全面的考核。

（5）能够提高考核的全面性和公正性，员工参与感更强。

（6）能在一定程度上防止员工做出一些急功近利的行为。

（7）对于同一被考核人，能够反映出不同考核人的评价。

360 度评估的缺点包括以下几点。

（1）实施起来较复杂，花费时间较长，评价的成本较高。

（2）容易变成某些员工报复的途径，容易造成公报私仇。

（3）因全员参与，对评价标准、打分规则的培训难度较大。

（4）如果培训或管理不到位，打分和最终结果容易流于形式。

实施 360 度评估可以分成以下 3 步。

第 1 步，实施准备。在这一步当中，HRBP 需要确定评估的目的，确定评估的内容，确定评估的对象，确定评估的方式。如果可能，最好在内部测试一下。

第 2 步，开始实施。在这一步中，HRBP 需要发送通知，召集团队，按照计划实施评估。实施的过程中，HRBP 需要注意过程管控，监控打分的过程。

第 3 步，汇总应用。在这一步中，HRBP 需要回收评估调查问卷，整理数据，对数据做处理和分析，然后应用汇总的结果。

5.3 绩效管理程序实施方法

绩效管理程序与绩效管理工具有所不同。在绩效管理中，企业采取的绩效管理工具可以存在较大差异，但绩效管理程序通常是比较类似的。绩效管理程序可以分成 6 步，分别是指标分解、绩效计划、绩效辅导、绩效评价、绩效反馈和结果应用，如图 5-13 所示。

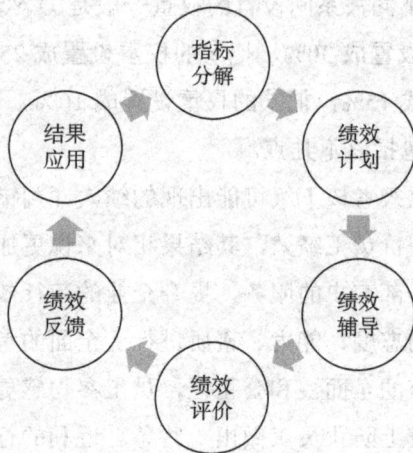

图 5-13　绩效管理程序

5.3.1　指标分解实施方法

绩效指标分解是绩效管理的第 1 步，是根据企业的战略目标，将企业目标分解到部门，形成部门的目标和指标，再由部门分解到个人，形成个人的目标和指标。

绩效指标分解是进行下一步绩效计划制定的最关键、最核心的步骤，对绩效管理的成功实施具有极为重要的意义。

许多企业绩效管理工作难以开展和推行的核心原因就在于绩效指标的分解不合理。

有的企业给部门或员工制定的绩效指标的目标值过高，同时又无法提供达成目标需要的资源，导致部门或员工不论怎么努力，也无法达成目标。

有的企业给部门或员工制定的绩效指标的目标值过低，导致部门或员工很容易就能达成绩效指标，导致员工没有工作的积极性和动力。

绩效指标设置得过高或过低同时也影响着绩效评价结果出来以后的薪酬、晋升、发展等一系列的结果。如果操作不当，可能导致员工对企业失去信心，也可能导致员工的积极性下降。

绩效指标分解的简要流程如图 5-14 所示。

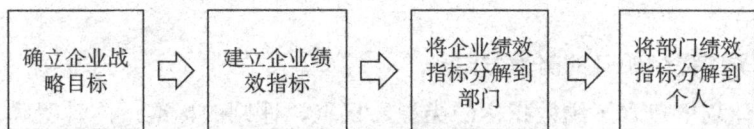

图 5-14　绩效指标分解的简要流程

绩效目标值和指标值的设定一般需要长期的数据积累与管理经验的积累，并且需要清晰的更高层级指标值，可以参考的设定指标的方法包括如下内容。

（1）以岗位职责所要求的标准为依据。

（2）直接分解企业、部门的目标值。

（3）以过去任职者完成的目标值为依据。

（4）以过去所有任职者平均完成的目标值为依据。

（5）以行业中的参照值为依据。

在缺乏这些参考依据的情况下，管理者和员工可以共同讨论后，设定一个数值作为第 1 年的目标值，第 2 年就可以在此数据的基础上评估、修订。

5.3.2　绩效计划实施方法

绩效计划是管理者和员工之间沟通和努力之后的工作。管理者和员工的共同参与和员工个人的承诺是制定绩效计划的前提。绩效计划是绩效管理的起点，是绩效管理中最为重要的环节。

绩效计划的作用主要包括如下 3 点。

1. 提供企业和员工绩效考核的依据

绩效计划阶段是绩效管理工作的开端。有了绩效计划，在绩效考核期末就可以根据员工本人参与制定的个人绩效承诺计划对其进行考核。绩效计划完成出色的员工，将得到相应的奖励。对于绩效计划完成不理想的员工，管理者应帮助员工查找绩效计划没有达成的原因，并制定绩效改进计划。

2. 保证企业和部门目标的贯彻实施

企业的绩效计划、部门的绩效计划和个人的绩效计划三者之间是逐步分解、相互依赖和支持的关系。个人的绩效计划是部门绩效计划的基础，部门的绩效计划是企业绩效计划的基础。在制定这3类绩效计划的过程中，要充分考虑三者之间的对应关系，充分协调各岗位资源，保证个人、部门和企业目标的最终实现。

3. 为员工提供明确的努力方向

绩效计划中包含了绩效指标的类型、权重、评判的标准，同时明确了部门或员工在某些方面取得成绩的时候将获得相应的某种奖励，这些内容相当于对部门或员工的工作提出了明确的期望和目标要求。当有了明确的绩效计划之后，部门或员工就相当于有了明确的努力方向。

绩效计划制定的简要流程如图5-15所示。

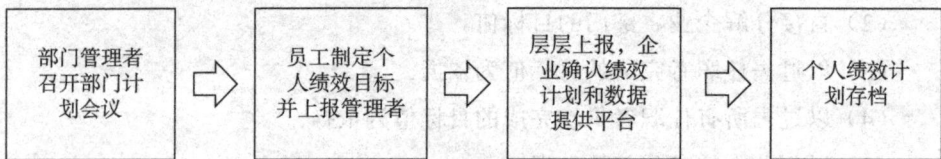

| 部门管理者召开部门计划会议 | ⇨ | 员工制定个人绩效目标并上报管理者 | ⇨ | 层层上报，企业确认绩效计划和数据提供平台 | ⇨ | 个人绩效计划存档 |

图5-15 绩效计划制定的简要流程

HRBP在制定绩效计划时，要注意以下5点。

（1）绩效计划应是部门管理者与员工共同制定的，双方应当就此达成共识。

（2）应当明确员工的个人目标与部门、企业目标之间的关联。

（3）制定计划时，应当明确员工的考核标准和数据来源。

（4）员工针对绩效目标的实现要有明确的、可实施的行动方案。

（5）管理者对员工目标的实现应密切地跟踪，并对偏离做出及时的调整。

5.3.3 绩效辅导实施方法

绩效辅导是上级辅导下级、共同达成计划和目标的重要过程。如果没有辅导和沟通，就不是绩效管理，绩效辅导是绩效管理的真正核心。

绩效辅导过程应重点做好以下两项工作。

1. 绩效诊断

通过绩效诊断，管理者要明确员工的绩效问题到底出在态度、知识、技能和外部因素的哪个方面。管理者可以通过对员工在如下问题上的判断，来确定员工的绩效问题究竟出在哪里。

（1）员工有做这方面工作的知识和经验吗？

（2）员工有应用知识和经验的相关技能吗？

（3）员工有不可控制的外部障碍吗？

（4）员工有正确的态度和自信心吗？

这里需要注意，绩效管理中常犯的错误就是当绩效出现问题时，管理者首先从个人因素方面追究绩效差的根由。

2. 过程监控

管理者在绩效辅导的过程中与员工之间的持续沟通至关重要。结果来源于过程，没有好的过程监控很难得到好的结果。过程监控可以帮助管理者判断员工行为上、目标上是否出现与绩效计划偏离的情况。

要做好过程监控，管理者要明确如下问题。

（1）上级与下级的目标期望是什么？

（2）员工什么时候需要指导与支持？

（3）管理者应从哪些方面开始指导？

（4）如何及时发现下属的支持需求？

通过正确的绩效辅导和沟通，管理者和员工都应能回答如下问题。

（1）员工的工作职责完成得怎么样？

（2）员工的职责和绩效中有哪些好的地方？还存在哪些不足？

（3）员工是在朝着预订的实现目标的轨道持续运行吗？

（4）如果员工偏离轨道，需进行哪些改变才能回到轨道上来？

（5）在支持员工进步方面，管理者能帮员工做些什么工作？

（6）是否发生了影响员工工作任务或使重要性次序变化的事件？

（7）如果发生了这种事件，员工在目标、任务和行为上应做出哪些改变？

5.3.4 绩效评价实施方法

绩效评价是企业根据绩效目标和绩效计划，对一段时间的绩效结果进行评价的过程。

绩效评价的过程要综合收集到的所有与考核相关的信息，结合对关键事件的记录，公正、客观地评价员工的绩效结果。管理者应根据绩效评价结果诊断员工的绩效，并和员工一起拟订下一阶段的绩效目标计划。

绩效评价可以分为客观绩效考评法和主观绩效考评法。

常见的客观绩效考评法包括关键事件法、行为锚定法、行为观察法、加权选择法等。常见的主观绩效考评法包括强制排序法、强制分布法、结构叙述法、360度评估等。

在绩效评价过程中要注意奖惩的有效应用，正确制定企业的奖惩规则，正确运用奖惩，是让员工思想和行为导向不偏离企业大方向的重要保障。

绩效评价不是简单地给出评价结果。绩效评价的指导思想是围绕业务进步、绩效提高而展开。应将绩效评价视为一个管理过程，而不是单纯地追求评价结果本身。

管理者在进行绩效评价时不仅要看员工的目标是否达成，更要学会有技巧地告诉员工其差距所在。毕竟，员工能力的成长是更加长远的收益，而绩效评价结果只是短暂的情况。

绩效评价如果做不好，将直接影响整个绩效管理工作的进展和实施效果，影响员工对自身绩效的评价和改善，甚至将直接影响员工的利益。许多企业绩效管理工作开展不下去，就是因为在绩效评价的环节出现问题。

绩效评价过程中的常见问题和参考改进措施如表5-4所示。

表5-4 绩效评价常见问题及参考改进措施

常见问题	参考改进措施
绩效评价的标准不科学，可衡量性差或不贴近组织真正目标	界定工作本身的要求，明确考核标准和水平标度，把评价标准建立在对工作进行分析的基础之上
评价走形式，没有真正对绩效评价结果进行认真客观的分析，没有真正利用绩效评估过程和评估结果来帮助员工在绩效、行为、能力、责任等多方面切实地提高	不断进行宣导教育，不断强化培训，组织的"一把手"带头进行
晕轮效应：以偏概全，放大某一次或几次并不关乎绩效重点的失误而忽略绩效的真正要求	以绩效指标的达标情况或工作目标达成情况为依据

常见问题	参考改进措施
近因误差：以近期印象代替全部，或仅做某一时期的短暂评估而忽略一贯表现的好与坏	做好绩效管理过程中的数据收集、记录，按照客观绩效结果进行评价
感情效应：管理者的非理性因素，造成评价结果时不自觉地受感情影响	以客观绩效指标为依据，将二次考核或外部检查作为监督方式
集中趋势：绩效评价的结果都趋于中间（合格层），彼此拉不开距离	结果以统计百分比进行衡量，或强制排名
暗示效应：绩效评价人受某几位领导或权威人士的影响	以客观绩效指标为依据，将二次考核或外部检查作为监督方式，并与相关领导沟通
倒推化倾向：先根据某人平时的表现，为其确定出一个考核层级，而后倒推出各考核项目的得分	不戴有色眼镜，以客观绩效指标为依据

5.3.5　绩效反馈实施方法

绩效反馈是管理者和员工之间围绕业务的进步、绩效的提高而展开的沟通反馈的过程。企业应将绩效结果反馈视作一项重要的管理过程，而不是单纯地追求评价结果本身。

绩效评价总会存在一定的误差，绩效考评后的结果有时候并不客观，需要管理者与员工做进一步的沟通。在这个沟通过程中，员工可以就绩效的结果提出自己的个人意见，管理者也可以谈其对员工的看法。

经过这种相互交流和沟通，能够保持管理者和员工双方的信息互通，让日常的管理工作变得更加透明，上下级之间的想法关联性和一致性更强。当然，在这个过程中如果员工与管理者无法达成一致，或者员工认为管理者在绩效评价上有失公平，员工还可以选择绩效投诉。

即便没有绩效评价的误差，管理者也可以利用这个过程和员工交流沟通，帮助员工明确其绩效结果和可能对其产生的影响，和员工共同查找问题，进一步提高绩效水平。

当员工的绩效目标达成时，管理者要学会有技巧地告诉员工差距所在。当员工的绩效目标没有达成时，管理者不应首先责怪和苛责员工，而应当帮助员工查找问题，帮助员工一起实现绩效目标。在绩效沟通反馈的过程中，同样应把员工能力的成长放在首位。

1.绩效反馈面谈准备

绩效反馈面谈前应做好如下准备工作。

（1）绩效反馈面谈前，管理者应进行充分的准备。

（2）面谈过程中，要把握绩效面谈的沟通原则。

（3）注意开场白，通过专业的开场白快速把员工带入绩效面谈的氛围中。

（4）绩效反馈面谈的过程中要平衡听、讲、问三者之间的关系。

（5）管理者要注意与员工对下阶段的绩效目标达成共识。

2. 绩效反馈面谈原则

绩效反馈面谈的过程中应注意如下原则。

（1）应做到对事不对人。

（2）只谈绩效不涉及人格。

（3）谈话场地尽量免受干扰。

（4）沟通过程中双方要坦率。

（5）沟通的内容要明确具体。

许多企业绩效管理不成功的原因就是忽略了绩效反馈。员工绩效评价结果出来后，管理者不愿意面对员工，不愿意与员工讨论其态度和能力究竟存在哪些问题。结果就容易造成员工的迷茫和失落，不利于员工绩效的改善。

5.3.6 结果应用实施方法

绩效管理的评价结果一定要有效地应用才能真正发挥绩效管理的作用，帮助企业做出正确的决策，提高管理水平，提升员工素质，让企业和员工共同发展。如果绩效评价结果得不到有效的利用，奖惩决策将无法做到公平、公正，奖惩措施对员工不具有说服力，势必降低员工的士气，打击员工的积极性，降低工作效率。

对绩效结果的应用，主要体现在以下几个方面。

1. 提供给上下级绩效沟通的机会，有助于改进工作绩效

管理者的角色不再是评判员工绩效的"法官"，而是转变成绩效改进的"教练"。管理者不仅要承担监督的责任，更要负责人才培训与开发的工作。管理者将考核结果及时反馈给员工，员工不断完善和提高自身的能力，以达到绩效持续改进的效果，才是绩效管理实施的根本目的。

通过这种反馈，管理者与员工形成一种绩效伙伴关系，管理者向员工传递绩效需要改进的方面，并可以共同探讨改进工作绩效的手段。员工在这个过程中发

现自身的短板，认识到待解决的问题，制定自身的发展计划。让员工绩效朝着企业希望的方向发展，从而提高符合企业期望行为的出现频率，减少企业不期望出现的行为，为达成更高的绩效奠定基础。

2. 作为薪酬调整和奖金分配的重要依据

除了基本工资之外，一般会有绩效工资。为了增强绩效结果的激励效果，通常会将员工考核的结果（优秀、良好、合格、不合格）与月度、季度、年度的绩效奖金挂钩。薪酬的调整往往也会以绩效结果为重要依据，这是绩效管理最常见也是最普通的用途。

3. 作为晋升、降职或调岗的依据

如果员工绩效结果持续较优，可以通过晋升让员工承担更多的责任。如果员工在某方面的绩效持续较差，通过分析绩效结果，可以发现员工的不适应程度，找出问题。若通过指导与培训之后依然没有改善，则通常表明员工不能胜任该岗位的工作，可以通过职位的调整，让员工从事更适合的工作。这也可以作为保持组织成员竞争意识和危机意识的手段。

4. 作为人才选拔结果评判的依据

根据对外招人员绩效考核结果的分析，可以检验、评估选拔工作的成果和效度。如果选拔出来的人才绩效考核结果达到预期，说明选拔工作是有效的；反之，则说明选拔工作有待改善。同时，通过对绩效结果的深层次分析，可以确认采用什么样的评价标准作为选拔员工时的依据更有效，以达到提高招聘质量、降低招聘成本的目的。

5. 作为发掘教育培训需求和人才培育的依据

HRBP通过分析企业整体的考核结果，能够聚焦大部分员工具体在哪方面的知识和技能上有不足，从而确定企业的培训需求，帮助培训部门有的放矢地做好企业下一步的培训计划，整体提升员工的素质。对绩效考核结果的分析，能够有效地避免盲目培训，提高培训的有效性。

在培训计划运行的过程中，也可以通过对绩效结果的持续跟踪，随时评估培训的有效性。如果在培训之后一段时期内，员工绩效水平得到提高，说明培训是有效的；否则，说明培训没有达到预期的效果，需要及时调整改进。

6. 作为员工个人发展及职业生涯规划的依据

员工的个人职业发展计划是根据员工目前的绩效水平与长期以来的绩效提高

过程，由组织和员工共同协商制定的一个长远工作绩效和工作能力改进、提高的系统计划，是将个人发展与组织发展连接在一起的重要一环。

考核结果反映了企业的价值取向，对考核结果的运用可以强化员工对企业价值取向的认同感和归属感，让员工的职业生涯规划符合企业的价值取向。晋升和调岗的机制，能够让员工的职业生涯规划更快实现。及时的绩效反馈，有助于员工客观分析自己的发展方向，及时调整自己的职业生涯规划，提高员工的满意度。

7. 作为人才激活的工具

绩效较差的员工如果思想消极，长期下去会成为企业的"不良资本"，早晚会被淘汰出局，无法为组织有效地创造价值。但这类人如果能通过辅导或培训自我发现，努力提升自身的能力和素质，不断提高自身的业绩，达到绩效的要求，就会转化为组织的"优良资本"。有效的绩效结果应用，能够激活原本的庸才，形成优胜劣汰的激励机制，不断地提高员工的整体素质。

8. 作为人力资源法律诉讼的重要依据

绩效管理的结果可以作为降职、调岗，甚至解雇的重要依据。在降职、调岗、解雇的过程中难免会引发员工的不满情绪，即便企业在这个过程中尽力避免这种情况和安抚员工，却总有个别情绪失控的员工会诉诸法律。这时候，就需要企业提供相关证据。个人绩效的书面记录能够帮助企业解决这类劳动纠纷，维护企业的合法权益。

第 6 章
HRBP 薪酬管理方法与工具

薪酬管理关系到员工对薪酬的感受，薪酬管理如果到位，能够有效增强员工的积极性。HRBP 要掌握薪酬方案的设计方法，实现对薪酬的顶层设计；要掌握不同岗位薪酬设计的特点，有能力设计高管、销售队伍等不同岗位的薪酬。

6.1 薪酬方案设计方法

薪酬方案设计的整体思路可以概括为 5 步，如图 6-1 所示。

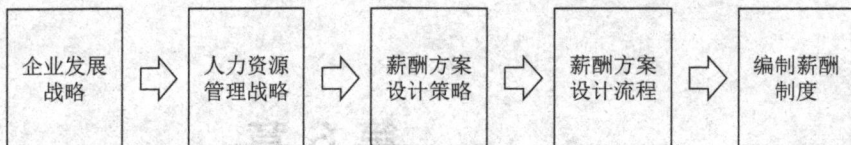

| 企业发展战略 | ⇒ | 人力资源管理战略 | ⇒ | 薪酬方案设计策略 | ⇒ | 薪酬方案设计流程 | ⇒ | 编制薪酬制度 |

图 6-1　薪酬方案设计思路

第 1 步，了解企业发展的总体战略。

第 2 步，承接企业发展战略，制定人力资源管理战略。

第 3 步，通过人力资源管理战略，制定薪酬方案设计策略。

第 4 步，通过薪酬方案设计策略，实施薪酬方案设计流程。

第 5 步，根据薪酬方案设计，编制薪酬制度。

整个薪酬方案的设计过程，应以企业战略为依据，以现代薪酬理念为指导，以机构和岗位优化为基础，着眼于薪酬制度的创新，立足于解决实际问题，系统设计，配套实施，形成分配激励机制，实现调动经营者和其他员工积极性、创造性的目标。

6.1.1 薪酬方案设计策略

薪酬方案的设计是一个系统的工程，整个方案制定的过程应从企业战略出发、从人力资源管理体系出发、从企业配套改革出发，以及从薪酬管理的整套系统出发。过程中要以工作分析为前提，以薪酬分配为主体，以绩效管理为依据，并与企业的其他改革相配套。

实施薪酬方案设计前，HRBP 需要综合考虑、分析和判断的因素包括如下内容。

（1）企业产权的改革情况。

（2）企业生产经营的特点。

（3）企业的经营环境。

（4）企业经济效益情况。

（5）企业文化和队伍素质。

（6）企业发展阶段。

薪酬方案设计策略是综合考虑多个薪酬因素后的结果。薪酬因素主要包括如下几点。

1. 薪酬水平

确定薪酬水平可以采取的策略包括代表高薪酬水平的薪酬领袖策略、代表中等薪酬水平的市场追随策略、代表低薪酬水平的市场拖后策略以及前几种策略混合使用的薪酬混合策略。

2. 薪酬结构

确定薪酬结构可以采取的策略包括代表高激励性、低稳定性的弹性模式，代表高稳定性、低激励性的稳定模式，以及激励性和稳定性都居中的折中模式。

3. 薪酬模式

薪酬模式是企业决定采取的薪酬形式的组合，常见的有 3 种模式。

如果企业结构较单一，想要全企业上下步调一致，薪酬形式统一，可以采取统一的薪酬模式。如果企业结构复杂，岗位层级较多，类型较多样，想要对不同类型的人才采取不同的有针对性的薪酬形式，则可以采取多元的薪酬模式。如果企业结构介于单一和复杂之间，允许薪酬形式的不同，但又强调主辅关系，可以采取一种薪酬模式为主、几种薪酬模式为辅的薪酬模式。

4. 薪酬差距

由于企业文化、经营理念、业务特点等不同，企业中各个层级之间薪酬差距的不同也同样是设计薪酬策略时需要考虑的。

强调"比帮赶超"氛围、鼓励员工能力和绩效水平提升的企业可以拉大岗位层级之间的薪酬差距，采取薪酬层级差距较大的策略，激发员工的内生动力。强调平稳发展、追求细水长流、不想让员工薪酬层级差异较大的企业，可以采取薪酬层级差距较小的策略。介于两者之间的企业，可以采取薪酬层级差距折中的策略。

5. 配套措施

薪酬方案和制度的有效实施，往往需要相关的配套政策和措施的支持。HRBP在设计薪酬方案和薪酬制度的时候，要考虑到推行时的复杂程度和难易程度。

如果设计的薪酬方案较复杂，或者因企业变革的需要，薪酬方案需配套的其他措施较多，那么策略上应配套较多的措施。如果设计的薪酬方案较简单，或者没有企业变革的需要，薪酬方案需配套的措施较少，那么策略上应配套较少的措施，或者不配套其他措施。

总之，薪酬方案设计策略是一个复合体，是多个薪酬方案考虑因素中的一种或多种的多样性组合。考虑因素越全面，薪酬策略选择越准确，薪酬方案设计的实用性将会越强。具体的考虑因素和策略选择，需要视具体情况确定。

6.1.2　薪酬方案设计流程

薪酬方案设计的流程可以分成 6 步，如图 6-2 所示。

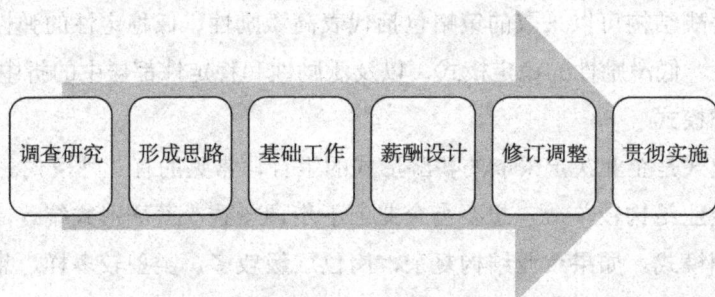

图 6-2　薪酬方案设计流程

第 1 步，调查研究。

在薪酬方案设计的调查研究阶段，HRBP 要了解企业的基本情况，要掌握外部市场（主要竞争对手或对标企业）薪酬的基本情况，要抓准当前企业的薪酬分配制度中存在的问题，把握员工的思想状况，分析实施薪酬设计改革的利弊。

第 2 步，形成思路。

在薪酬方案设计形成思路的阶段，HRBP 要根据企业内外部调查研究的结果，提出薪酬方案设计的初步构想，并就该构想与必要的参与者反复讨论后，形成共识，确定薪酬设计改革的最终目标和定位，并开展薪酬设计改革的宣传动员工作。

第 3 步，基础工作。

在薪酬方案设计的基础工作阶段，HRBP 要优化组织机构和岗位体系，要进行整个企业的岗位分析、工作分析和岗位测评，要形成岗位价值排序结果。岗位价值排序的结果如果能实现量化，最好量化。

第 4 步，薪酬设计。

在薪酬方案设计的具体设计阶段，HRBP 要根据战略，选择适合的薪酬模式；根据需要，设计需要的薪酬制度政策；根据情况，确定相应的薪酬标准；根据测算，预估可承受的薪酬预算；根据预演，拟订待实施的薪酬方案。

第 5 步，修订调整。

在薪酬方案设计的修订调整阶段，HRBP 要反复征求企业内外部相关层级、相关人员的意见，确定薪酬方案存在的问题，再次确认并仔细测算薪酬方案，修改并调整后得到最终版的薪酬方案。

第 6 步，贯彻实施。

在薪酬方案设计的贯彻实施阶段，HRBP 应提交薪酬方案报相关领导层审定并批准。批准通过后，HRBP 就可以开始在一定范围内对薪酬政策进行正式宣导，组织分层、分类的落实并执行相关薪酬政策。

薪酬方案设计的 6 个步骤可以分阶段细分成一套完整的薪酬方案设计流程，如图 6-3 所示。

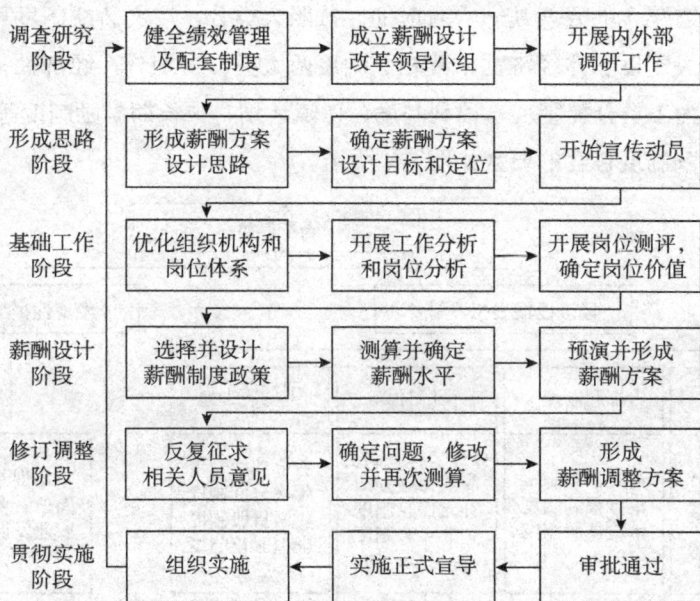

图 6-3　完整的薪酬方案设计流程

在薪酬政策实施的过程中，为了留有一定的弹性，HRBP 可以设置一个时间段为"过渡期"，在"过渡期"内试运行薪酬政策，广泛收集相关人员的意见，暴露出的问题经过讨论后，需要修改的可以及时调整。

薪酬方案设计的流程应是一个可以在内部不断调整、自洽的动态闭环管理过程。如果最终的方案出现较大问题，HRBP 可以反观和复盘整个过程，在下一轮的薪酬方案设计流程开始前预警。

6.1.3 薪酬制度编制方法

薪酬制度是薪酬管理体系的制度化体现，是企业制定薪酬方案并实施后，为了最大化薪酬管理的效果，而采取的各种方法、模式和工具的文书化、规范化、标准化文件的总称。

企业的薪酬制度有广义和狭义之分。广义的薪酬制度，指的是与经济性报酬和非经济性报酬直接或间接相关的所有人力资源管理制度。狭义的薪酬制度仅指与经济性报酬直接相关的制度。

广义薪酬制度是由一套报酬相关制度组成的制度体系，其包含的相关要素与广义报酬概念包含的要素是一一对应的。按照大类分，广义薪酬制度可以分成经济性报酬相关制度和非经济性报酬相关制度两大类。再细分，经济性报酬相关制度又可以分为工资分配制度、福利制度、保障计划、中长期激励制度等。

广义薪酬制度包含的要素如图 6-4 所示。

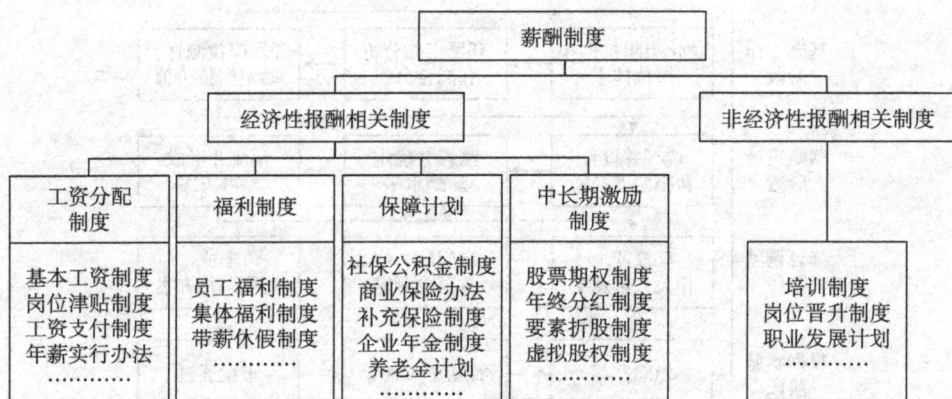

图 6-4　广义薪酬制度包含要素

平时常说的薪酬制度一般指的是狭义的薪酬制度。狭义的薪酬制度，一般只和薪酬的设计和发放有关，是一种整个企业都可以参考的薪酬规则文件，其条文规定包含的要素通常包括如下内容。

1. 薪酬基本原则

在薪酬基本原则的部分，应说明薪酬制度的大方向和原则，包括企业提倡什么，不提倡什么；企业将会奖励哪种类型的态度、行为或绩效结果，不希望看到或将惩罚哪种类型的态度、行为或绩效结果。

2. 薪酬水平标准

确定薪酬水平标准，通常需要先规定企业划分的岗位类别和岗位层级。岗位类别可以根据族群、序列或者角色划分。岗位层级可以根据职等和职级划分。根据不同的岗位类别和岗位层级确定相应的薪酬水平标准。

3. 薪酬结构标准

薪酬体系结构应规定企业各岗位和各层级不同的薪酬结构组成，包括基本工资构成、岗位津贴构成、岗位福利构成、绩效奖金构成以及其他薪酬要素构成及各项之间的比例关系。

4. 薪酬调整原则

薪酬调整原则应规定薪酬调整的程序、标准和方法。其具体包括薪酬多久调整一次；通过什么方式调整；什么情况下，员工薪酬将向上调整；什么情况下，员工薪酬将向下调整；什么情况下，员工将不参与调薪；向上或向下调整的具体标准和依据是什么等。

5. 薪酬支付原则

薪酬支付原则应规定薪酬支付的具体时间、方式、频率和额度等；薪酬支付后，企业应以何种方式告知员工其个人薪酬的发放结果及组成；如果员工对于个人所得薪酬数额有疑义，应该通过何种方式传达个人意见。

6. 薪酬保密原则

薪酬保密原则应规定员工对于薪酬相关问题的保密程度以及接触薪酬的相关人员对于薪酬管理的保密程度；应规定对于薪酬事项，哪些事项员工可以讨论，哪些事项员工不应该讨论；如果员工讨论了不该讨论的事项，或者接触薪酬的相关人员产生了不该有的行为，应该承担什么处罚。

7. 薪酬建议原则

薪酬建议原则应规定员工如果对于企业现行的薪酬制度有任何方面的意见或建议，应该通过什么渠道来传达个人的意见或建议；同时应规定当员工提出相关的意见和建议后，应在多久之内给予相应的回复。

8. 津贴、福利标准

津贴标准应规定不同层级、不同类别、不同岗位的员工能够获得的津贴标准。福利标准应规定企业范围内的全体员工可以获得的福利以及不同岗位、类别和层级的员工能够获得的福利。

6.1.4 薪酬方案制度注意事项

HRBP 在设计薪酬方案和编制薪酬制度时，需要注意薪酬方案策略的选择、薪酬体系的设计、薪酬方案的实施等要素，以保证薪酬管理的有效性。除此之外，还需要特别注意以下几点。

1. 符合企业战略

薪酬方案和薪酬制度必须紧密联系企业战略，这就要求 HRBP 在制定薪酬方案和制度时一定要明确企业的发展战略。明确了企业战略，薪酬方案和制度才能有针对性地考虑战略需要的具体问题。企业的战略是不断发展变化的，常常因时而异、因势而异，所以企业的薪酬方案和薪酬制度也应该是紧随战略不断发展变化的。

薪酬方案和制度符合企业战略，也是薪酬管理满足企业需要的核心能力的方式。企业需要的核心能力是能够让企业在市场竞争中处于优势的关键能力。企业中的员工越具备这类能力，企业的核心竞争力就越强。薪酬方案和广义的薪酬管理制度体系应当具备能力偏向的导向性，鼓励员工发展和提高这类能力。

2. 符合员工需求

因为薪酬方案和制度具备承接薪酬管理体系的特性，所以与薪酬管理体系相同，薪酬方案和制度同样应体现薪酬的外部竞争性和内部公平性。在同类岗位、同等能力、相同绩效水平的情况下，员工内部的薪酬水平应保持一致；同时与外部市场的薪酬水平比较，应符合企业的薪酬战略定位。

员工在不同的阶段，需求是不同的。企业应综合评估员工的不同需求，在充分考虑不同岗位和层级员工需求的基础上，制定有针对性的、能够尽可能满足员工不同类型需求的薪酬方案和制度。当薪酬方案和制度能够尽可能满足员工需求时，才能够有效地留住人才，降低人才的流失率。

3. 不要操之过急

任何企业方案、制度或政策的制定过程都是一个不断探讨、调整和完善的过程。HRBP 在制定薪酬方案和制度的时候，不要抱着一蹴而就的预期。当方案和制度在制定或实施的过程中遇到困难，不要强行推进，可以停下来审视问题，找到源头。实施一个不适宜企业的薪酬方案或制度，还不如不实施。

同时需注意，由于企业中每个人的教育背景等都有差异，任何企业的方案或制度都不可能做到让所有人满意。薪酬管理方案或制度能够做到让企业中 80% 以上的人员感到满意就已经比较成功了。这时候，虽然 HRBP 还需要继续调整和完善，但不必过分苛责，不必过分追求完美。

6.2　高管岗位薪酬设计方法

高管是关乎企业命运的非常重要的岗位，对高管薪酬的设计在一定程度上影响着企业经营发展的命运。HRBP 要掌握高管薪酬的设计方法，包括高管薪酬的组成要素、高管薪酬的基本模式和高管薪酬的设计策略。

6.2.1　高管薪酬组成

高管的薪酬可以由 3 部分组成。一部分是相对固定的收入 A；另一部分是定位于对人才短期激励的浮动收入 B；还有一部分，是定位于对人才更长远的长期激励 C。

A 部分是相对固定的收入，可以保证人才家庭和个人的基本生活费用，一般以月为单位发放。A 部分也不是一成不变的，应随着物价水平、劳动力市场状况、职级调整、工作年限或企业整体薪酬水平的变化而变化。

B 部分是短期激励，是相对短期的经营业绩和绩效成果的奖励。短期激励发放的时间周期一般以季度或年度为单位。根据绩效状况，B 部分的发放金额可能达到预期，可能超过预期，也可能为零。

设计 C 部分是为了鼓励人才更长远的贡献，是把企业的发展和人才的个人发展绑定在一起的方式。一般企业和人才双方确定后，在 3 ～ 5 年的较远期兑现 C

部分。C部分能有效防止高管为了追求短期利益而做出一些"杀鸡取卵"式的决策或短期行为。

高管薪酬如果细分，可以划分成3种常见的薪酬类目，如表6-1所示。

表6-1　高管薪酬组成要素

薪酬组成	薪酬类目
A部分 （相对固定的收入）	固定工资 司龄工资 固定福利 固定津贴
B部分 （短期激励）	季度奖金 年终奖金 特殊福利
C部分 （长期激励）	股票激励 长期现金 长期福利

由于高管在企业中的位置非常重要，在设计高管薪酬模式的过程中，应重点关注和提高C部分的比例。高管人员管理层级越高、其决策对企业发展影响越深远，其C部分的比例应越高。

6.2.2　高管薪酬模式

常见的高管薪酬模式（年薪制模式）可以分成5种，分别是准公务员模式、一揽子模式、非持股多元化模式、持股多元化模式、虚拟持股多元化模式。这5种薪酬模式的适用企业、薪酬结构和激励作用如表6-2所示。

表6-2　常见的5种高管薪酬模式

项目	年薪制模式				
	准公务员模式	一揽子模式	非持股多元化模式	持股多元化模式	虚拟持股多元化模式
适用企业	大型国有企业或对国民经济有特殊战略意义的大型集团企业或其控股企业	期望快速发展的企业，或者面临特殊问题的企业	所有企业	股份制企业	所有企业
薪酬结构	A+C 相对固定的收入＋养老金计划	B 固定数量的年终奖金	A+B 相对固定的收入＋短期激励	A+B+C 相对固定的收入＋短期激励＋长期激励	A+B+C 相对固定的收入＋短期激励＋长期激励

项目	年薪制模式				
	准公务员模式	一揽子模式	非持股多元化模式	持股多元化模式	虚拟持股多元化模式
激励作用	稳定、体面的生活保障以及退休后高水平的退休金保障，在一定程度上约束着管理者的短期行为	承包式的激励。激励作用较大，但可能引发短期行为。激励作用的有效性发挥很大程度上取决于考核指标的科学选择和准确、真实的判断	将绩效与薪酬直接挂钩，相对传统薪酬模式更具激励性。但缺少激励长期行为的类目，可能激发人才的短期行为，影响企业长期发展	理论上比较有效，形式可以灵活多样，兼顾短期和长期，股票价格的升值可能会使人才获得大额财富。但是实施条件相对较苛刻	把股权的概念引入非上市公司甚至非股份制企业中。利用虚拟的股权机构，让人才享受股权分配权的方式，满足人才长期发展的需要

注：上表中的 A、B、C 分别代表相对固定的收入、短期激励、长期激励。

非持股多元化模式、持股多元化模式和虚拟持股多元化模式这 3 种模式是企业采取频率最高、最常见的年薪制模式。

持股多元化模式中的股权，指的是实际股权，可以是直接持股，也可以是限制性股票或股票期权。虚拟持股多元化模式中的股权，指的是虚拟股权，可以是虚拟股票、年薪虚股制，也可以是账面价值增值权和股票增值权。

当然，持股多元化模式和虚拟持股多元化模式对长期激励的落实并不应仅围绕在字面的"股"上，而应围绕在"多元"上，应采取多种多样的长期激励模式。例如，多元化的长期福利，或者参考准公务员模式中的养老金计划。

准公务员模式的考核指标一般是企业当年的业绩目标是否达成。一揽子模式的考核指标通常是十分明确的一项或几项指标，如实现利润、增加销售、减少亏损、资产利润率等。

非持股多元化模式、持股多元化模式和虚拟持股多元化模式都是根据企业战略和岗位特点制定的。

6.2.3　高管薪酬策略

高管的存在是为了企业的存续和长期稳定发展，因此对高管的物质激励应更偏向于长期激励而非短期激励或固定收益。这也是为什么实务中大多数企业对高管的薪酬设计采取的是年薪制。

有的企业过分重视经营业绩，给高管设置的薪酬结构中，与经营业绩直接相关的绩效工资占比很高。这样做容易导致高管人员"杀鸡取卵"，为了高额的回报只追求短期的经营结果，不考虑企业长远发展。

高管人员的固定收入（A）、短期激励（B）、长期激励（C）的占比情况参考表 6-3。

表 6-3　高管人员薪酬结构比例参考

固定收入（A）	短期激励（B）	长期激励（C）
20%～30%	20%～40%	30%～60%

HRBP 在设计与业绩直接相关的短期激励（B）时要格外谨慎。高管人员本身就肩负着制衡企业中追求短期效益的人的任务。如果对高管人员的短期激励占比过高，高管人员反而会开始追求短期效益，不考虑长期稳定。

一般来说，除了本身就是销售型的企业，不建议对高管人员设置过高的月度和季度绩效薪酬。比较安全的做法是，直接采取年薪制，绩效工资按年度发放。

高管人员固定工资的金额不应该是一成不变的，企业同样可以和其他岗位一样，为高管人员设置多级基本工资。当高管人员达到一定的能力、职级或年限等条件后，固定工资可以按照标准相应提升。

高管人员的固定收入中可以包括岗位津贴。高管人员的岗位津贴往往偏向于住房、交通、保险、健康等花费较大或保障性较强的领域，津贴的金额标准通常比普通岗位更高。当给高管人员设置一个其他岗位都不具备的津贴时，往往会使高管人员的心理满足感更强。

6.3　销售队伍薪酬设计方法

销售队伍是业绩的主要来源。为了提高销售业绩，鼓励销售人员开发市场，HRBP 需要掌握销售队伍的薪酬设计方法，设计出比较有针对性、有激励性的销售提成策略。根据需求的不同，常见的比较有激励性的销售提成策略有 3 种。

第 1 种销售提成策略是针对新市场开发的，叫首单业务大力度提成法。

第 2 种销售提成策略是针对提升销售业绩的，叫阶梯式提成比例法。

第 3 种销售提成策略是针对老业务员业绩稳定、没有销售动力的，叫竞争提成法。

6.3.1 销售岗位薪酬结构整体设计

销售人员的薪酬组成通常包括 3 个要素，如图 6-5 所示。

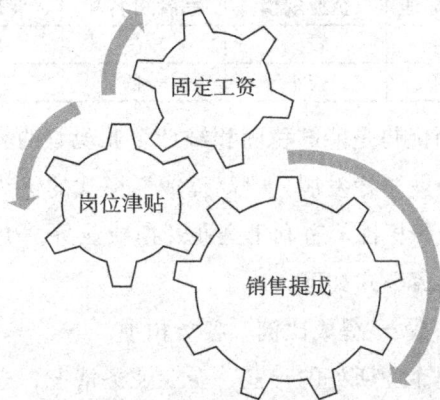

固定工资

岗位津贴

销售提成

图 6-5 销售人员薪酬组成的 3 个要素

1. 固定工资

销售人员的固定工资，也可以叫作"底薪"。销售底薪通常分为 3 种类型。

（1）"无责任底薪"或"无业务底薪"，这种底薪每月是固定的，与销售人员的业务完成情况无关，只与出勤有关。

（2）"有责任底薪"或"有业务底薪"，这种底薪是随着销售人员的业务完成情况而成一定比例变化的，计算时同样需要兼顾出勤情况。

（3）"混合制底薪"，这种底薪模式是前两种的结合，通常是把底薪分成两部分：一部分为"无责任底薪"，另一部分为"有责任底薪"。

2. 岗位津贴

销售岗位的特殊性，决定了销售人员可能经常会面临出差、加班等情况，有的甚至长期驻外，作息时间、耗费的精力和付出的情感通常与"朝九晚五"的岗位有所不同。除了必要时产生的加班费，销售岗位通常应设置一定的差旅津贴、交通津贴、探亲津贴、餐费津贴等各类为销售人员考虑、具备一定补贴性质的岗位津贴。

3. 销售提成

一般人认为，销售提成应是销售岗位人员薪酬结构中占比最大的部分，但并不尽然。选择"低提成"（提成工资在整个销售人员的工资结构中占比较低）模式还是"高提成"（提成工资在整个销售人员的工资结构中占比较高）模式，需要根据行业、企业、市场、品牌、产品特性、管理体制、客户群体等来确定，划分方法如表 6-4 所示。

表 6-4　提成类型选择参考

提成类型	企业发展阶段	企业规模	品牌知名度	管理体制	客户群体
低提成	成熟期	较大	较高	成熟	稳定
高提成	成长期	较小	较低	薄弱	不稳

"低提成"模式的优势是能够稳固和维持企业现有的客户和市场，保持企业的外部稳定，有利于企业平稳发展。"高提成"模式的优势是能够激励销售人员开发市场和扩大销售的积极性，有利于企业开拓新业务、快速占领市场。

一般的销售提成计算公式如下。

销售提成 = 提成基数 × 提成比例 - 各类扣项。

提成比例可以根据企业所处的行业、企业业务情况、产品的特性以及竞争对手的薪酬水平来计算，而提成基数的确定通常有 3 种方式。

（1）按照企业销售的实际回款金额计算。这种方式的好处是能够有效避免销售人员一味地追求销售合同金额、发货量或成交量的持续增长，忽略实际到账金额，进而造成企业产生大量呆账、坏账等现金流风险。

（2）直接根据销售合同、发货量或成交量的金额提成，这种方式并不是完全不可取的。例如企业新推出一款产品，希望快速推广应用时，或企业新发展了一项业务，正处在初期阶段，缺乏经验和成熟度，希望快速得到市场的认可和应用时，这种提成方式就相对比较有效。

（3）将提成分成两部分，一部分按照销售合同、发货量或成交量的金额计算提成，另一部分按照实际回款的金额计算。这种方式的好处是既考虑了新产品或新业务的拓展，又考虑了企业现金流的风险。

一般来说，销售提成基数的选择可以参考表 6-5。

表 6-5　销售提成基数参考

提成基数	企业战略	企业发展阶段	企业经营风险
按回款额提成	稳定经营 降低财务风险 持续的现金流	成熟期	较小
按合同额提成	迅速推广应用 快速抢占市场	成长期	较大
按回款额和合同额相结合提成	保障当前的现金流 创造未来的现金流	成长期	中等

6.3.2　市场开发导向销售提成设计

当 HRBP 想激励销售人员拓展新市场的时候，可以采用市场开发导向的销售提成策略。有一种销售提成策略是针对新市场开发的，叫首单业务大力度提成法。这种提成方法就是当销售人员发展新客户或卖出新产品的时候，对新客户或者新产品的首单销售业务加大提成力度。

首单业务大力度提成法的应用原理如表 6-6 所示。

表 6-6　首单业务大力度提成法的应用原理

正常商品提成比例	首单业务提成比例
$a\%$	$N \times a\%$

注：N 代表大于 1 的任意数字。

举例

某企业为了激励销售人员开发新客户，对销售提成政策做出如下规定。

（1）老客户购买产品，按照 0.5% 的销售额提成。

（2）新客户购买产品，按照 1% 的销售额提成。

张三 6 月份的销售额是 100 万元，其中老客户的销售额是 80 万元，新客户的销售额是 20 万元。根据企业的销售提成政策规定，张三 6 月份的销售提成计算过程如下。

张三 6 月份的销售提成 $=80 \times 0.5\%+20 \times 1\%=0.4+0.2=0.6$（万元）。

利用首单业务大力度提成法的销售提成策略，能够鼓励销售人员发展新业务和新客户，能够在短时间内增加客户数量。

这种提成方式适用于企业当前的客户群体比较稳定，销售业务主要依靠当前客户的重复下单，企业为了增加经营业绩、避免经营风险，需要开发新客户时。

但是，对于产品本身具备一次性消费特性的企业，不适用这种提成方式，例如房地产销售、汽车销售、家居销售。

为了降低企业的风险，这种提成方式在实际应用中可以有一定的条件。例如，为了让新客户保持一定的活跃性，在新客户首单销售形成后，在后续还有 2 ～ 3 次新的销售业务产生时，再兑现首单业务的大力度提成金额。或者在首单金额达到一定程度时，进一步加大提成力度，首单的业务量越大，提成的比例越高，鼓励提高首单的成交额。

首单业务大力度提成法有可能引发销售人员为了吸引新用户购买，愿意赊账卖出产品的情况，这可能会造成企业的应收账款存在一定风险。为了减少企业应收账款的风险，企业可以设置首单回款的时间，回款的时间不同，提成比例也有一定的不同。

6.3.3 业绩提升导向销售提成设计

当 HRBP 想帮助企业快速提升业绩、激励销售人员迅速扩大市场规模、快速提高市场占有率时，可以采用阶梯式的销售提成比例策略。这种销售提成策略是一种提成额与业绩增长成阶梯式或指数型增长关系的提成形式。

阶梯式的销售提成比例策略的原理是：当业绩落在某个范围内时，销售提成的比例为 A，提成奖金额为提成基数 $\times A$；当业绩达到另一个水平时，提成比例为 $A+B$，这时候的提成奖金额为提成基数 $\times$（$A+B$）。

举例

某汽车销售企业为了鼓励业务员销售，采取的是阶梯式的销售提成奖金政策。每月汽车销售数量不一样，每台车的销售提成也不一样，提成政策如表 6-7 所示。

表 6-7 某汽车销售企业提成政策

每月汽车销售数量 x（台）	每台车的销售提成（元）
$x < 10$	100
$10 \leqslant x < 20$	200
$20 \leqslant x < 30$	300
$30 \leqslant x < 40$	400
$40 \leqslant x < 50$	500
$50 \leqslant x$	600

该企业的销售人员张三连续 5 个月的汽车销售量和提成奖金如表 6-8 所示。

表 6-8 销售人员张三连续 5 个月的汽车销售量和提成奖金

月份	1 月份	2 月份	3 月份	4 月份	5 月份
汽车成交量（台）	35	8	22	28	41
月提成额（元）	14 000	800	6 600	8 400	20 500

表 6-8 中张三的汽车销售提成奖金就是根据汽车成交量落在不同的范围内，计算出来的提成额。

张三 1 月份销售了 35 辆汽车，提成额是 14 000 元；5 月份销售了 41 台汽车，提成额是 20 500 元。张三这两个月的汽车销量只差了 6 台，但销售提成额却相差 6 500 元，这正是因为汽车销量落在不同的销售提成区间，单台车的销售提成额不同。

实际上，阿里巴巴早年做企业对企业（Business-to-Business，B2B）业务的时候，为了迅速扩张，采取的就是这种阶梯式的销售提成比例策略。早年淘宝还没有实现盈利时，靠的就是阿里巴巴的 B2B 业务给淘宝提供稳定的现金流，淘宝才得以发展，才有了后来阿里巴巴电商事业的蓬勃发展。

6.3.4 激活团队导向销售提成设计

当 HRBP 想激活团队潜能时，尤其是想要激发老业务员的潜力时，可以用竞争提成法。很多企业的老业务员手里有了客户之后，就不愿意努力了。有一些行业，当业务员开发出少数几个客户之后，不需要再提升业绩，就可以坐享其成。老业务员的销售额特别高，新业务员成长不起来。这个时候，HRBP 就可以采用竞争提成法。

竞争提成法通常适用于那些主动性差、行动力弱、执行力差、安于现状、没有明确的工作目标和追求、潜能没有得到充分发挥的销售队伍。当 HRBP 想要激发销售人员的潜能、积极性和竞争意识，鼓励销售部门内部形成"比学赶超"的文化氛围时，可以选择竞争提成法。

但是，对于同类别的销售人员只有 3 个人以下的销售队伍，或负责关键大客户的销售人员，一般不适合采用这种方法。

竞争提成法的原理是让销售部门内部同类产品的销售人员强制比较，根据比较结果采取不同的销售提成比例。竞争提成法的原理演示如表 6-9 所示。

表 6-9　竞争提成法的原理演示

销售份额变化	销售份额减少 b% 以上	销售份额减少 b%（含）以内	销售份额不变	销售份额增加 a%（含）以内	销售份额增加 a% 以上
提成比例	c%-d%-e%	c%-d%	c%	c%+d%	c%+d%+e%

注：a、b、c、d、e 代表大于 0 的任意数字，其中 $c>d+e$。

在某个由多人组成的销售队伍中，采用销售份额竞争提成法。团队中张三和李四3月份和4月份的销售额情况如表6-10所示。

表6-10 某团队张三、李四3月份和4月份销售情况

团队成员	3月份销售额（万元）	3月份销售额占比	4月份销售额（万元）	4月份销售额占比	4月份与3月份销售额占比差距
张三	20	2%	60	5%	3%
李四	300	30%	300	25%	-5%
……	……	……	……	……	……
合计	1 000	100%	1 200	100%	—

在3月份时，该销售团队的销售额共为1 000万元。在整个销售团队中，张三是新人，在团队中销售额最低，为20万元，在团队内部的销售额占比是2%。李四是老员工，在团队中销售额最高，为300万元，在团队内部的销售额占比是30%。

到4月份时，该销售团队的销售额共为1 200万元，张三的销售额依然是最低的，达到了60万元，但在团队内部的销售额占比却达到了5%；李四的销售额依然是最高的，还是300万元，但在团队内部的销售额占比却降到了25%。

该销售团队根据销售份额变化，执行的销售提成比例如表6-11所示。

表6-11 销售团队根据销售份额变化，执行的销售提成比例

销售份额变化	销售份额减少10%以上	销售份额减少10%（含）以内	销售份额不变	销售份额增加10%（含）以内	销售份额增加10%以上
提成比例	0.5 %	0.8%	1%	1.5%	2%

因为张三在4月份的销售额占比提高了3%（4月份张三销售额占比的5%减3月份张三销售额占比的2%），而李四4月份的销售额占比降低了5%（3月李四销售额占比的30%减4月份李四销售额占比的25%）。4月份时，张三的销售提成比例为1.5%，李四的销售提成比例为0.8%。

需要注意的是，竞争提成法一般是按照销售额占比的变化区分销售提成，而不是直接根据销售额的变化。如果按照销售额来实施竞争提成法比较难以执行。竞争提成法中的销售额占比变化，最好是每个销售人员的销售业绩占部门总销售业绩比例的变化值。根据在部门内销售份额的增加或减少，HRBP可以实施不同的销售提成比例。

HRBP 在实际使用竞争提成法的时候，也可以根据销售预算的占比来设计销售额的占比。例如，张三是某个销售团队的新人，实习期之后，刚开始跑业务。李四是该销售团队的老员工，李四去年平均每月的销售额是 300 万元。

假如根据销售预算来设计销售额占比，HRBP 可以在年初的时候，制定该销售团队每个销售业务员的销售预算。因为张三是新人，HRBP 为张三设计的销售预算可以是每月完成 20 万元的业绩。这时如果按照 1 000 万元的团队总销售额预算，张三的销售额占比就是 2%。

HRBP 可以给李四设定 300 万元的月度销售额。按照 1 000 万元的团队总销售额，李四的销售额占比就是 30%。这个销售额的占比可以在年初的时候定下，将实际销售额占比的变化与年初预算的销售额占比做比较。这样能避免团队当中的新人没有历史数据的问题，也能体现团队的统筹管理。

6.4　其他岗位薪酬设计方法

对不同的岗位，薪酬设计有不同的侧重点。这些侧重点决定了不同岗位的薪酬应当有不同的设计方法。HRBP 要了解不同岗位的薪酬设计方法，根据岗位特点设计岗位的薪酬。

6.4.1　技术岗位薪酬设计

技术岗位一般包括承担技术突破、研发创新、工艺改进、科研项目申报等相关职责的岗位。技术人才是企业创新发展的核心动力，企业经营过程中的工艺改进、技术升级、产品研发等都离不开技术人才的支持。如果笼统地分类，技术岗位薪酬的计算公式如下。

技术岗位薪酬=固定工资+技能工资+各类津贴+项目奖金+绩效奖金（提成奖金）。

按照对技能工资、项目奖金或绩效奖金的重视程度不同，技术人才的薪酬类型可以分成 3 类。

1. 技能驱动型

技术人才薪酬类型为技能驱动型的企业更重视技术人才的能力发展，专业技能水平是确定技术人才薪酬水平的重要因素。如果企业中有部分技术人才的职责、绩效和贡献难以量化，可以采用这种方法。在这种薪酬类型中，技能工资在整个技术人才的薪酬结构中占比较高。

这种方法的原理是根据技术人才的专业技术水平，划分出类似岗位职等职级的专业技术等级，不同的专业技术等级对应不同的薪酬水平。所有技术人才的职业发展和薪酬都对应专业技术等级，如表 6-12 所示。

表 6-12　技能驱动型技术人才薪酬举例

工资水平　　　岗位类型 专业技术等级	A 类岗位	B 类岗位	C 类岗位
专业技术等级 5 级	6 000 元	5 500 元	5 000 元
专业技术等级 4 级	5 000 元	4 500 元	4 000 元
专业技术等级 3 级	4 000 元	3 500 元	3 000 元
专业技术等级 2 级	3 000 元	2 500 元	2 000 元
专业技术等级 1 级	2 000 元	1 500 元	1 000 元

表 6-12 是根据专业职务、技术水平等因素将专业技术等级划分成 5 个等级；根据岗位的重要性和贡献度将岗位类型划分为 3 个类型。不同的专业技术等级，所在的岗位类型不同，对应着不同的工资水平。

2. 创新驱动型

技术人才薪酬类型为创新驱动型的企业更重视技术人才的创新，创新的结果是确定技术人才薪酬水平的重要因素。如果企业非常重视创新，技术团队的创新能够被相对客观地衡量，可以采用这种方法。在这种薪酬类型中，通常项目（创新项目）奖金在整个技术人才的薪酬结构中占比较高。

这种方法通常先由企业确立不同的技术研发或创新项目，每个项目由不同数量的技术人才负责。根据项目开发的成果交付情况，给予技术人才不同的项目奖励。项目奖励方式如表 6-13 所示。

表 6-13　创新驱动型技术人才薪酬举例

工资水平　　项目完成情况 项目类型	项目完成结果 E	项目完成结果 F	项目完成结果 G	项目完成结果 H
A 类项目	100 000 元	60 000 元	40 000 元	0 元
B 类项目	80 000 元	50 000 元	30 000 元	0 元
C 类项目	60 000 元	30 000 元	20 000 元	0 元
D 类项目	40 000 元	20 000 元	10 000 元	0 元

表 6-13 是根据项目的难易程度、贡献程度和重要性等因素，将整个企业的项目类型分成 4 个类型；根据项目完成的及时性、完整性、符合性等因素，将项目的完成结果划分为 4 类，E 为项目完成最优，H 为项目未完成或完成情况与预期严重不符。不同类别的项目对应不同完成结果，有不同金额的项目奖金。

3. 价值驱动型

技术人才薪酬类型为价值驱动型的企业更重视技术人才创新后的价值结果，有的企业直接将其定义为与技术相关产品的销售业绩或利润。如果企业非常重视经营业绩，可以采用这种方法。在这种薪酬类型中，通常绩效奖金或提成奖金在整个技术人才的薪酬结构中占比较高。

这种薪酬类型常见的操作方式是直接根据技术团队、项目或人才对应的产品销售额区分绩效或提成奖金的计提比例，如表 6-14 所示。

表 6-14　价值驱动型技术人才薪酬举例

项目产品对应的销售额情况	项目团队的绩效或提成奖金计提比例
600 万元（含）以上	2%
300 万元～ 600 万元（不含）	1.5%
100 万元～ 300 万元（不含）	1%

表 6-14 是根据项目产品对应的销售额情况，划分为 100 万元～ 300 万元（不含）、300 万元～ 600 万元（不含）、600 万元（含）以上 3 个层级。随着销售额的增长，每个层级对应的项目团队的绩效或提成奖金计提比例分别为 1%、1.5%、2%。

6.4.2　生产岗位薪酬设计

生产岗位一般包括在生产一线承担生产管理、生产实施等相关职责的岗位。生产人员最重要的使命是保证产品能够按时、保质、保量地完成并交付。因此，对生产人员的薪酬设计应充分体现对产品的加工时间、质量、数量 3 项因素的重视。如果条件允许，计件工资方法更适合用来做生产人员的薪酬设计。

然而，由于产品特性、生产实际或统计能力的限制，许多企业无法实施计件工资的方式，只能采取计时工资的方式。如果采取计时工资的方式，生产人员的薪酬结构通常为以下内容。

生产人员工资 ＝ 日工资 × 出勤天数＋加班工资＋岗位津贴＋绩效工资

根据岗位性质、员工技能、工作表现、入职时间，员工、组长、班长等的日工资应分不同的级别，并制定相应的级别工资（加班工资根据计提工资标准和加班工资的计算规则计算），如表6-15所示。

表6-15 生产人员日工资示意

级别		日工资标准		
		A岗位	B岗位	C岗位
实习期员工		120元	110元	100元
一级	一等	122元	112元	102元
	二等	124元	114元	104元
	三等	126元	116元	106元
二级	一等	128元	118元	108元
	二等	130元	120元	110元
	三等	132元	122元	112元
三级	一等	134元	124元	114元
	二等	136元	126元	116元
	三等	138元	128元	118元

生产人员的岗位津贴通常包括夜班津贴（倒班需要）、满勤津贴（为了持续生产，鼓励出勤）、司龄津贴（为了降低离职率，保证生产人员稳定性）、保健津贴（对健康可能存在一定影响的特殊岗位津贴）、残疾津贴（福利企业或吸纳残疾人企业提供的津贴）、职务津贴（生产管理人员的岗位津贴）。根据岗位的不同，津贴的标准可以有所不同。

生产人员的绩效工资应与班组或车间生产计划的完成情况挂钩，其中最重要的3项指标应当是产品完成的时间是否达标、产品交付的数量是否满足要求和产品检验的质量是否符合标准。根据企业不同时期导向的不同，3项指标的侧重点可以有所不同。

6.4.3 采购岗位薪酬设计

采购岗位一般包括承担产品采购、物资供应等相关职责的岗位。采购岗位的第一职责是保证企业的物资能够准确、及时地到达，第二职责是用尽可能低的价格或尽可能长的账期获得企业需要的物资。

HRBP在设计采购岗位的薪酬时，应把物资保障放在首位，而不应把节省成本放在首位。采购岗位的薪酬结构中，固定工资应占据比较高的比例，体现采购绩效的浮动工资占比一般不宜超过30%。

有的行业经营业绩与原材料价格的关系比较紧密，且原材料价值比较透明，例如航空公司的燃油价格。在这类行业的企业中，采购与企业经营业绩的联系较为紧密，采购通过购买期货或延期支付价款等专业的方式能够有效影响企业的经营业绩。

对于这类行业采购岗位的薪酬设计，可以在一定程度上参考高管岗位和销售岗位的薪酬设计，既要体现对采购岗位给企业创造价值的短期激励，又要在一定程度上考虑其为企业的长远贡献，给予一定的长期激励。

有的企业为保障采购岗位对企业行为的长期性，会对在这类岗位上的各级管理者实施股权激励计划。

对于通用采购岗位的薪酬结构比例，可以参考表6-16。

表6-16　通用采购岗位薪酬结构比例参考

固定工资	各类津贴或福利	短期激励	长期激励
50%～80%	5%～10%	10%～30%	0～10%

因采购岗位的特殊性，HRBP可以考虑在这类岗位的薪酬结构中设置一部分诚信金。诚信金可以作为对采购岗位特有的延时支付或者较长期激励的一部分奖金。如果该岗位员工没有出现诚信问题，可以在岗位任期过后的一段时间内一次性发放给员工诚信金。如果该岗位员工出现诚信问题，给企业造成损失的，企业可以根据相关法律法规的规定，要求员工承担企业蒙受的损失，并要求员工承担相应的法律责任。

采购岗位应实行轮岗制度，一般3年轮岗一次，同一岗位的任期最好不要超过5年。

6.4.4　客服岗位薪酬设计

客户服务职能是在营销职能发挥后的下一个职能，客服人员的职责通常包括定期回访客户、解决客户投诉、管理客户信息、管理落单的客户，通过良好而持续的客户服务和不断跟进，促进客户再次成交。

客服人员具备一定的专业素养，客户服务做得比较优质的企业，不仅客户的流失率会比竞争对手低，而且会通过客户间口口相传的口碑效应，为自己增加更多的客户。所以，客服人员不仅具备保留客户的作用，而且具备一定的客户开发能力。

客服人员的薪酬组成，通常包括 4 个要素。

（1）固定工资，根据企业的规模、任职能力的不同，可以分成不同等级。

（2）岗位津贴，可以有保密费、出差补贴等常规津贴。由于客服岗位的特殊性，有时需要处理大量的客户投诉，有的企业每月甚至可以增加一部分"委屈费"。

（3）绩效工资，每月、季度或年，根据绩效考核结果，发放的与绩效对应的工资。

（4）销售提成，客服岗位也能够产生销售，也能够为企业带来直接的业绩和收益，增加销售提成可以增强客户的再次成交和客户的转化力度。

客服人员的首要职责是客户服务，而不是营销，同时也应防止客服人员内部为了销售提成业绩的相互竞争。因此，设计客服人员薪酬时要体现客户服务的核心，团结一心、相互配合的导向，以及业绩转化的结果。基于此，客服人员的整体薪酬结构比例，可参考表 6-17。

表 6-17　客服人员薪酬比例参考

固定工资	岗位津贴	绩效工资	销售提成
40% ～ 60%	5% ～ 20%	20% ～ 30%	10% 左右

需要注意的是，客服人员的销售提成通常比销售人员的比例要低，一般是销售人员提成比例的 20% ～ 50%。客服人员一般不应按照个人的销售业绩提成，而是按照部门整体的提成比例计算后，在部门内部分配。

客服人员销售提成分配比例一般为：10% ～ 20% 分配给客服部门管理人员，60% ～ 70% 分配给其他客服人员，余下的 10% ～ 30% 对绩效相对较高或业务量相对较大的客服人员给予合理的奖励分配。

6.4.5　质管岗位薪酬设计

质量管理类岗位一般包括承担产品管理、质量检测、质量体系管理等相关职责的岗位。质量管理类岗位存在的主要目的是根据企业整体发展战略，做好企业质量管理工作，负责企业各项体系的有效运行并持续改进，提升企业管理水平，对潜在风险加以控制。

通用的质量管理类岗位的薪酬结构比例，可参考表 6-18。

表 6-18　通用质量管理类岗位薪酬结构比例参考

固定工资	各类津贴或福利	短期激励	长期激励
60%～80%	5%～10%	10%～30%	0～5%

质量管理类岗位的固定工资在工资结构中应占高比例。对于不同个体之间，由于质量体系的能力和经验不同，岗位等级和能力之间的差异造成的薪酬差别比较大。

质量管理类岗位的短期激励应更重视结果而不是过程，HRBP 可以根据企业实际情况将其设置为"有"和"无"。就是当企业的产品质量或质量体系工作正常运转时，短期激励全额发放；当出现异常情况时，不发放短期激励。

相对长期激励，质量管理类岗位的薪酬设计应重视短期激励，短期激励最好可以细分到月度和季度。对于管理层级较高的质量管理类岗位人员的薪酬可以以年为单位设计。

6.4.6　安环岗位薪酬设计

安环岗位一般包括承担安全管理、环保管理、安全问题排查、环保问题治理等相关职责的岗位。安环岗位存在的主要目的是根据企业战略和现状，做好安环工作规划，完善安全规章制度，做好与安环相关的内外部沟通，做好内部员工的安环教育培训工作，避免出现生产安全事故，减少与安环相关的问题。

安环岗位的薪酬结构设计思路与质量管理类岗位相似。通用的安环岗位的薪酬结构比例，可参考表 6-19。

表 6-19　通用安环岗位薪酬结构比例参考

固定工资	各类津贴或福利	短期激励	长期激励
60%～80%	5%～10%	10%～30%	5%～10%

与质量管理类岗位类似，为体现履行职责，安环岗位的固定工资在工资结构中同样应占最高的比例。由于在安环管理上的经验和能力的不同，个体的固定工资水平同样可能差异较大。

安环岗位的短期激励同样可以设置成"有"和"无"。当企业的安环工作没有出现问题、安环岗位的日常工作正常运行时，可以发放全额的短期激励；如果发生某种类别的安环问题，可以不发放短期激励。

由于安环管理工作的长远性和特殊性，安环岗位的薪酬设计相对于质量管理类岗位应当更重视长期激励。

对于安环管理工作失职的员工，应当根据其失职情况及对企业造成的损失追究其相应的法律责任。

第 7 章
HRBP 员工激励
方法与工具

HRBP 肩负着激励员工的责任。所谓员工激励，就是通过某种方式，激励员工做出某些行为。通过激励员工，HRBP 能够让员工持续做出企业希望见到的行为。要做好员工激励，除了运用已有的人力资源基础和资源之外，HRBP 主要可以运用正面激励、负面激励和荣誉激励的方法。

7.1　正面激励方法

正面激励不仅能够让员工感受到存在感，而且能给员工较大的满足感，通过这种存在感和满足感的双重满足，能够让员工感受到较大的激励。HRBP尊重员工、关爱员工、赞美员工、表扬员工、即时奖励员工，有助于HBRP与员工建立情感连接，有助于员工感受到激励，从而引发员工的行动。

7.1.1　尊重员工的方法

每个人都有被尊重的需要。当员工感受到被尊重时，有助于在企业内部形成亲和的工作氛围，有助于强化员工的工作热情，提高员工的积极主动性，员工更容易感受到工作带来的快乐，而不是负担。HRBP不要和员工保持过远的距离，要学会发自内心地尊重员工，并通过一些方式表达出自己对员工的尊重。

很多人听到尊重别人，觉得是一件非常简单的事，可是究竟如何尊重别人？做到什么才算尊重别人？很多人其实是说不清楚的。不懂得尊重别人的人，在日常交际沟通中常常引起别人的反感而不自知。

尊重别人，尤其是尊重与自己朝夕相处的同事，都体现在细节当中。HRBP对员工表达尊重，主要体现在4个细节上，如图7-1所示。

记住名字　　了解信息

尊重个性　　尊重隐私

图 7-1　HRBP 对员工表达尊重的 4 个细节

1. 记住名字

记住别人的名字是对别人最基本的尊重，然而这也是 HRBP 很容易忽略的。HRBP 不仅要记住员工的名字，而且在和员工进行交流沟通的时候，要当面叫出其名字。这个细节在对待入职不久的新员工时更有益处。

2. 了解信息

通过沟通，HRBP 应适度了解员工的基本情况，包括员工的喜好、兴趣、个性以及员工家庭的基本情况。通过了解这些信息，体现出 HRBP 对员工的关心。如果 HRBP 同时能够表现出对员工家属的尊重，激励效果更佳。

3. 尊重个性

每个员工都有独特的个性，尤其是随着时代的发展，信息越来越多样化，人们的兴趣越来越广泛。HRBP 不应以自己的好恶来评判员工的个性，不要总是试图改变员工的想法，在保证工作结果的前提下，要包容和尊重员工的个性。

4. 尊重隐私

HRBP 对员工表达尊重的过程免不了需要与员工进行信息上的沟通。有的员工乐于分享自己的信息，有的员工则认为这是个人隐私，不愿分享。对于员工不愿意分享的隐私，HRBP 要充分尊重，不要总设法探寻员工的隐私，这样做可能会引起员工的反感。

要表达对员工的尊重，HRBP 要做好如下 5 个方面的工作，如图 7-2 所示。

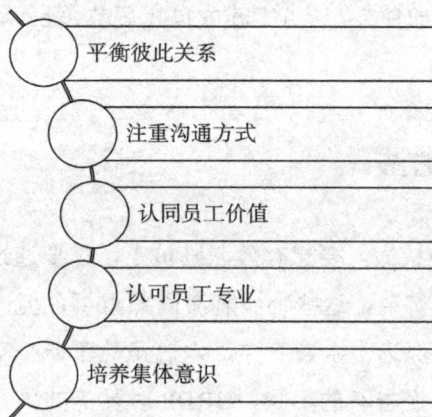

平衡彼此关系

注重沟通方式

认同员工价值

认可员工专业

培养集体意识

图 7-2　要表达对员工的尊重，HRBP 要做好的 5 个方面的工作

1. 平衡彼此关系

HRBP 和员工之间不完全是谁管理谁、谁帮助谁的"一高一低"的关系，还

是相互支持、相互依赖、期望共赢的合作伙伴关系。HRBP要平衡和员工之间的关系，这样有助于得到员工的爱戴和信赖。

2. 注重沟通方式

HRBP与员工沟通的时候，不要表现出趾高气扬的态度；与员工探讨工作的时候，不要抱着"我比你强"的心态指责员工。HRBP与员工的沟通方式不仅影响着员工对HRBP的看法，也影响着HRBP和员工之间的关系。

3. 认同员工价值

在群体中，每个人都有自己的价值，每个人都期望自己具备一定的不可替代性。HRBP通过认同员工在工作中的价值，不仅能够表达对员工的尊重，而且能够培养员工的责任感。有的员工没有展示出价值，可能是因为岗位不适合或者价值没有被发现。

4. 认可员工专业

术业有专攻，有的员工长期从事相关的岗位，形成了对该岗位工作较高的专业度。如果HRBP没有像员工一样长时间从事该岗位，对该岗位的专业度往往低于员工。这时候，HRBP应当认可员工的专业度，不要出现"外行指导内行"的情况。

5. 培养集体意识

尊重员工不代表纵容员工，尊重是相互的，HRBP尊重员工，员工也应当尊重集体。HRBP在尊重员工的同时，也要注意培养员工的集体意识。这样可以淡化员工个性与团队之间的冲突，让员工养成自我调节、融入集体、服从集体的意识，而不是一味彰显个性。

7.1.2 关爱员工的方法

很多HRBP错误地认为，要想有效激励员工，需要通过高工资、高奖金、高福利的物质刺激才可以实现。这些物质刺激固然重要，但比不上HRBP和管理者日常对员工关爱的影响深远。水滴石穿，水滴虽然不能一下子击碎岩石，但能够通过长时间的作用，改变岩石的形状，HRBP对员工的关爱就像水滴一样，浸润着员工的心灵。

HRBP对员工的关爱是一种员工激励方式，也是HRBP必备的技能之一。关爱员工有助于HRBP和员工之间形成情感连接。关爱员工有常法，无定式，不仅需要 HRBP"用眼""用嘴",更要"用心"。HRBP 对员工的关爱就像是往"情感银行"的账户中储蓄,每一次"用心",都是一笔储蓄金,当账户达到一定额度之后,将会得到利息。

与对员工的尊重相同,对员工的关爱同样体现在细节上。HRBP 对员工的关爱,可以体现在 4 个细节上,如图 7-3 所示。

图 7-3　HRBP 对员工关爱的 4 个细节

1. 记住细节信息

HRBP 要记住员工基本信息的细节,包括记住员工的生日、员工家人的姓名、员工家人的生日、员工生病的情况、员工家与公司的距离、员工上下班的方式等。记住这些细节,更容易体现出 HRBP 对员工的关爱。

2. 实施多样关怀

不同年龄段、经验、文化背景的员工,关注的重点是不同的。例如,没有结婚的员工可能更关注自己的婚姻问题,年龄偏大的员工可能更关注自己的健康问题。HRBP 在关爱员工时,应当关注这些不同,对不同的员工采取不同的沟通策略。

3. 适时帮助员工

当员工在生活上需要帮助的时候,HRBP 应想方设法给员工提供适时的帮助。例如,在员工因为特殊情况需要请假的时候,允许员工带薪休假;当员工家庭遇到某方面困难的时候,通过慰问走访、组织捐款等形式,帮助员工渡过困难。

4. 提供必要支持

当员工在工作上需要支持的时候,HRBP 要尽全力给员工提供必要的支持。例如,员工在开展某项工作时需要 HRBP 帮其协调某项事务,这时候 HRBP 应当主动站出来帮助员工。员工在工作上遇到困难的时候,HRBP 也应当及时帮助员工克服困难。

要表达对员工的关爱，HRBP 要做好如下 5 个方面的工作，如图 7-4 所示。

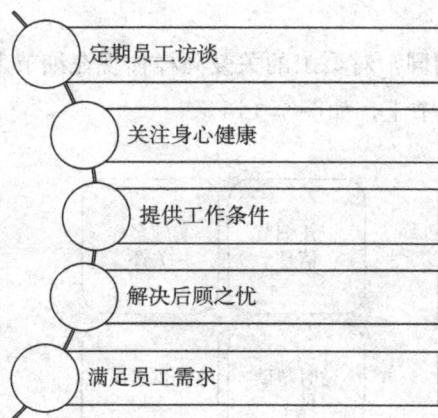

图 7-4　要表达对员工的关爱，HRBP 要做好的 5 个方面的工作

1. 定期员工访谈

与员工谈话是 HRBP 表达对员工关爱最基本的方式，HRBP 要定期与员工谈话。与员工谈话结束后，HRBP 要做好与员工谈话情况的记录，记住每个员工的关键信息。谈话要注意平均，如果没有特殊情况，不要与某个员工频繁谈话，或忽略某个员工。

2. 关注身心健康

HRBP 要关注员工的身心健康，对于身体某方面健康状况出问题的员工，HRBP 应给予更多的关心，帮助员工获得体检或治疗的机会。员工生病治疗时，HRBP 可以去探望。工作给员工造成心理压力时，HRBP 应帮助员工排解。对于处于经期、孕期和产期的女员工，HRBP 可以给予一定照顾。

3. 提供工作条件

HRBP 应保证员工的工作安全，为员工提供必要的工作条件。工作条件影响着员工对工作岗位的选择以及员工是否愿意长期留在工作岗位上工作。工作条件包括工作的物理环境和文化环境，舒适的工作场所、温馨的办公室布置、贴心的休息区等属于物理环境，企业文化、工作氛围、上下级关系等属于文化环境。

4. 解决后顾之忧

衣、食、住、行、用等是员工生活、工作中难免会关心的问题，HRBP 要提前想到员工在这些方面可能存在的困难，帮助员工解决后顾之忧。例如，有的企业为员工提供非常丰富的三餐，员工可以带家属来用餐，也可以打包带回家，节省员工做饭的时间；有的企业为员工提供班车，接送员工上下班；还有的企业给员工提供单身公寓，解决员工的住宿问题。

5. 满足员工需求

不同的员工有不同的需求。成长型的员工，希望从事有挑战性的工作；知识型的员工，希望更多地参与工作和决策过程；服从型的员工，希望有条不紊地从事本职工作。有的员工想要职级晋升，有的员工想要不断学习，还有的员工想要生活和工作平衡。HRBP 不应把自己的想法强加给员工，应当满足员工个性化的需求。

7.1.3 发现优势的方法

很多 HRBP 总是盯着员工的缺点，想通过改变员工的缺点，来改变员工的行为。如果员工的缺点难以改变，就认为是员工的素质低或者能力低，开始筹备淘汰或更换员工。当换人之后，又发现新换的人也有很多缺点，于是重复着同样的循环。

其实，每个人都有优点和缺点，对于成年人来说，个性是难以改变的。与其总盯着员工的缺点，想办法改变员工的缺点，不如试着发现员工的优点，让员工发挥自己的特长。

世界上不存在全是优势的员工，也不存在没有优势的员工。有优势，就意味着有发挥空间，有用武之地，有擅长的领域。HRBP 要发现员工的优势，根据员工的优势用人，扬长避短，不要总盯着员工的劣势。

那么，HRBP 如何发现员工的优势呢？HRBP 发现员工优势的步骤可以分成 4 步。

第 1 步，拿出一张纸，写下员工的名字。

第 2 步，在员工的名字后面，写出员工 5 ～ 10 个优势。

第 3 步，根据写出的员工优势，写出员工每个优势对应的擅长的工作领域。

第 4 步，根据员工擅长的工作领域，写出比较适合员工从事的工作。

另外，人们会因为他人的肯定而保持和发扬某种品质。HRBP 在发现员工的优势之后，除了合理运用员工的优势外，要马上赞美员工，让员工继续保持和发挥自己的优势。在赞美员工方面，HRBP 要注意 6 点，如图 7-5 所示。

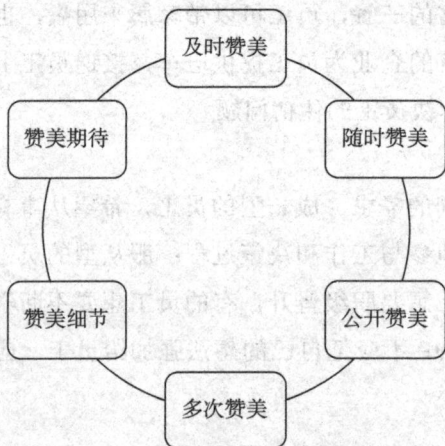

图 7-5　HRBP 赞美员工的注意事项

1. 及时赞美

当 HRBP 发现员工的优势之后，要就着当时的情境，及时赞美员工的优势。如果事后赞美，HRBP 可能会忘记当时的情境，员工的感受可能不强烈，而且事后的赞美因为脱离情境，可能不具有说服力。

2. 随时赞美

HRBP 不要放过任何一次赞美员工的机会。赞美其实是一门技术活，不经常赞美别人的人一开始应用的时候难免生涩，不容易产生好的效果。通过随时赞美，HRBP 可以锻炼自己发现员工优势、赞美员工优势的能力。

3. 公开赞美

HRBP 对员工的赞美最好在公开场合，通常人越多、在场的人职位越高时，被赞美的员工感受越强烈，赞美的效果越好，激励性越强。例如，有的 HRBP 在高层管理者到自己部门时，向高层管理者介绍每一个员工，并顺便赞美员工的优势。

4. 多次赞美

HRBP 不要吝惜对员工的赞美，每个人身上的优势都有很多。员工不缺少优势，缺少的是发现员工优势的眼睛。只要 HRBP 发现员工的优势，就要及时赞美，不需要担心对同一个员工在不同领域赞美多次。

5. 赞美细节

HRBP 对员工优势的赞美不要过于笼统，最好说出具体的细节。对于过于笼统的赞美，员工的感受不强烈。细节能够给员工画面感，能够带给员工真实感，也能够让员工强烈地感受到自己的存在感，从而达到更强的激励效果。

6. 赞美期待

因为赞美有激励性，HRBP 可以尝试把对员工的赞美用在员工原本不具备，但 HRBP 期待的品质上，例如某员工经常迟到，但 HRBP 在公开场合多次赞美其责任心强。后来，这个员工为了符合责任心强的品质，迟到现象明显减少。

当员工被 HRBP 赞美的时候，会产生一种"被看见"的感觉，这种感觉会带给员工强烈的存在感，员工会感受到自己在团队中的价值和意义，从而产生较强的激励性。通过 HRBP 对员工优势的赞美，员工的优势将会越来越明显、越来越显著。

7.1.4 表扬员工的方法

员工做出好的行为，如果马上受到正面评价，员工将会获得满足感，会偏向于再次表现出该行为。员工做出不好的行为，如果受到负面批评，员工会产生挫败感，可能不会再表现出不好的行为，但也可能不会表现出好的行为。

所以，改变员工行为最好的办法，是通过正面评价引导员工做出企业想要的行为。而很多人对员工做负面评价的次数普遍大于做正面评价的次数。这样做不仅不利于激励员工，而且可能会让员工产生强烈的负面情绪。

表扬员工和赞美员工的含义是不同。表扬是针对员工行为的，赞美是针对员工品质的。表扬是对员工行为的肯定。表扬员工什么行为，员工很可能就会持续表现出什么行为。如果 HRBP 希望看到员工持续表现出某种行为，就可以针对这种行为对员工实施表扬。

HRBP 对员工实施表扬是有方法和技巧的，最好的表扬时机是在员工刚出现某种行为时，通常包括如下几种情况。

（1）当员工表现出企业想要的状态时。例如，员工在日常工作中表现出努力、上进的状态，这种状态恰好是企业鼓励的，与企业文化、价值观相匹配的。HRBP 看到这种状态后，应立即实施表扬。

（2）当员工失败但表现出优秀品质时。例如，员工参与的某项目以失败告终，但是员工在这个项目中表现出了不屈不挠的精神，在项目很可能失败的情况下，还是咬牙坚持到了最后。这时 HRBP 应当表扬员工，以示鼓励。

（3）当员工做出有利于企业的行为时。例如，老员工主动帮助新员工提升个人能力，解决工作中的问题，让新员工快速进入工作状态，这类行为有助于企业减少人才培养的成本。HRBP了解到这类情况后要立即表扬员工。

表扬并不是人人都会的简单的行为，如果实施不到位，可能会适得其反。HRBP在表扬员工的时候，要注意6个禁忌。

1. 不要在实施表扬之后立即实施批评

很多员工听惯了"三明治"式的表扬（表扬—批评—表扬）之后，已经对表扬麻木。在HRBP实施表扬之后，员工可能下意识地等待着HRBP说"但是"。这样的表扬让员工觉得是一种不真诚的套路，员工会觉得HRBP实际上是为了批评，而不是为了表扬。HRBP在表扬员工时不要掺杂其他评价，尤其不要掺杂批评。

2. 不要在实施表扬之后对员工提要求

有的HRBP把表扬当成给员工布置工作的开场白，觉得这样做员工比较容易接受比较难的工作任务。长期这样做，员工会觉得HRBP的表扬不过是给自己"戴高帽"，是为了让自己承担更多工作的借口，同样让表扬失去了激励的效果，甚至引起员工的反感。HRBP在表扬时，表达要纯粹，不要添加其他的信息。

3. 不要把表扬变成对别人的批评

有的HRBP对某人实施表扬的时候，一定要带上对其他人的批评，或者让其他人学习被表扬的对象，这样会给被表扬的对象很大压力，起不到激励效果。例如有的HRBP对一个10人项目小组中的其中一个员工说"这个项目全靠你，如果没有你，这个项目肯定做不成"。这种表扬在暗示其他团队成员没有价值，不仅对其他团队成员产生负激励，而且会造成被表扬的员工今后有比较大的团队协作压力。

4. 表扬的表达要真诚

有的HRBP在实施表扬时让人觉得很不真诚，态度上应付了事。把表扬当成了一种工作任务，有一种"走过场"的感觉。这种表扬让员工的体验感很差，长期下去，员工将分不清楚HRBP什么情况下是对自己真的肯定，什么情况下是虚情假意。HRBP发自内心的表扬才能引起员工共鸣，才能起到激励效果。

5. 表扬的程度要适度

有的HRBP对员工的表扬过于夸大，会让表扬变得虚假，而且会给员工错误的导向。例如，有的HRBP对员工说"你真是太厉害了""你真是无所不能""就没有你办不成的事儿"，这种表扬虽然在表达上比较强烈，容易给员工留下印象，但过于虚假，如果长期对员工实施这种表扬，员工可能会对自己的能力产生错觉。

6.表扬的内容要具体

有的 HRBP 表扬员工的言辞过于笼统，例如表扬员工"很好""很棒"。这种过于笼统的表扬不仅会让员工没有感觉，而且会让员工产生一种错误的代入感，以为自己不论在什么情况下都"很好""很棒"。HRBP 实施表扬的时候应当具体到行为、品质。例如，表扬员工某一次主动帮助同事或某一次努力付出。

同样是表扬，实施得当千金难买，实施不当一文不值。人们并不是天生就懂得如何表扬别人，套路式的表扬不一定适合每一个 HRBP。HRBP 要学会表扬，要让表扬成为有效的激励方式，要抓住每一次表扬员工的机会，发现自己在实施表扬中的问题，找到适合自己的表达方式。

7.1.5 即时奖励的方法

很多 HRBP 对激励的时效性不以为然，觉得只要员工做出贡献后能够得到奖赏，就算是完成了激励。实际上，如果激励延期，员工的感受会大大下降。很多时候，员工获得激励的时候，可能已经忘了自己为何获得激励。所以，即时实施激励，才能发挥好的激励效果。

即时奖励，就是一种即时正面激励的方法。即时奖励指的是当员工做出一定成绩，或者达到企业的某种奖励条件时，HRBP 即时对员工实施奖励。即时奖励能在短时间内给员工较强的思想冲击，产生较强的激励感。

即时奖励不仅对员工本人有效果，对其他知道即时奖励的员工来说，也有较强的激励性。其他员工看到别的员工获得即时奖励，也会争取做出类似的成绩、达到类似的条件，从而获得该奖励。即时奖励特别适合应用在业绩导向比较强的团队中。

这里需要注意，即时奖励中的奖励指的不仅是物质激励，还包括精神激励。只要是正面反馈、正向激励，都可以算成一种奖励。很多时候，HRBP 恰到好处的一句鼓励，也能够让员工受到很大的激励。

即时奖励的应用场景可以是以下几种。

（1）员工拿下大客户订单后，HRBP 立即带领整个团队鼓掌庆祝。

（2）员工业绩有较大突破时，HRBP 立即召开临时会议当众发放奖金。

（3）员工完成重要项目时，HRBP 立即在晨会上公开表扬员工。

即时奖励虽好，但实务中有时比较难以运用，影响 HRBP 做出即时奖励的情况通常包括 3 种，如图 7-6 所示。

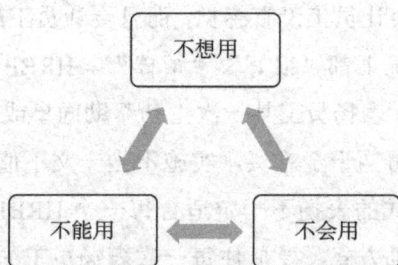

```
            ┌──────────┐
            │  不想用   │
            └──────────┘
             ↗        ↖
  ┌──────────┐        ┌──────────┐
  │  不能用   │ ←──→  │  不会用   │
  └──────────┘        └──────────┘
```

图 7-6　影响 HRBP 做出即时奖励的情况

1. 不想用

有的 HRBP 没有真正理解即时奖励的好处，认为给员工的奖励早一点、晚一点不要紧；有的 HRBP 对员工不在意，觉得对待员工不需要那么上心。如果 HRBP 不重视，很难起到激励的效果，很难让激励真正影响员工的行为。

2. 不会用

有的 HRBP 知道即时奖励重要，但是不会有效地运用。例如有的 HRBP 在对员工即时奖励时不公开，私下奖励员工；有的 HRBP 对"即时"这个概念有误解，觉得"即时"就是"近期"，而不是"立即""马上"。

3. 不能用

有的 HRBP 虽重视即时奖励，也知道如何运用即时奖励，但是却没有即时奖励员工的权限。例如有的企业给员工发任何金额的奖金必须总经理亲自签批，走完整个审批流程至少需要一周时间，这将错过即时奖励的最佳时期。

7.2　负面激励方法

负面激励有助于阻止员工继续做出企业不想见到的行为。当员工做出企业不想见到的行为时，HRBP 要及时对员工做出适度的负面激励，目的是使员工停止当前的行为，并防止员工再次做出类似的行为。常见的负面激励包括挫折激励、实施批评和实施惩戒。

7.2.1 挫折激励的方法

当员工遇到挫折时，可能会出现心灰意冷的负面情绪，影响员工的工作热情和积极性。这时候，如果 HRBP 置之不理，这种挫折可能会影响员工的正常工作状态；如果 HRBP 能够及时对员工实施挫折激励，让员工正视挫折，这种挫折可能会转化为员工行动的动力。

挫折激励，指的是当员工因为工作或家庭原因遇到挫折，影响工作状态时，HRBP 对员工实施的宽容、关心、支持、引导、培养、鼓励等激励方式。

挫折激励能够化被动为主动，化不利为有利，化挫折为力量，让员工对工作重燃信心。挫折激励能够改变员工看待挫折的角度，让员工具备遇到挫折迎难而上的精神，从而让员工创造更大的价值。

那么，HRBP 如何实施挫折激励呢？

当员工遇到挫折，产生挫败情绪时，HRBP 可以通过如下方式激励员工。

1. 和员工一起总结经验

总结经验有助于员工客观分析、养成好的习惯，防止下次再出现同样的问题。HRBP 可以与员工一起总结失败的经验，查找问题，帮助员工少走弯路。

2. 客观评估员工能力

挫折有助于员工重新认识自己，通过挫折，HRBP 可以和员工一起评估其能力，帮助员工客观地看清自己的能力，认识到自己的能力边界，梳理出自己未来的行为边界。

3. 盘点员工成功经验

HRBP 可以与员工一起盘点其成功经验，在成功经验中总结出员工表现的优秀品质，把成功的经验和失败的经验做对比，让员工发现问题所在，重新燃起对工作的信心。

4. 适时运用岗位转换

有时候员工的挫折来源于员工在做不符合自己能力的工作。员工不擅长或者不喜欢当前的工作，所以总出现问题，从而产生挫折，这时候 HRBP 可以考虑给员工转换岗位。

5. 视挫折为成长动力

员工刚开始接触工作，缺乏经验，需要一段时间的适应，这个过程中必然会产生挫折。这时候，HRBP 主要应做好开导员工的工作，让员工不要畏惧挫折。

6. 视挫折为创新必备

创新通常不会是一帆风顺的，失败和挫折是创新的必经之路。HRBP 对待员工失败与挫折的态度决定了员工对待创新的态度。要鼓励员工创新，就要先容忍员工的失败。

生于忧患，死于安乐，有时候一帆风顺、没有挑战的工作不利于员工成长，也不能激发出员工的潜能。当员工的工作按部就班、没有波澜的时候，HRBP 可以适当运用挫折激励激发员工的行动，具体做法如下。

1. 给员工适当的工作压力

如果工作压力太小，工作带来的成就感会比较小，员工获得的激励感也会比较小；如果工作压力太大，员工可能选择放弃，心灰意冷。所以给员工适度的工作压力，有助于达到良好的激励效果。HRBP 要管控好员工的工作压力，用适度的工作压力带给员工适度的挫折感，有助于激励员工成长。

2. 给员工证明自己的机会

当员工犯错误之后，就算没有别人的责怪，员工也会产生挫败感。这时候，员工期望通过一些事件证明自己的能力和价值。HRBP 在鼓励员工的同时，可以给员工创造将功补过、纠正错误的机会。这时候，员工会倍加珍惜这个机会，更渴望抓住机会，认真工作。

3. 应用于过分自信的员工

有的员工在平时工作中表现出盲目的自信，这种盲目的自信很可能让员工在工作中"栽跟头"，如果在比较重要的工作上失败，可能会给企业带来比较严重的损失。员工盲目自信的源头通常是没有品尝过挫折的滋味，这时候，HRBP 可以给员工创造一个"犯小错误的机会"，给员工一定的挫折感，同时帮助员工弥补这个错误，化挫折为员工成长的动力。

4. 让员工提升自己的能力

挫折激励有助于员工形成自我抵御挫折的能力。通过 HRBP 不断对员工实施挫折激励，员工的内心会逐渐变得强大，心智会逐渐趋于成熟，逐渐形成自我激励。当员工再次遇到挫折的时候，可能会更理性地看待挫折，更快速地走出挫折，更积极地应对挫折，更有效地处理挫折。

7.2.2 实施批评的方法

HRBP 对员工实施的批评主要是对员工的某个行为提出纠正意见。批评是一种用来制止或纠正员工行为的负面激励，带有否定性质，应合理、谨慎地应用。当员工做出某种企业不希望看到的行为时，HRBP 可以实施批评，让员工不再做出该行为。

但实施批评之前要注意，批评在让员工做出企业想要的行为方面，具有一定的局限性。也就是说，批评虽然可以制止员工做出企业不想看到的行为，但通常很难让员工做出企业想看到的行为。

很多 HRBP 在批评员工的时候，经常陷入针对员工个人品质的评价和批评中。实际上，任何对员工个人品质的总结都是主观的，这种评价是人为地给员工贴上了某种负面标签。没有人喜欢被别人贴负面标签，所以这样做很容易让员工产生反感和对抗情绪，打击员工的工作积极性。

那么，HRBP 应如何实施批评呢？

HRBP 实施批评的时候，要遵循 5 项原则，如图 7-7 所示。

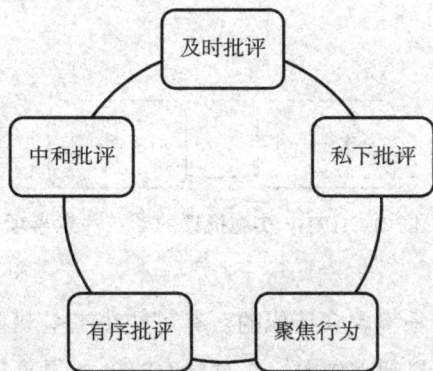

图 7-7　HRBP 实施批评的 5 项原则

1. 及时批评

HRBP 对员工的批评要及时，最好在发现问题的当下场景中及时批评，不要拖延或等待。

2. 私下批评

HRBP 实施批评最好在私下里，不要在公开场合批评员工，给员工留足面子。

3. 聚焦行为

HRBP 对员工的批评要聚焦到具体问题或具体行为，不要批评一些莫须有的概念或主观判断。

4. 有序批评

HRBP 应当先批评员工最严重、对企业影响最大的问题，再批评影响相对较小的问题。

5. 中和批评

批评如果单独使用，可能会以负能量收场，起不到引导员工行为的效果。所以批评最好和其他正面激励一起应用。

批评如果实施不当，可能不仅不会达到效果，而且可能起到反效果。HRBP 实施批评的时候，要注意 5 点，如图 7-8 所示。

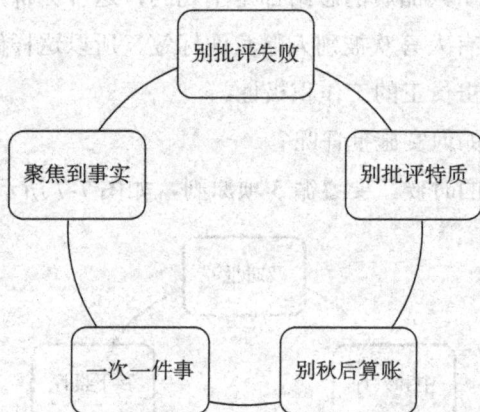

图 7-8　HRBP 实施批评的 5 点注意事项

1. 别批评失败

工作上的失败是由很多因素造成的，有可能员工主观上已经很努力了，做了自己能做的全部，但结果却是失败。这时候 HRBP 如果直接批评员工的失败，很可能让员工产生强烈的负面情绪，打击员工的工作积极性。

2. 别批评特质

每个员工都有独有的特质，例如有的员工比较内向，有的员工比较外向。员工的特质比较难改变，而且没有好坏之分，HRBP 应该根据员工的特质为其安排工作，而不是在工作不适合员工特质时，批评员工的特质。

3. 别秋后算账

实施批评特别忌讳"平时不管，秋后算账"。有的 HRBP 在批评员工的时候，开场白是"我已经忍你很久了"。可见秋后算账式的批评不仅让员工很难接受，也会让 HRBP 心中产生积怨，在实施批评的时候过分表达情绪，可能造成批评过度。

4. 一次一件事

HRBP 实施批评的时候，最好一次只针对一个问题实施批评，不要一次批评多个问题，不要一下子让员工接收太多负面信息。这样可能会让员工难以聚焦，不知所措，甚至可能对工作失去信心。

5. 聚焦到事实

HRBP 对员工实施批评的时候，要对客观事实提出批评，而不要批评主观判断；要对具体行为提出批评，而不要批评抽象概念。不要对员工评头论足，更不要轻易批评员工的人格。批评事实和行为，更容易让员工接受。

HRBP 实施批评需谨慎。如果把日常的经营管理活动比作开车，表扬就像是方向盘和油门，批评就像是刹车。HRBP 应当多踩油门，让车持续行驶，而不是多踩刹车。当遇到危险，必须减速或停下时，才有必要踩刹车。

7.2.3　实施惩戒的方法

有人觉得，管理要人性化，所以当员工违反规则的时候，HRBP 有时候会批评员工，有时候睁一只眼闭一只眼。这种做法让规章制度中的规则变成了一纸空文，使员工认为可以不尊重规则、不敬畏规则、不按照规则办事。长期这样下去，必然会引起管理上的混乱，员工的行为得不到有效管控。

当员工违规的时候，如果没有特殊理由，HRBP 应根据企业的规章制度实施惩戒。HRBP 对员工实施惩戒，要遵从热炉法则。热炉法则指的是企业的规则就像是一个被烧热的炉子，只要轻轻碰到热炉就会被烫伤。同样的道理，员工只要违反企业的规则，就应当受到惩罚。热炉法则不仅能够起到惩戒作用，也能够起到警示作用，能够有效防止员工违反规则。

热炉法则的应用特征有 5 个，如图 7-9 所示。

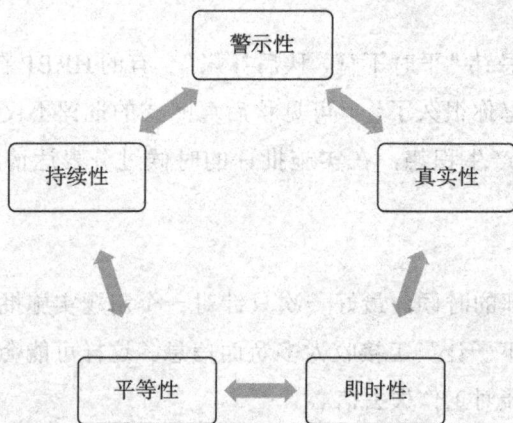

图 7-9　热炉法则的 5 个应用特征

1. 警示性

热炉烧红的外观会给人比较强的警示作用，只要看到，就知道不能碰，碰了就要被烫伤。也要让员工事先知道不能违反企业的规则，而且知道违反的后果。反观很多企业，明明有规则，员工却不知道。在员工违规后，才拿出规则来惩戒员工，引起员工的"不服"。

2. 真实性

热炉是真实存在的，不是虚幻的影子，不是吓唬人的道具，当摸到的时候，感受是真真切切的。企业的规则也是真实存在的，不是挂在墙上的纸，如果有员工违规，想以身试法，惩戒是不带半点虚假的。

3. 即时性

只要一碰到热炉，马上就会被烫伤，这个过程是瞬时的。对于违反规则的行为也应当如此，只要发生，立即惩戒，不要有过多的迟疑或探讨的空间。这样才能保持规则的严肃性，让员工保持纪律性。

4. 平等性

不论谁碰到热炉，都会被烫伤，不会因为某人的职位高，伸手摸了热炉之后就不会被烫伤。企业的规则也应当如此，每个人都应当遵守规则，规则面前人人平等，不论在企业的职位有多高、影响力有多大，只要违反了规则，都要受到惩戒。

5. 持续性

被热炉烫伤之后，会留下一块伤疤，这块伤疤会隐隐作痛，持续一段时间之后才会痊愈。对违反企业规则的惩戒也应具备这个特点，实施惩戒，对没有被惩戒的其他员工，也可以起到持续的震慑效果。

HRBP惩戒员工的时候，可以遵循3大法则。

1. 公平

HRBP要依据规章制度，对于同样的情形必须做出同样的处罚，不管是员工还是领导，无一例外。

2. 公正

HRBP要站在中立的一方，不偏袒，不偏激，客观地处理。

3. 公开

员工违反了劳动纪律，必须公开处理，HRBP不得私自陷害或侮辱员工。

HRBP惩戒员工的时候，有3个注意事项。

1. 以事实为依据

HRBP在惩戒违规员工时，要做到以事实为依据。不以事实为依据的惩戒不仅不会被员工接受，而且不会被法律接受。例如，有的HRBP觉得员工最近工作不专心，想惩戒员工，让员工专心工作，这是典型的不以事实为依据。

2. 以证据为根本

以事实为依据进行惩戒的关键是证据。如果没有证据，HRBP不能轻易惩戒员工。证据最好是书面的，如果是员工口头承认的，也可以作为证据使用，但必须有录音。对于书面的证据，最好让员工签字。

3. 以警示为目的

惩戒员工只是一种手段，根本目的不在于惩罚，而在于警示。这既是给当事员工的警示，也是给其他员工的警示，希望所有人不要犯同样的错误。所以，企业一定要分清楚主次，强化教育和警示的力量。如果能不处罚的，可以不处罚。

面对员工的违规行为，如果处理得太轻，不能起到杀鸡儆猴的作用；如果处理得太重，可能会让员工丧失对企业的信心，甚至让双方对簿公堂。要恰当处理员工的违纪行为，既做到合理、合法，又避免发生劳动争议，HRBP要把握好其中的尺度。

7.3 荣誉激励方法

荣誉是一种企业可以给员工提供的精神资产，对员工能够起到积极、正面的激励作用。荣誉激励是一种成本较低，但效果较好的员工激励方法。HRBP 应掌握荣誉激励的方法，低成本、高效率实施员工激励。常见的荣誉激励方法有榜样激励、创造荣誉和分享荣誉。

7.3.1 榜样激励的方法

有时候，制定再多的行为标准，也不如榜样给员工带来的行为引导作用有效。员工不一定能时刻记住企业的规则，但员工身边的榜样却在工作中时时刻刻地影响着员工。榜样的行动胜过一切言语和规定，HRBP 管理好榜样，就是管理好行为标杆。

HRBP 可以通过榜样来激励员工，让员工自发做出企业想见到的行为。榜样就像团队中的一面旗帜，可以起到模范带头作用，能够给员工带来激励效果；榜样也像是员工的一面镜子，映射出员工行为上的差距和工作状态上的问题。

榜样应当从员工身边寻找，应当经常出现在员工身边，当员工迷茫、行为有偏差或不知所措时，可以随时参照榜样的行为。

企业中的榜样可以有 3 种形式，如图 7-10 所示。

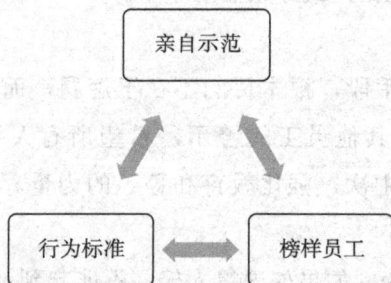

图 7-10 企业中榜样的 3 种形式

1. 亲自示范

最好的榜样就是 HRBP 自身，HRBP 自身的影响力和表率作用对员工行为的养成有很大的影响。HRBP 应当以身作则，严于律己，遵守企业的规章制度和行为规范。HRBP 以多高的要求管理自己，才有资格以多高的要求管理员工。

2. 榜样员工

优秀的员工同样可以作为榜样。优秀员工通常具备某方面的优秀品质，通常在某方面有突出的贡献。榜样员工要从员工身边寻找，要能够站出来，起到模范带头作用。榜样员工是优秀员工，但不是每一个优秀员工都可以成为榜样。

3. 行为标准

榜样不一定非要是人，还可以是一套行为标准。优秀的工作程序和行为标准同样可以成为榜样。行为标准就是企业的正确做法，可以被制作成详细、可视化的文稿、表单、图片或视频，并附上操作细节，供员工参照执行。

不论是榜样员工，还是行为标准，作为榜样激励员工时都具有一定的不可控性。与其创造其他的榜样，不如 HRBP 自己成为员工的榜样。这样做的好处是每当 HRBP 在工作中出现，就意味着榜样出现。员工在 HRBP 的团队工作，可以时时想起 HRBP，处处以 HRBP 为榜样，激励效果更强。

7.3.2 创造荣誉的方法

荣誉是企业因为员工的工作态度、工作能力或工作绩效给员工提供的一种精神奖励。获得荣誉的员工能够享受到这种精神激励给自己带来的满足感，没有获得荣誉的员工能够被这种满足感所吸引，追求这种满足感。

很多企业给员工提供的荣誉太少，除了例行公事的优秀评选外，没有其他荣誉。荣誉能够起到激励员工的效果。荣誉运用不好，是对精神资源的浪费。精神资源不占用实际成本，却能够激励员工，为企业创造价值。HRBP 学会挖掘这种精神资源，能帮助企业用更低的成本，创造更大的价值。

荣誉实际上是一种能够被企业"无中生有"创造出来的精神资产。它可以被企业像发放货币一样，发放给员工。荣誉的时间周期可长可短，一般常见的包括每天、每周、每月、每季度、每半年、每年、每 3 年或每 5 年。

企业中常见的荣誉有 7 种类别，如图 7-11 所示。

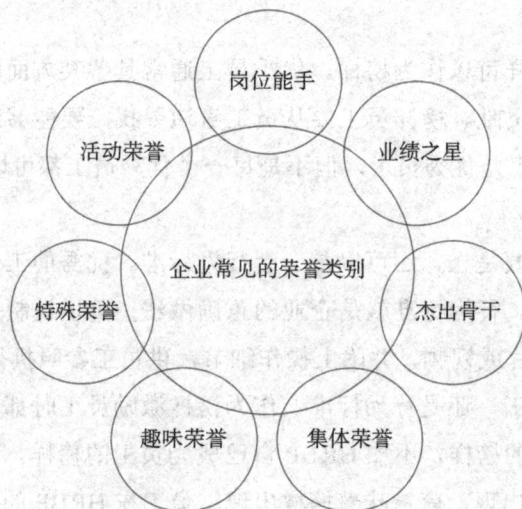

图 7-11 企业中常见的 7 种荣誉类别

1. 岗位能手

工作态度较好，同时拥有突出的专业技能，该技能在本岗位上获得较强的体现的员工。例如管理能手、业务能手、业务专家、技术能手、优秀干部、优秀技师等。

2. 业绩之星

工作态度较好，同时业绩结果突出，绩效表现在同类岗位中名列前茅的员工。例如绩效冠军、销售之星、服务之星、创新明星、质量明星等。

3. 杰出骨干

工作态度、工作能力和工作业绩都非常优秀的员工。例如业务标兵、卓越精英、先进个人、团队核心、杰出青年、优秀员工等。

4. 集体荣誉

价值观正确、能力或业绩在某方面比较突出的团队。例如卓越团队、杰出团队、优秀团队、特殊贡献团队等。

5. 趣味荣誉

企业可以根据情况，设计一些有话题性、有传播性、有趣味性的荣誉。例如人见人爱奖、恩爱夫妻奖、教子有方奖等。

6. 特殊荣誉

为了引导员工行为，可以根据团队或个人的具体背景需要，给予一些适合特殊情境的奖励。例如，最佳进步奖、最忠诚员工奖、团结友爱奖等。

7. 活动荣誉

企业组织的所有集体活动，都可以设计荣誉。例如，运动会的荣誉、集中培训的荣誉、各类比赛的荣誉等。

要创造荣誉，HRBP 可以用到 5 点技巧，如图 7-12 所示。

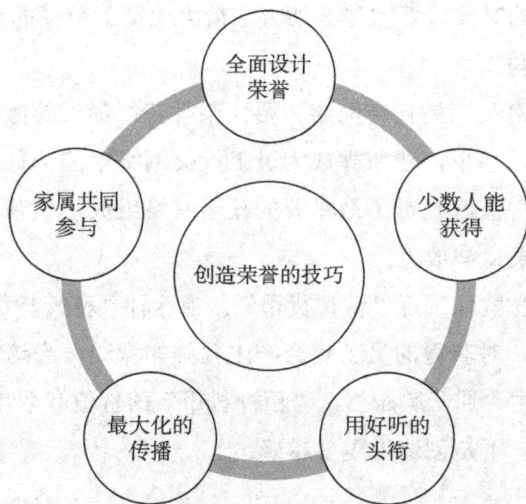

图 7-12　创造荣誉的 5 点技巧

1. 全面设计荣誉

可以从品类、周期和功能 3 个层面对荣誉有序地进行系统化的设计。一般来说，同一个周期下、同一个品类中、同一种功能性的荣誉应当存在一种，且只需要存在一种。HRBP 在设计员工荣誉时，可以结合企业实际需要，在适度范围内最大化地考虑员工的心理感受。

2. 少数人能获得

荣誉虽然占用的财务成本较小，但也应当设计成少数员工能够获得的精神奖励。不然的话，荣誉本身对员工来说将会变得没有价值，失去激励效果。在同一种荣誉中，获得荣誉的员工数量宜少不宜多，一般应控制在有资格获得这类荣誉员工总人数的 20% 以内。

3. 用好听的头衔

不是每一个员工都可以获得荣誉，但是好听的头衔却可以给每一个员工。好听的头衔没有成本，不会增加员工的实际权力或减少管理的权力，却能够给员工比较大的荣誉感和满足感，员工会更加积极地工作。例如，岗位名称叫业务员，就不如叫销售经理；岗位名称叫检验员，就不如叫质检经理。

4. 最大化的传播

员工不仅期望获得荣誉，还期望自己的荣誉被别人知道。员工感受到自身获得的荣誉扩散的范围越大，知道的人越多，员工的感受就会越强烈。所以 HRBP 在为员工创造荣誉的时候，要想尽一切方法最大化员工荣誉的传播。

5. 家属共同参与

荣誉不应当脱离员工的社会网络。要让荣誉获得最大的激励效果，可以把荣誉嵌入员工的社会网络中，让荣誉成为员工社会网络中的一种"社交货币"，为员工创造精神价值。家庭是员工最重要的社会网络组成，当荣誉和员工家人关联时，荣誉的激励效果将被放大。

注意，创造荣誉就像发行"精神货币"，当这种"精神货币"发行量较少时，其精神价值比较高，对获得的员工将会产生较强的激励；当这种"精神货币"发行量较多时，会产生"通货膨胀"，"精神货币"的价值和效用将会变低。所以，荣誉不能随意创造，不是创造得越多越好。

7.3.3　分享荣誉的方法

企业在实施荣誉激励的时候，容易出现的问题是给了某个员工荣誉，该员工得到了比较强的正激励，结果让其他所有没有得到荣誉的员工感受到了负激励；或者给了某个队伍管理者某项荣誉，但是这项荣誉是基于整个队伍努力取得的成绩才获得的，结果该管理者得到了正激励，队伍内的员工却感受到了负激励。

基于这种情况，综合考虑正激励与负激励，很多人觉得给员工提供荣誉的做法，从总的激励效果上来看并不显著，甚至会起到反效果。如果荣誉激励的应用出了问题，确实有可能出现这样的情况。但这并不代表荣誉激励就是一种无效的激励方法。实际上，在设计荣誉激励的时候，一开始就应当考虑到并设法避免这种异常状况。

除了在设计环节避免之外，还有一种方法能够有效避免这种情况，那就是分享荣誉。荣誉既然是一种精神资产，不是具体的物品，那么荣誉就可以变化、发展、传递、分享。分享荣誉不会让获得荣誉的人的体验感变差，不会让荣誉的总量变少，反而会增强荣誉给人的总体感受，增加荣誉给企业和团队带来的价值。

荣誉不仅可以被创造，而且可以被分享。分享荣誉意味着扩大荣誉的正面效应，意味着让更多人获得荣誉或者获得荣誉感。分享荣誉也能在一定程度上减轻原本没有获得荣誉的员工的失落感。

荣誉不像实物资产一样，数量与质量比较明确。当人们各有一个苹果，交换之后，依然还是各有一个苹果。可当人们各有一份荣誉，彼此分享之后，将各有两份荣誉。分享荣誉就像分享"精神货币"，因为这种货币是精神层面的，所以不会减少，反而会增加。

例如在很多颁奖典礼上，会要求获奖的人上台发表获奖感言。很多获奖者的获奖感言中会有感谢别人的内容，会有别人对自己帮助的细节，会有别人为自己的付出，会表达对帮助自己获得成绩的每一个人的感恩。这实际上就是一种分享荣誉的做法。

通过这种分享荣誉的做法，获奖者的荣誉并没有减少，反而增加了，而且更有意义，更有价值了。获奖者提到的所有人都会和这份荣誉产生联系，都会感受到激励。

只要获得荣誉的人想要分享荣誉，所有荣誉都可以被分享。因为员工不是一个人在工作，没有员工之间的相互协作，没有上下级之间的通力配合，员工个体很难获得荣誉。

那么，都有什么样的荣誉可以被分享呢？

1. 集体荣誉

集体荣誉是基于团队成绩获得的荣誉。团队是一个整体，当获得团队荣誉之后，获得荣誉的人不应得意忘形、忘乎所以，在这种情况下必须分享荣誉，不能独揽荣誉。

2. 个人荣誉

就算不是集体的荣誉，是个人荣誉，但获得荣誉与团队有一定关系，获得荣誉的人也可以主动与其他员工分享个人荣誉。

3. 业绩荣誉

如果业绩与多人相关，但只有一人获得荣誉，或者业绩与多个团队有关，但只有一个团队获得荣誉，在这种情况下获得荣誉的人或团队都可以主动与他人分享荣誉。

要鼓励别人分享荣誉，HRBP首先要以身作则分享自身的荣誉，其次要鼓励所有人学会与他人分享荣誉。这样做能够明显增强队伍的凝聚力，让一份激励变成多份激励，让原本对个体的激励变成对整个队伍的激励。

常见的分享荣誉的方法有3种。

1. 将荣誉转让给团队

获得荣誉的人可以把个人荣誉转化为团队的集体荣誉。

2. 认可他人的价值

获得荣誉的人必须认可其他人在获得荣誉方面的价值。

3. 强调他人的贡献

获得荣誉的人可以强调他人对自己获得该荣誉的贡献。

第 8 章
HRBP 团队管理方法与工具

　　HRBP 需要协助团队负责人管理好团队，在团队管理中肩负起重要职责。HRBP 在团队管理中比较重要、发生频率较高的工作是协助团队负责人进行团队目标与计划的制定、引导员工参与团队工作、让员工为团队集思广益、传承和传播企业文化，以及高效率地组织会议。

8.1 目标计划制定方法

每个团队都有其存在的使命和价值。为了完成使命、实现价值，团队要有相应的目标和计划。HRBP 要有能力帮助团队制定目标，形成工作计划和行动方案，并对目标、计划和方案的实施情况进行评估。

8.1.1 制定目标的方法

团队如果没有明确、有效的目标是一个非常危险的信号。这代表整个团队和团队成员的工作没有方向，工作任务无法分配，工作质量无法衡量。这样下去，团队的工作会变得模模糊糊。

制定目标应当遵循 SMART 原则，分别是：具体的（Specific）、可以衡量的（Measurable）、可以达到的（Attainable）、与其他目标具有一定相关性的（Relevant）、有明确截止期限的（Time-bounce）。

"具体的"指目标应当是具体的、明确的，不能笼统，不能模糊。

"可以衡量的"指目标要是数量化或行为化的，验证目标是否完成的数据或信息是可以被获取的。

"可以达到的"指目标来源于实际，而非空想，在付出努力之后是可以实现的，不应设立过高或过低的目标。

"与其他目标具有一定相关性的"指目标是与本工作相关的，是和其他目标相关联的，并在团队内部有共同指向和关联性的。

"有明确截止期限的"指目标有特定的时间限制，有完成时间或截止日期。

运用 SMART 原则设定目标时，可以参照 SMART 原则实施检验工具表，如表 8-1 所示。

表 8-1　SMART 原则实施检验工具表

原则	序号	对应问题	判断
具体的	1	目标是否足够明确？	□是　□否
	2	目标是否足够简单、易懂？	□是　□否
可以衡量的	3	目标是否具备激励性？	□是　□否
	4	目标是否能够促进岗位人员采取行动？	□是　□否
	5	目标达成与否是否能够被衡量？	□是　□否
可以达到的	6	目标是否可以通过行动达成？	□是　□否
	7	目标是否与岗位相适应？	□是　□否
	8	达成目标之后是否有相应的奖励？	□是　□否
与其他目标具有一定相关性的	9	目标是否有足够的意义和价值？	□是　□否
	10	达成目标需要的资源是否能够被获取？	□是　□否
有明确截止期限的	11	完成目标是否有明确的时间要求？	□是　□否
	12	目标的时间限制是否足够明确？	□是　□否

在制定目标的过程中，HRBP 要考虑 VBA。VBA，指的是目标能够创造的价值（value）、团队当前的基础（base）、团队可以运用的资源（resource）。综合考虑这 3 个方面，平衡三者之后，再来制定目标。不然的话，目标可能会制定得过高、过低或价值较低。

价值指的是提高某类效益，增加某种效率，降低某项成本，减少某些风险。价值应尽可能量化，归结到财务结果。

基础指的是当前具备的素质、知识、技能等软实力，以及物资、设备等硬实力。它是内部的、能够控制的，是通过主观努力能提高的。

资源指的是当前拥有的人际关系、财务、权属等各类可以动用的资源。它是外部的、不受控制的、需要他人配合的，是不能仅凭主观努力提高的。

在设计目标的时候，HRBP 要注意根据时间周期的不同，设计不同的目标。越远期的目标，越应当关注一些宏观的、模糊的、长远的、愿景类的事物；越近期的目标，越应当关注一些微观的、具体的、短期的、可操作执行的事物。

按照时间逻辑设计目标的原则如图 8-1 所示。

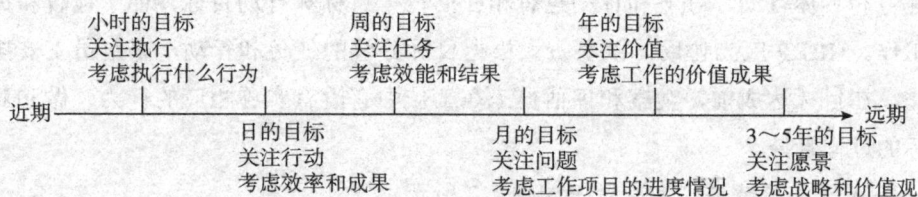

图 8-1　按照时间逻辑设计目标的原则

在设计 3～5 年的目标时，应关注愿景、战略和价值观。

在设计年目标的时候，应在考虑如何与 3～5 年目标匹配的基础上，关注岗位工作的价值成果，如何与长远战略做匹配。

在设计月目标的时候，应在年度目标的基础上，关注一些相对具体的问题和一些工作项目的开展情况。

在设计周目标的时候，应在月目标的基础上，再进一步分解，要更关注一些具体的任务，关注更具体的效能和结果。

在设计日目标的时候，应在周目标的基础上，更关注具体的行动，要关注行动效率和每日的成果。

如果需要设计具体到小时的目标，应更加关注执行的具体行为。

8.1.2 制定计划的方法

很多团队在安排工作时没有目的性和目标感，工作任务不讲顺序，行动方案不分主次，不是按照部门的工作目标和员工一起制定工作任务和具体行动，而是遇到什么任务就给员工安排什么工作。

在这样的团队当中，工作安排的随意性大，员工也很容易没有方向感，从而做出大量与目标无关的行为，做了大量低成果的工作。一段时间后，团队的负责人可能会发现最初制定的目标没有实现，又反过来责怪下属。而原因实际上是团队负责人没有按照从目标到工作任务，再到具体行动的管理逻辑安排工作。

将目标分解到具体任务和具体行动可以采用 GTA 工作分解法。GTA 工作分解法，指的是从目标（goal）到任务（task），再到行动（action）的工作分解法。

有了目标之后，为了达成目标，需要将目标分解成较小的、更易于管理的具体任务和具体行动。任务和行动也有相应的任务目标和行动目标，便于检查和评估工作。HRBP 应当协助团队负责人根据目标分解的任务和行动，来给员工安排工作。在目标达成前，观察和评估员工在工作中有没有实施相应的行为，做到对目标的过程管控。

GTA 工作分解法的实施逻辑如图 8-2 所示。

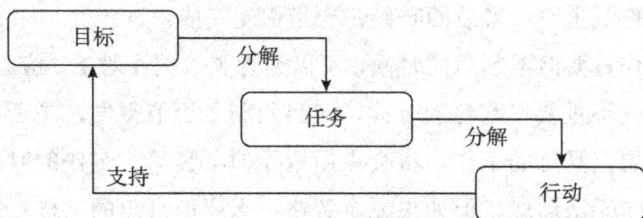

图 8-2　GTA 工作分解法的实施逻辑

HRBP 在协助团队负责人运用 GTA 工作分解法实施目标到任务再到行动的分解时，可以利用 GTA 工作分解法实施表，如表 8-2 所示。

表 8-2　GTA 工作分解法实施表

事务	目标	任务	行动
A			
B			
C			

纷繁杂乱的工作、持续变化的环境、随时变化的需求，很容易让团队负责人感到混乱与迷惑，忘记本来的目标。这时候，HRBP 可以协助团队负责人梳理清楚目标对应的任务与行动的优先级顺序，采用的工具如图 8-3 所示。

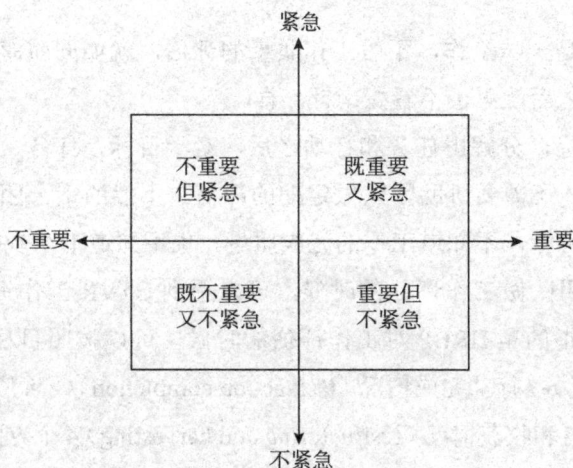

图 8-3　任务与行动的优先级顺序

工作的目标、任务和行动都有优先级顺序，按照紧急程度和重要程度的不同，可以把工作分成既重要又紧急的工作、重要但不紧急的工作、不重要但紧急的工作和既不重要又不紧急的工作。

当某项工作既重要又紧急的时候，应当优先完成。

当某项工作重要但不紧急的时候，可以列为重点关注对象，应寻找时机完成。

当某项工作不重要但紧急的时候，应当判断是否值得做，是否有价值。如果总是先做不重要但紧急的工作，将会占用重要但不紧急的工作的时间，导致重要但不紧急的工作无法达成。但如果完全忽略不重要但紧急的工作，也是偏颇的，因为完成有些工作只是举手之劳，并不占用太多时间。所以，对于重要但不紧急与不重要但紧急的工作，要做好取舍。

当某项工作既不重要又不紧急的时候，代表这项工作的优先级最低。如果团队的时间、精力和资源有限，可以忽略这类工作。但要注意，忽略这类工作的前提是无法兼顾，如果团队有能力兼顾这类工作，同样应当做好。

团队不要做"消防员"，每天"救火"，被大量临时的、紧急的，但不重要的事务消耗太多时间，应当把主要精力聚焦在比较重要的目标、任务和行动上。这需要 HRBP 协助团队负责人做好工作的优先级排序。

8.1.3　工作评估的工具

如果团队只是一味工作，不做工作质量的评估，就如同航海只在出行前看了一眼方向，出行之后就再也不看指南针一样。

在制定出目标，分解出任务和行动之后，对于目标、任务、行动以及价值的完成情况，HRBP 还需要协助团队做定期的评估。不然的话，团队就不知道工作有没有偏离预期目标，不知道工作的完成质量，也不知道下一步的努力方向。

HRBP 协助团队做工作评估的时候，可以用到 GTVR 工作评估工具。GTVR 工作评估工具，指的是 HRBP 对工作评估的时候，可以按照目标达成情况（goal achievement）、任务 / 行动完成情况（task/action completion）、价值完成情况（value completion）、复盘和收获情况（restructuring and harvesting）4 个方面来做工作评估。

运用 GTVR 工作评估工具，能帮助团队成员思考得更全面，能把问题空间化、维度化、结构化，有助于团队更好地解决问题。团队成员能一起快速找到工作哪里做得到位，哪里做得不到位，能够清楚、快速聚焦问题点，迅速改进、提高。

GTVR 工作评估工具的应用可以参考如下步骤。

第 1 步，从总体上，评估长期目标和短期目标的达成情况。

第 2 步，从工作步骤上，评估任务 / 行动的完成情况。

第 3 步，从工作成果上，评估价值和预期相比的完成情况。

第 4 步，复盘整个工作，总结从知识、技能和经验上取得收获的情况。

HRBP 在运用 GTVR 工作评估工具的时候，可以利用 GTVR 工作评估工具表评估情况和查找问题，如表 8-3 所示。

表 8-3　GTVR 工作评估工具表

评估事务	评估时间	目标达成情况	任务 / 行动完成情况	价值完成情况	复盘和收获情况

HRBP 实施工作评估的逻辑如图 8-4 所示。

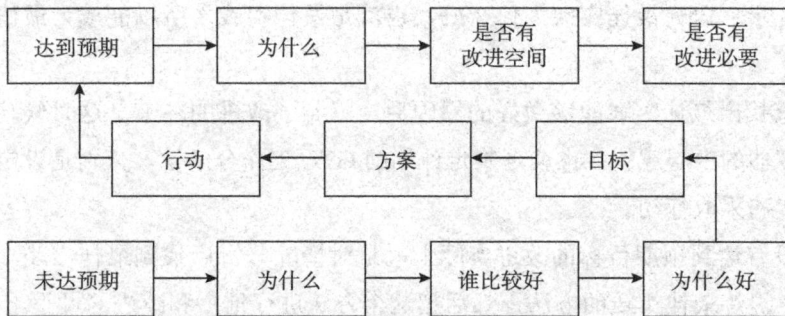

图 8-4　HRBP 实施工作评估的逻辑

在 HRBP 实施工作评估的逻辑中，分成上层、中层、下层 3 个部分。

如果 HRBP 发现目标达到预期，则可以按照上层逻辑进行评估。所谓达到预期，指的是达到了当初计划的目标。

当目标达到预期后，下一步要研究的，是为什么能够达标。这里要探讨的是团队根据目标制定的方案和行动为什么能够落地？这是一个复盘的过程。现实中有很多这样的情况，虽然目标达成了，但是为什么达成，却是不清楚的。这里如果不清楚，未来就可能会出问题。

例如某销售团队制定的目标是今年的销售业绩达到 1 亿元，到年底后发现，团队目标完成了。但这个目标完成有很大的运气或巧合成分，与整个团队采取的行动与努力关系较小。在这种情况下，很难讲团队的这种运气和巧合能否在未来一直延续。

当了解了为什么达成目标，发现了问题以后，HRBP 要判定是否存在改进的空间，而且要判断是否有改进的必要。任何管理活动都需要付出成本，改进也不例外，在判断是否有改进必要时，要判断管理成本的投入和产出情况。在不考虑其他因素的情况下，如果投入产出比高，就值得做；如果投入产出比低，就不值得做。

如果 HRBP 发现团队的目标没有达到预期，则可以按照工作评估的下层逻辑进行改进。当团队目标没有达到预期的时候，HRBP 可以按照 3 个步骤实施改进。

第 1 步，判断团队目标为什么没有达到预期。

第 2 步，判断同类团队中，哪个团队达到了预期且做得较好，也就是找到最佳实践。

第 3 步，研究最佳实践为什么好，也就是最佳实践之所以能成为最佳实践的原因。

当查找出最佳实践能够做好的原因后，就到了改进的环节。这时候，可以参考工作评估的中层逻辑，也就是制定计划的 GTA 工作分解法，分别是设定目标、制定方案和采取行动。

对没有达到预期目标的改进实际上就是对情况分析后找到最佳实践，研究最佳实践，提炼最佳实践的方法，然后把这个方法进行推广和改进的过程。

8.2　引导员工参与方法

在团队日常管理工作中，常会出现员工不愿意行动、不愿意参与、产生情绪波动等问题。要保证员工做出团队期望见到的行为，保证员工参与团队期望的活动，HRBP 要学会应用员工行为引导工具，学会鼓励员工参与，学会管理员工的预期。

8.2.1　员工行为引导工具

没有人喜欢被命令的感觉。在团队负责人领导团队员工的过程中，用强制命令的方式让员工做事对于主观意愿较差、能力也相对较差的员工也许是适合的，但对其他类型的员工来说，是效果比较差的领导策略，也是很可能起到负效果的激励策略。

实际上，对于有行动意愿，但能力暂时较差的员工，团队负责人可以采取引导的方法。这时候，HRBP 要引领团队负责人使用员工行为引导工具。比较有效的员工行为引导工具是 ORID 引导工具。

ORID 引导工具的含义是事实（Objective）、感受（Reflective）、解释（Interpretive）、决策（Decisional）。HRBP 或团队负责人可以通过对员工实施 ORID 引导工具，引导员工做出团队想看到的行为。

1. 事实

事实是客观的，是不以人的意志为转移的。事实不是某人的观点，不是某人的感受，也不是某人对事物的价值判断。事实是事物原本的属性。

例如，某人说"今天天气很热"，这是一个观点，而不是一个事实；某人说"今天的气温有 30 摄氏度"，这才是事实。

2. 感受

感受是人们对某事物的想法、感觉和情绪反应。对于某事物，人们头脑中第一时间形成的想法就是感受。如果把注意力首先放在事实上，人们的感受会有一定的变化。

例如，某人下班回家后，发现妻子在家，但没有做饭，第一时间的感受是妻子很懒。觉得妻子懒，是立即产生的感受。可如果首先把注意力集中在妻子没有做饭的事实上，弄清楚妻子没有做饭背后的原因之后，感受很可能会不一样。

3. 解释

解释与人们的思维模式有关，对同一件事物，不同的人有不同的解释框架。HRBP 或团队负责人要引导员工积极思考，看到问题背后的解决方案，形成积极的解释框架。

例如，HRBP 在晨会上因为某员工的工作成果表扬了这个员工。有的员工对此内心的解释是"这个员工很努力，我应该向他学习"，有的员工内心的解释却是"这个员工只是运气好而已，没什么了不起"。

4. 决策

决策是人们对某事物经过思考之后，做出的行动决定。决策的质量与事实、感受和解释有很大关系。有的员工不愿意采取行动，正是因为在前 3 个环节出了问题。

例如，有的员工在 HRBP 指出自己的问题之后，决定改变自己的做事方式；有的员工则觉得 HRBP 对自己的评价不对，但不当面向 HRBP 表达，又拒不改变。

HRBP 在实施 ORID 引导工具的时候，可以参考的步骤如图 8-5 所示。

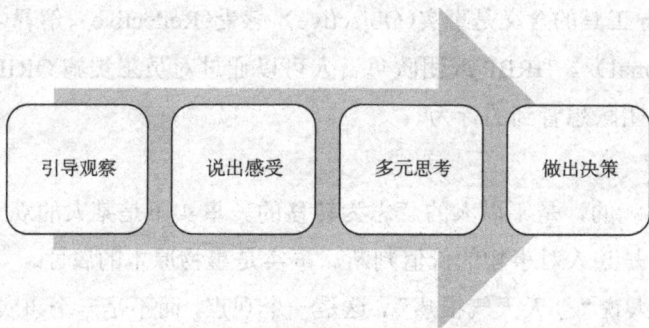

| 引导观察 | 说出感受 | 多元思考 | 做出决策 |

图 8-5　ORID 引导工具的实施步骤

第 1 步，引导观察。

HRBP 首先要带领员工通过观察，发掘客观事实，对某件事物不要陷入主观的价值观判断。HRBP 可以问员工这类问题：当前的客观情况是什么，当前发生了什么，你看到了什么，你听到了什么。

第 2 步，说出感受。

HRBP 要询问员工通过这些事实，产生了什么样的感受。HRBP 可以问员工这类问题：你对这件事有什么样的情绪，这件事让你联想到了什么，这件事让你高兴、好奇、恐惧或生气。

第 3 步，多元思考。

HRBP 要引导员工正向思考，而且要引导员工运用多元化思维模型思考，不要只局限在自己当前的思维模式中。HRBP 可以问员工这类问题：如果有解决方案，那会是什么；如果这件事情得到解决，方案可能有哪些；可以从哪些角度来处理问题。

第 4 步，做出决策。

HRBP 要引导员工针对之前的思考，做出决策，形成具体的行动计划，并开展行动。HRBP 可以问员工这类问题：要解决这个问题，解决方案有什么；应该采取哪些行动；有哪些困难或注意事项；需要哪些支持或资源。

举例

某员工刚接到一项工作任务，内容是要在 3 天之内，完成一份调研报告。该员工第一时间认为这项工作不可能完成。这时候，HRBP 可以使用 ORID 引导工具引导员工。

第 1 步，引导观察：引导员工看清楚完成这份报告需要哪些条件。

第 2 步，说出感受：引导员工说出此刻的感受，找到员工认为的难点。

第 3 步，多元思考：引导员工寻找可能性，找到这些难点的解决方案。

第 4 步，做出决策：引导员工得到解决方案，形成具体行动方案。

HRBP 在运用 ORID 引导工具对员工实施行为引导的时候，如果员工总偏向消极思维，认为"不可能"，HRBP 可以引导员工的思维由消极向积极转变，用"如果可能，应该怎么做"来代替"不可能"，消除思维的障碍，把思维聚焦在解决方案上，而不是问题、困难或感受上。让员工养成"为行动找方法，不要为不行动找借口"的思维习惯。

8.2.2　鼓励员工参与方法

当员工有能力，但缺乏主观行动意愿时，问题的根源往往在于员工认为行动结果与自己没有关系。要改变这种情况，可以让员工充分参与，提升员工的参与感，从而提高员工的责任感和积极性。

让员工参与与其关联的工作计划、组织和决策，有助于员工了解工作的全貌，看清工作的价值和意义。当员工深度参与某项工作时，自己的决策能够影响工作的成败，工作结果能够证明自己的能力，能够让自己得到来自他人比较高的评价，甚至能够给自己带来某种荣誉的时候，员工将产生比较强的使命感和责任感，有助于员工积极主动地投入工作中。

要鼓励员工参与，HRBP 要注意 4 个细节，如图 8-6 所示。

图 8-6　鼓励员工参与要注意的 4 个细节

1. 改变观念

HRBP 首先要让团队负责人改变观念，摒弃陈旧的管理方式，不能"大包大揽"式地一个人做决定。员工是有思想、有情绪的，能够为更好地完成目标做贡献，团队负责人不能把员工当成完成工作的机器，不顾及员工的想法，不考虑员工的感受。

2. 营造氛围

HRBP 要营造团队中一视同仁、共同发展的氛围，让员工在工作过程中感受到来自团队的温暖和亲情，感受到团队的凝聚力。团队组织的各类活动可以邀请员工的家属参与，当员工在生活上遇到困难的时候，HRBP 要及时关注。

3. 尊重观点

HRBP 要尊重员工的观点，当员工提出建议的时候，不论 HRBP 内心觉得员工的建议多不切实际，也不要一开始就否定员工，更不要对员工的建议做过多负面评价，打击员工的积极性。HRBP 可以和员工一起探讨建议的可行性。

4. 表示鼓励

当员工愿意参与 HRBP 提议的工作时，HRBP 要鼓励员工，不论员工在参与工作中做出多大贡献，都要肯定员工的参与精神。尤其是当员工展现出比原来更积极、主动的态度时，HRBP 应当马上肯定员工的这种态度。

HRBP 要做到让员工充分参与，要做好 5 点。

1. 保持内部信息互通

有的团队负责人有一种错误的想法，认为工作背景信息不需要让员工知道，员工只要做好负责的工作就好了。HRBP 要改变团队负责人的这种观念，实际上，除非是敏感或保密信息，让员工了解工作背景的相关信息不仅有助于员工参与，而且有助于员工更好地完成工作。

2. 鼓励员工说出想法

HRBP要鼓励员工说出自己对工作的想法，不论员工说出的想法是否有价值，都要首先肯定员工提出想法的行为本身；对产生价值的想法，给予公开的表扬或奖励。创造团队内畅所欲言的氛围，让每一个员工都可以为工作提出自己的建议。

3. 鼓励员工参与决策

在条件允许的情况下，HRBP要说服团队负责人在做工作决策时候，尽可能让员工参与，尤其是当这项工作与员工负责的工作关系较大时。让员工参与决策不仅可以有效激励员工，而且能够通过了解不同的决策意见，让决策更有效。

4. 构建共赢团队文化

团队文化影响着团队的氛围，影响着员工的行为，共赢的团队文化能够让员工感受到参与之后与团队一起成长的感觉，体会到价值感和意义感。良好的团队文化会提高员工参与的主动性，让员工勇于参与、乐于参与。

5. 强化员工思想教育

员工的思想层次决定了员工的认知水平，员工的认知水平决定了员工的参与程度。HRBP除了鼓励员工之外，对员工的思想教育工作同样非常关键。HRBP要在平时工作中通过各种培训形式，培养员工爱岗敬业的精神和团结协作的态度。

注意，员工工作时的心情直接影响着工作绩效，心情愉悦的员工思想通常比较积极，不会把工作当成"差事"，不会过多关注工作的困难，工作效率和工作质量都更高。让员工参与，也是改善员工心情的有效方法。另外，员工参与有助于激发员工的潜能，让员工创造更大的价值。

8.2.3 员工预期管理工具

在工作和生活中，预期无处不在。每个员工对团队、对工作、对他人都有预期。当预期无法实现时，员工会产生诸多负面情绪。预期越大，可能带来的失望就越大。如果长期无法达到预期，员工会觉得自己做什么结果都一样。长期的负面情绪会打击员工的积极性，让员工变得不愿意行动。

HRBP要学会管理员工的预期。团队中的预期管理，是对团队整体预期与个体预期的管理。员工能够在工作中保持自信与乐观的态度，与对预期的管理有很大关系。HRBP 保持客观、清醒、理性的态度，是预期管理的基本要求。

员工的预期直接影响着员工的情绪，员工的情绪直接影响着员工的绩效成果，员工的绩效成果直接影响着团队的绩效成果。所以对员工的预期管理，实际上也是对员工、对团队的情绪管理。这种情绪管理，有助于团队的绩效管理。

情绪是一种能量，是一种冲动，是激发人们产生某种行为的动力。情绪与预期之间有着直接的联系，具体联系可以用一个公式来表示：情绪＝现状－预期。

现状是客观的，是难以改变的。预期是主观的，是与员工的认知水平、心智模式、思维习惯息息相关的。

当现状＞预期时，员工将会产生正面情绪。

当现状＜预期时，员工将会产生负面情绪。

现状与预期的差异越大，情绪表现越大。

人们无法改变现状，却可以通过改变预期，来影响现状给人们带来的情绪。这就是情绪管理的核心与奥秘。

例如张三因为某亲属去世了，充满负面情绪，悲痛欲绝，连续好几天吃不进饭。张三亲属去世是现状，这个现状是无法改变的，有可能改变的是张三对这件事的预期。在这个具体问题上，张三的预期也可以理解为对这件事的接受程度。当张三的预期能够改变时，张三的情绪就能够改变。

预期管理有 4 种常用的应用方法。

1. 预期渐进

为了不断挖掘员工的潜力，一开始预期可以设定得相对较低，随着员工能力不断提高，预期不断被达成，再有所渐进，不断提高。

2. 预期适中

一般来说，预期不应当太高，但也不能太低，大多数情况下，预期应当处在适中的水平。适中的预期不容易让员工的情绪出现大起大落。

3. 预期权变

预期是可以灵活变化的，根据情境的需要、管理的需要，预期可以被灵活、适当地调高或调低。高预期能起到激发潜力的效果，低预期能起到获得满足的效果。

4. 预期差异

对不同员工和不同情况，可以设置不同的预期。对新员工或原本能力较弱的员工来说，预期可以相对低一些；对老员工或原本能力较强的员工来说，预期可以相对高一些。

注意，HRBP 实施预期管理不代表为了团队或员工能够达到预期，刻意降低预期；也不代表在某些情况下，为了激发员工潜力，刻意提高预期。对于预期在不同场景、不同情况下高或低的设计、多或少的引导、快或慢的把握，考验着HRBP 的管理技术和管理艺术。

8.3　集思广益实施方法

团队中常常需要集思广益，想出某个创新的想法或找到某个问题的解决方案。创新的想法不仅来源于灵感，HRBP 通过正确运用方法和工具、正确思考，能够让团队中的每个人思维开阔、创造力提升。

8.3.1　群体思维发散方法

群体智慧往往大于个体智慧。但是，群体智慧需要多人参与，如果管控不得当，激发群体智慧的过程也可能会产生比较多的内耗，反而达不到预期效果。HRBP 要掌握让群体思维发散的方法，让群体智慧得以激发。

要激发群体智慧，HRBP 可以采用头脑风暴法。头脑风暴法是一种群体决策的工具，通过所有参与者平等地提出关于某个主题的思考，获得比较丰富多样的想法，并经过讨论，得出可行性方案。这种方法可以被广泛应用在各类团队场景中，用来进行工作讨论、产生新的想法或解决复杂问题。

头脑风暴法的实施步骤如图 8-7 所示。

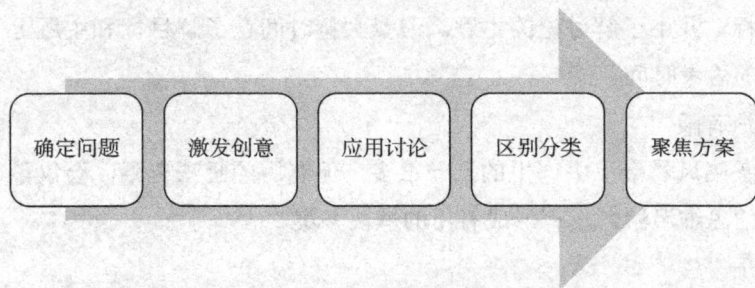

图 8-7　头脑风暴法的实施步骤

第 1 步，确定问题。在进行头脑风暴之前至少 24 小时，确定待解决的具体问题，提前告知参会人员。

第2步，激发创意。通过引导，激发参与者的想法。让思维充分地发散和延展，所有参与者平等地提出创意想法。

第3步，应用讨论。对激发的创意做应用讨论，一般聚焦在创意的相关性、可行性和可操作性等方案应用层面的讨论。

第4步，区别分类。对激发的创意做区别分类，也就是在所有具备应用性的方案中进行操作层面的优先级分类。

第5步，聚焦方案。对区别分类后的创意聚焦方案，对优先级高的创意形成更加具体的落地方案，并且采取行动。

HRBP在实施头脑风暴法的时候，会遇到各类问题，常见的问题有4个，如图8-8所示。

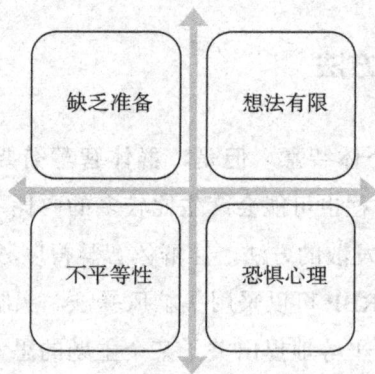

图 8-8　实施头脑风暴法常见的4个问题

1. 缺乏准备

头脑风暴会议如果没有提前进行周全的准备，可能会导致参会人员并不知道会议的目标，并不了解讨论的主题。浪费大量时间在了解目标和主题上，可能会占用大量的思考时间。

2. 想法有限

很多头脑风暴会议中产生的点子很多，但有用的想法有限。会议最后变成了天马行空的思维漫游，没有形成有用的解决方案。

3. 不平等性

在有一些头脑风暴会议中，可能会出现外向的参会人员表达了大量的意见，内向的参会人员没有机会表达意见的情况。类似情况还表现在职位高低的差异上。

4. 恐惧心理

很多人参加头脑风暴会议时，担心自己的想法和别人不同，给自己带来负面评价，会故意迎合别人的想法，隐藏不同意见。

很多团队实施头脑风暴法的效果达不到预期，不能帮助团队解决问题，不是因为头脑风暴这种方法没有用，而是因为团队没有正确运用。这主要表现在应用头脑风暴法之前没有做好准备，在应用的过程中没有做好管控，在应用之后没有做好总结。

8.3.2 群体智慧激发工具

在头脑风暴的过程中，很多团队在创意想法的产生、发散、扩展、聚焦、整合等环节做得不好，原因之一是没有按照正确的方法思考。在思考方法上，是有工具可以参考的。六项思考帽就是一个有助于激发群体智慧的工具。

六项思考帽是一种思维工具，是用六种颜色的帽子代表六种不同的思维模式。这个工具可以在一个人思考问题的时候应用；也可以作为多人参与的会议中，激发大家思维，又不至于让大家思维混乱的工具使用，有助于思维的发散和聚焦。

六项思考帽包含的内容如图 8-9 所示。

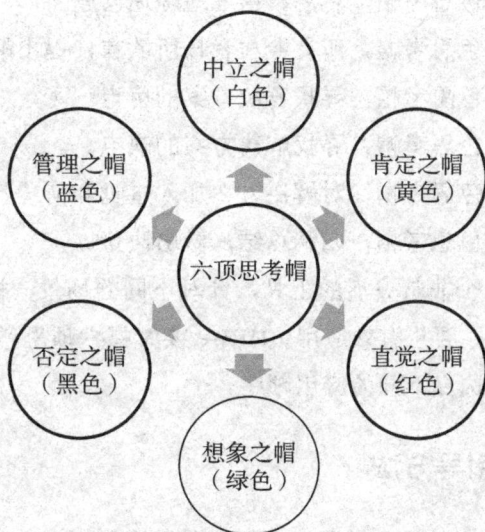

图 8-9　六项思考帽包含的内容

（1）中立之帽（白色）：代表着客观和中立，更关注事实、数据等客观事物。

（2）肯定之帽（黄色）：代表着价值和肯定，更关注乐观的、积极的、建设性的部分。

（3）直觉之帽（红色）：代表着预感和直觉，更关注情感、感受层面的想法。

（4）想象之帽（绿色）：代表着想象和创造，更关注创意、想法等发散思维。

（5）否定之帽（黑色）：代表着怀疑和否定，更关注悲观的、消极的、不可行的部分。

（6）管理之帽（蓝色）：代表着规划和管理，更关注思维的排序、控制、调节。

HRBP 在组织头脑风暴会议，或者类似需要集思广益的会议时，可以运用六项思考帽工具。使用六项思考帽的通用流程如图 8-10 所示。

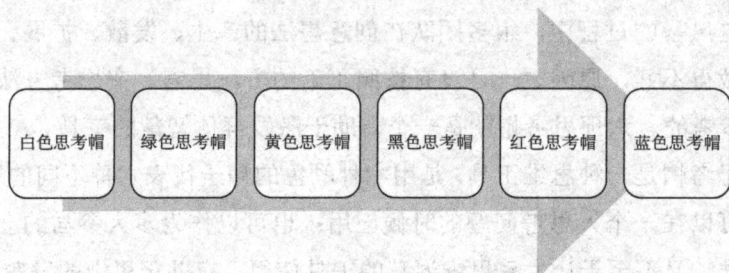

| 白色思考帽 | 绿色思考帽 | 黄色思考帽 | 黑色思考帽 | 红色思考帽 | 蓝色思考帽 |

图 8-10　使用六项思考帽的通用流程

第 1 步，使用白色思考帽，客观、精准地陈述问题。

第 2 步，使用绿色思考帽，所有参与者畅所欲言，提出解决方案。

第 3 步，使用黄色思考帽，寻找解决方案的优点。

第 4 步，使用黑色思考帽，寻找解决方案的缺点。

第 5 步，使用红色思考帽，对解决方案加入直觉和情感判断。

第 6 步，使用蓝色思考帽，归纳总结，做出决策。

六项思考帽是一个非常灵活的工具，针对不同的场景，根据不同的问题，可以有不同的使用顺序。要想有效应用，HRBP 要掌握六项思考帽背后的思维逻辑，判断要达成的目标，选择不同的应用顺序。

8.3.3　员工思维引导方法

在团队集思广益的过程中，有的人天生思维比较活跃，想法多到收不住；相反地，有的人思维活跃度比较低。这时候，就需要 HRBP 采取一些方法激活他们的大脑，不断引发联想，引导他们思考。引导这类员工思考也是提高员工参与度、激活团队氛围的方法。

HRBP要引导思维活跃度比较低的员工思考，可以运用假设引导法。假设引导法，就是通过运用引导人们思考的假设性问题，让人们突破思维的限制，引发人们思考。这种方法不仅适合用在一些不善于思考的人身上，也可以在日常工作中持续应用，以引发团队不断思考。

假设引导法没有固定的形式，具体表现根据具体场景，运用符合场景需要的假设性问题实施引导，常见话术如下。

（1）假如你有预见未来的能力，这时你看到了这个产品，它是什么样子呢？

（2）假如现在有一位设计大师正在设计这个产品，你觉得他会怎么设计呢？

（3）假如这个产品已经完成，而且获得了市场的广泛认可，你觉得它会是什么样子呢？

（4）假如这个产品已经获得了某个创新大奖，你觉得它应该具备什么样的创新点呢？

在应用假设引导法时，有3点注意事项，如图8-11所示。

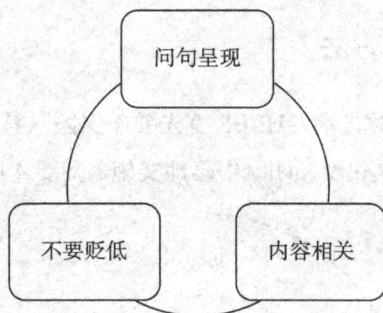

图8-11　应用假设引导法的3点注意事项

1. 问句呈现

应用假设引导法时，最好以问句的形式呈现，因为问句最能引发人们的思考，人们对问句天然具备寻找答案的冲动。

2. 内容相关

运用假设引导法的问句要和待解决的问题具备比较强的相关性，不能为了引发员工思考而漫无边际地提问。如果问句的内容与待解决的问题不相关，反而会产生负面效果。

3. 不要贬低

运用假设引导法的问句不要带有对员工的贬低、埋怨或责怪。例如"假如你是高手……",就暗含着 HRBP 认为员工现在的水平比较低、能力不足,或对员工不满的内涵。员工很可能第一时间对这类问题有所抵触。

实际上,不论什么时候,HRBP 都可以通过多问假设引导的问题,来引发员工思考,扩大员工的思维空间。例如,如果 A 是什么,会怎么样?如果 B 那样设计,会怎么样?通过假设、记录、筛选论证,得到下一步的行动方案。

8.4　文化保障传播方法

三流企业的管理靠领导,二流企业的管理靠制度,一流企业的管理靠文化。发扬和传承企业文化是企业管理和团队管理必不可少的重要环节,也是 HRBP 需要做到的。HRBP 要有能力保障企业文化落地,保障企业文化得到传播推广,对于企业文化模糊不清的情况,要有能力帮助企业提炼和设计企业文化。

8.4.1　企业文化保障方法

在团队中建设企业文化之前,HRBP 首先要确保团队具备保障企业文化实施的基本环境。一般来说,企业文化要在团队中落地实施,需要 4 层保障,如图 8-12 所示。

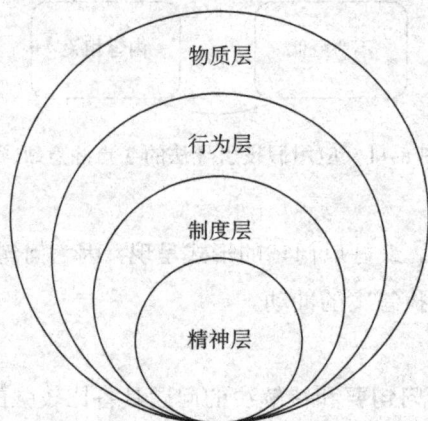

图 8-12　企业文化的 4 层保障

1. 精神层

精神层面的企业文化指的是企业领导者和大部分员工共同遵循的基本理念、价值观、职业道德或者精神风貌,既是企业文化的灵魂,又是企业文化的核心。

企业文化在精神层面的表现形式包括两部分：一是企业愿景、使命、价值观、精神、信仰等核心理念；二是品牌理念、服务理念、产品理念、营销理念、质量理念、人才理念等运营理念。

例如，迪士尼公司的愿景是"成为全球的超级娱乐公司"，使命是"使人们过得快活"；麦当劳的核心价值观是 QSCV（Quality，质量；Service，服务；Cleanliness，清洁；Value，价值）；海尔集团的企业精神是"敬业报国，追求卓越"。

2. 制度层

企业文化建设，不能只说不做，也不能仅仅停留在意识形态。企业文化不仅要做，而且还要变成制度、流程、规范，变成必须要做。这里的制度，包括奖惩、绩效考核、任职资格等一切企业必备的制度。

通过制度层面的建设，形成企业内部的"游戏规则"，让企业文化不仅能够变成一种长期的、稳定的存在，而且成为企业上下所有人约定俗成的做事要求，久而久之，成为一种企业风俗和行为习惯。

3. 行为层

员工是否从心底认可企业文化，是否按照企业文化做事，全部体现在员工日常的行为表现上。如果绝大多数员工的行为符合企业文化，新进入企业的员工将会很快被周围的环境感染，做出符合企业文化的行为。反之，员工会被不符合企业文化的行为影响，从而不能使企业文化有效传承。

行为层体现了员工对企业文化的认同度，是员工在工作中对文化的遵循。员工是否认同企业文化、是否愿意传播企业文化，不是体现在嘴上，不是体现在书面文字上，而是体现在日常的行为上。

4. 物质层

企业文化在物质层面的建设是让企业文化能够被看得见、摸得着，能够被员工更直观地感受到。它包括企业的产品、企业的绩效结果、企业的奖惩实施、企业建筑、企业广告、企业标识、工装、工作牌、名片、信纸等。

精神层是企业文化中最核心的一层，它说明了企业文化的核心价值导向以及深层次内涵；制度层是根据精神层延伸出来的，它承接精神层的内涵，是企业内部的游戏规则和制度保证；行为层是各层级管理者和员工的行为表现，是企业文化的落实，它影响着新进入员工的行为；物质层是企业文化的最外层，它的表现形式非常多样，是企业文化的传播形象和外在表现。

8.4.2　企业文化传播推广

企业文化在团队中的传播方式非常丰富。HRBP 在选择企业文化的传播渠道时，并非选择一种就可以高枕无忧，而应当不拘一格，采取多种传播方式同时传播。常见的 HRBP 在团队中采用的企业文化传播方式包括 6 种，如图 8-13 所示。

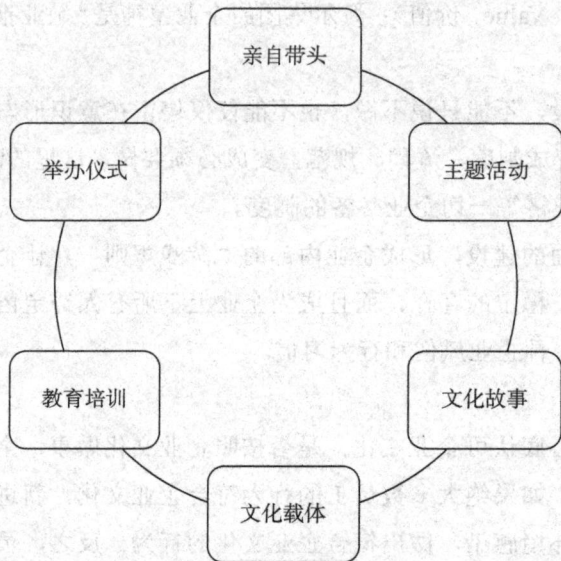

图 8-13　常见的 HRBP 在团队中采用的企业文化传播的 6 种方式

1. 亲自带头

员工的行为直接受团队负责人和周围同事的言行影响。团队负责人是企业文化传播的主力军，其言行直接影响着企业文化的落实。如果团队负责人表面说一套，实际做一套，会让员工产生困惑，产生对企业文化的不信任感。HRBP 首先要保证个人的言行符合企业文化，其次要保证团队负责人的言行符合企业文化。

2. 主题活动

HRBP 可以在团队中举办各类与企业文化相关的主题活动，进行企业文化传播。例如，HRBP 可以举办各类基于企业文化的文体活动。除此之外，还可以举办争先创优评选、家园文化设计、专题演讲比赛、俱乐部、读书会、体育竞技、文艺演出、拓展训练、郊游远足、才艺比赛、团建聚餐等活动。

3. 文化故事

故事容易被人们接受，能够让人们快速掌握企业文化表达的抽象概念和价值观，是企业文化传播比较直观、有效的方式。员工有时候很难理解自己该如何做，但在听到或看到了其他人的故事之后，能够知道其他人是如何做的。员工如果想成为先进员工，会主动学习其他先进员工的做法。HRBP可以运用典型的企业文化故事在团队内传播企业文化。

4. 文化载体

企业文化的载体是承载企业文化凝练之后形成文字内容的"容器"，它凝结着企业文化的核心思想。常见的企业文化载体包括企业文化手册、企业发展历程手册、光荣榜、企业箴言手册、文化故事手册、办公区看板、内部刊物、公告宣传栏等。除了物理载体之外，还可以运用互联网、局域网、歌曲等作为载体进行企业文化传播。HRBP要充分运用这些文化载体传播企业文化。

5. 教育培训

对企业文化进行教育培训是比较直接的企业文化传播方式。在新员工入职、老员工复训、培养管理干部的过程中，HRBP都应当设计与企业文化相关的培训。通过言传身教与日常的思想政治工作，同样能够传播企业文化。在教育培训之后，HRBP还可以举办与培训相关的考试、比赛、讨论会、分享会等活动，强化企业文化的传播效果。

6. 举办仪式

每个仪式背后，都有企业想要传达的理念或价值观。仪式对企业文化的传播能够产生"润物细无声"的效果，让人们不自觉地接受企业文化。HRBP可以刻意制造一些有仪式感的事件，让企业文化得到有效传播。

企业文化的传播，主要指的是对内的传播。企业文化的推广，主要指的是对外的推广。当企业文化的内化工作做到内部和外部统一时，企业文化能够被更多人熟悉并认可，企业文化的存在感会更强。对企业文化的外部推广，企业形象能够得到展示，能够使人们认识企业，有助于企业建立雇主品牌优势。

企业文化应当有一套企业识别系统（Corporate Identity System，CIS）。CIS可以在企业的精神层、制度层、行为层和物质层上得到体现。

精神层的CIS主要指的是理念识别（Mind Identity，MI），相当于企业的"心"。

制度层的CIS主要指的是规范识别（Standard Identity，SI），相当于企业的"脑"。

行为层的CIS主要指的是行为识别（Behavior Identity，BI），相当于企业的"手"。

物质层的 CIS 主要指的是视觉识别（Visual Identity，VI），相当于企业的"脸"。

企业识别（Corporate Identity，CI）就像是人的形象一样。人们给他人留下的印象，是通过外观、言语、行为等实现的。企业要想拥有比较好的外部形象，需要做好各个环节的形象设计和推广工作。

HRBP 可以采取的文化推广活动包括庆典活动、展会活动、赞助活动、促销活动、社区公益活动、公共福利活动、社会援助活动、慈善募捐活动等。除了举办活动外，企业的广告同样可以起到文化推广效果。

8.4.3　企业文化提炼设计

对于企业文化模糊不清的企业，职级较高的 HRBP 可以帮助企业提炼和设计企业文化。

梳理和提炼企业文化的方法包括调查问卷法、座谈会法、访谈法、文件搜集法和观察总结法。虽然方法不同，但企业文化提炼过程中关注的问题基本相同。企业文化的提炼内容，最终都导向企业文化的基本结构。

提炼企业文化的调查问卷模板如下。

以下问题中，同样的问题会出现个别不同的提问方法，可能答案相同，请照常作答。如果有的题目答不出来或没有答案，可以留空白。

（1）如果让你描述自己的企业，你会用哪 10 个词？

（2）在本企业工作，什么是最重要的？

（3）在本企业中，最常出现或被使用的词汇有哪些？

（4）在本企业中，什么样的人得到了或应该得到提升？目前情况如何？理想情况如何？

（5）在本企业中，什么样的行为得到了或应该得到奖励？目前情况如何？理想情况如何？

（6）在本企业中，什么样的人比较容易适应？什么样的人比较不适应？

（7）在本企业中，有什么样的仪式？

（8）在本企业中，目前有哪些不变的真理？

（9）在本企业中，有什么样的模范故事，特别是关于企业领袖或创始人的？

（10）本企业实现更大发展的关键要素是什么？

（11）这些年来，支撑本企业发展的精神力量、观念是什么？

（12）企业目前比较良好的风气是什么？

（13）这些年来阻碍企业发展的观念是什么？

（14）你认为企业最高领导层的个人信念、人生追求、品质特征及领导风格是什么？

（15）企业要实现理想目标与更大发展，应该引进和吸收哪些新观念？

（16）企业员工应共同遵守的价值观或道德准则是什么？其中最重要的是哪个或哪几个？

（17）请描述本企业的宗旨、愿景、使命和核心价值观。

（18）请描述你所知道的或应该有的本企业格言。

（19）企业目前应该克服的不良观念或风气是什么？

（20）你认为企业必须遵守哪些原则？

HRBP 可以对提炼出的企业文化做识别、分析、盘点、诊断和评价。对企业文化的诊断和评价应当站在企业发展的角度，思考企业为什么会具备当前的文化；当前的文化是否符合企业的未来发展；当前的企业文化是否是企业期望见到的文化；当前的企业文化是否应当修正，应当通过何种方式修正。

提炼出的企业文化也许与企业发展的理念有差距，为了管理企业文化，HRBP 可以有意对企业文化进行设计。在设计企业文化时，HRBP 应当参考企业现状和未来发展，在原有企业文化的基础上，做适度的调整和提升。

企业文化设计的步骤可以分成 3 步，如图 8-14 所示。

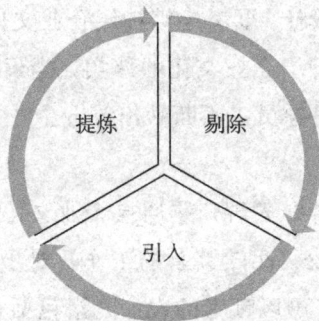

图 8-14　企业文化设计的 3 个步骤

第 1 步，提炼出好的企业文化。在提炼出的企业文化中，有适宜企业长远发展的企业文化，HRBP 应当保护和发扬这部分文化。

第 2 步，剔除不好的企业文化。对于提炼出的企业文化当中不好的部分，HRBP 要找到源头，想办法剔除。

第 3 步，引入想要的企业文化。对于企业期望具备，但实际还不具备的企业文化，HRBP 应当通过一些方式引入。

设计企业文化的过程实际上是形成全员价值观和企业理念的过程，是挖掘和弘扬企业精神的过程，是塑造企业灵魂的过程。在完善和设计企业文化的时候，HRBP 要注意如下事项。

1. 精神层设计

HRBP 在设计精神层企业文化的时候，要在尊重现实、尊重企业的发展历程和个性特色的同时，超越现实，站在一定的高度，预期企业未来的发展方向，和企业未来的发展形成匹配。除此之外，还要注意精神层文化的系统性、艺术性和个性。企业理念的设计可以参考企业的优秀传统、模范人物、其他先进企业的理念、中华民族的传统文化和社会中的典型文化。

2. 制度层设计

HRBP 在设计制度层企业文化时，不能照搬其他企业的制度，不能仅凭经验闭门造车，不能无视员工的诉求，不能太抽象，不能只喊口号。企业文化的制度层设计应当契合企业的精神层，服务于企业发展，和企业的战略形成匹配，要简明扼要，具备系统性和可操作性。

3. 行为层设计

对于行为层企业文化设计，要考虑精神层企业文化落实在行为上的具体表现，以及何种行为能够促进精神层企业文化的落实。当聚焦到具体行为之后，再将行为制度化，或者通过制度引导员工不断做出符合企业文化的行为。

4. 物质层设计

物质层是企业文化的外在表现，物质层企业文化设计需要涉及的形象和要素种类繁多，是一项比较专业、比较繁杂的工作。对于这部分工作，HRBP 可以请专业的设计公司参与设计，可以参考的设计元素包括企业的标识、旗帜、标准色、标准字、员工服装、产品包装等。

8.5　高效组织会议方法

开会是有时间成本和机会成本的，开会是为了通过多方交流沟通，达成某个目的，而不是为了开会本身。在很多团队中，HRBP 肩负着组织会议的职责。这就要求 HRBP 有能力策划、筹备会议，有能力确定会议主题和时间，有能力做会后的工作落实。

8.5.1　会议策划筹备方法

有的团队为了增强团队凝聚力，让团队成员相互讨论、相互帮忙，经常召开会议。这种想法的初衷是好的，可效率比较低，尤其是会出现很多会议与团队成员工作关联度不大的情况。开会是为了解决问题。如果为了达到某个目的，而让大部分员工的工作效率降低，影响了其本职工作，这反而又成了一个新问题。

会议不应随意发起。在团队中，如果要解决的问题只需要在团队负责人和某个下属之间沟通，最好不要通过开会的方式解决，通过双方的沟通就可以。

如果在某个解决问题的会议中，团队负责人觉得某个问题很重要，有必要让其他员工知道，可以在吸取经验后，在其他的会议上公布解决问题的过程和结果，供团队参考，而不需要让其他人也参与当前这个解决问题的会议。

如果需要组织多人参与解决问题的会议，可以在相关的多人之间发起临时会议，不相关的人不需要参加。

一般来说，适合召开会议的情况有 4 种。

（1）需要多人同时了解某项信息的时候。

（2）需要多人同时参与讨论的时候。

（3）需要群体决策的时候。

（4）需要统一思想的时候。

HRBP 每次召开会议前，要检视应参会人员。如果让无关人员参会，容易提高会议的成本。切忌不论什么会议，全部人员都一起参加。参会人员也不是越少越好，如果原本应参会的人没有参会，可能会降低会议的效率，达不到会议的效果。

HRBP 在选择参会人员时，要注意 5 点原则，如图 8-15 所示。

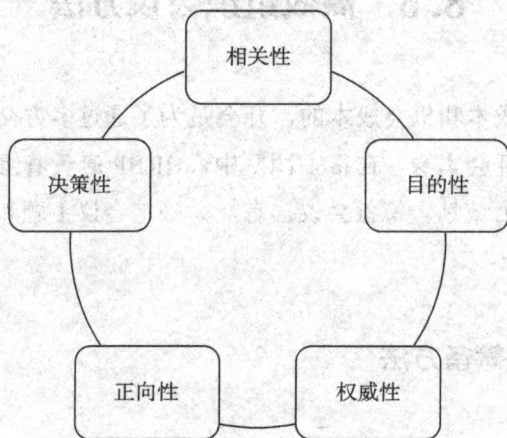

图 8-15　HRBP 选择参会人员的 5 点原则

1. 相关性

每一个参会人员都要和会议有关，不相关的人员不用参加会议。

2. 目的性

每个参会人员参加会议时都应当有一定的目的或目标。

3. 权威性

参会人员中要有了解会议主题情况的人或专业权威人士，不能全是不了解情况的人或"外行"。

4. 正向性

参会人员对会议的影响应当是正向的，对会议召开的过程和意义应当有正面效果。

5. 决策性

参会人员中要包含能就会议讨论主题得出结论、做出决策的人。

8.5.2　会议主题、时间安排

会议主题一般是指会议中需要商讨研究的主题内容，一般应由团队负责人确定，HRBP 进行协助。在确定召开会议后，HRBP 要有针对性地收集一段时间以来团队工作的进展情况信息。例如哪些工作出现了哪些问题，在哪个环节上出现了问题，有哪些问题急需解决等。

HRBP 通过广泛、深入、细致地了解各部门工作情况，从中列出最需要在会议上研究的会议内容，供团队负责人参考。

确定会议主题后，在会议开始之前，HRBP 应当做出 3 类思考。

（1）思考是否存在开会的必要性。探讨是否一定要召开会议，是否存在更高效的解决问题的方式。

（2）思考能否最大限度地简化会议。探讨能不能减少会议的参加者，能不能减少会议的频率、时间和资料。

（3）思考是否有与其他会议合并的方法。探讨能不能与其他会议一起召开，能不能不开会就解决问题。

为防止会议变成一场无休止的讨论，HRBP 要提前设定好会议时间。在会议时间的设计上，HRBP 要注意，一般召开频率越高的会议，召开时间应当越短；召开频率越低的会议，召开时间可以越长。召开会议的时间参考如表 8-4 所示。

表 8-4　召开会议的时间参考

会议频率	会议时间
每天召开一次的会议	0.5 小时以内
每周召开一次的会议	2 小时以内
每月召开一次的会议	4 小时以内
每季度召开一次的会议	8 小时以内
每年召开一次的会议	16 小时以内
临时的全员参与会议	8 小时以内
临时的非全员参与会议	4 小时以内

注：上表会议时间数字为经验数据，仅供参考，请以实际需求为准。

会议时间绝不是越长越好，设计会议时间的总体原则是，用最少的时间达成会议目标。要有效地控制会议时间，会议策划人、会议主持人和参会的最高管理者三方都有责任。

能否有效解决问题跟会议的时间长短没有直接的关系，跟会议的前期准备有很大关系。会议前期准备得越充分，会议效率越高，会议效果越好。与其把时间浪费在会议过程中，不如把时间花在会议准备上。

8.5.3 会后工作落实方法

在很多会议结束后,虽然参会人员知道会议最后得出了某个结论,但不知道这个结论和自己的工作有什么关系,从而导致员工开完会后也没有采取行动。有时候,员工即便知道会议的结论和自己工作是相关的,但团队负责人没有给出具体要求和工作安排,没有具体的记录,没有具体的输出资料,很多员工也会无视这个结论,导致会议没有产生效果。

要保证会后工作落实到位,HRBP 要管理好会议的输入和输出。输入和输出是一组程序语言,这种程序语言的原理在管理上依然能够得到应用。

会议的输入,指的是所有开会需要的组成要素,包括会议主题、参会人员、会议流程等;会议的输出,指的是会议的产出结果。这里的结果除了某种结论或某个方案外,还包括具体的行动要求和工作安排。有了这些,会议结果才有可能落地。

做好了会议的所有输入,经过到位的会议过程管控,才会有想要的输出。为了便于对会议结果进行评估,会议输出应当以会议纪要的形式出现。会议纪要模板如表 8-5 所示。

表 8-5　会议纪要模板

会议名称		会议编号	
会议时间		会议地点	
参会人员类型		参会人数	
会议主持人		会议记录人	
会议议程			
会议内容纪要			
会议决议内容			

会后布置工作落实			
工作内容	责任人	预计完成时间	检查落实人
备注			

　　会议结束前，应当设置会议记录人与所有参会人员核对会议纪要的环节，重点核对会后布置工作的落实。核对工作完成后，会议记录人应在会议现场或会议结束后的一定期限内将会议纪要发送给相关人员，以便让会议的落实工作有迹可循。

　　根据不同的会议类型，可以选择性地将会议纪要发送给没有参会的人员。例如在会议的落实工作中，某项工作需要某个责任人或某个检查落实人参与，但其没有参与会议的情况。

　　不论会议的目的、主题和目标是什么，最后都要有某种输出。会议输出除了某种结论或某个方案之外，还需要有具体的行动要求和工作安排。明确了这些要求和安排后，员工才清楚会议之后具体要做什么，然后分头落实，会议结果才有可能落地。

第 9 章
HRBP 员工关系
管理方法与工具

在员工关系管理方面，HRBP 需要做好员工沟通，通过主动沟通、员工访谈、引导提问掌握员工的思想动态；需要做好员工调查，通过满意度调查、敬业度调查和合理化建议征集，了解员工群体的意见导向；需要做好应急事项处理，通过化解冲突、处理对抗、应对投诉、处理争议稳定员工队伍。

9.1　员工沟通方法

有人说管理的本质就是沟通。通过沟通，HRBP 能够掌握员工的思想动态，引导员工更好地完成工作、提升绩效。为此，HRBP 要掌握员工沟通的基本工具，掌握沟通的原则；要掌握员工访谈的方法，找到并改正团队问题；对于不愿意沟通的员工，要掌握提问引导的方法。

9.1.1　员工沟通工具

每个人都有想展示给别人的一面，也有自己想隐藏起来的一面。要成为优秀的 HRBP，就不能让自己在别人眼中过于神秘，而应敞开心扉与员工沟通。如果 HRBP 想要隐藏的信息太多，可能会被别人认为是一个内心封闭的人，员工对其的信任度会降低，会引起员工的防范心理。当 HRBP 保持开放的心态，也能够通过员工了解到很多自己不了解的信息，不断完善自己。

要有效与员工沟通，HRBP 可以用到一个工具——沟通视窗。沟通视窗，也叫乔哈里视窗（Johari Window），这个理论最初是由约瑟夫（Joseph）和哈里（Harry）在 20 世纪 50 年代提出来的。沟通视窗把人际沟通的信息比作一个窗子，这个窗子被分成了 4 个区域，如图 9-1 所示。

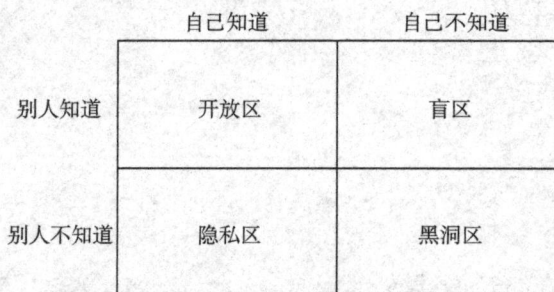

	自己知道	自己不知道
别人知道	开放区	盲区
别人不知道	隐私区	黑洞区

图 9-1　沟通视窗

（1）开放区是自己知道，别人也知道的信息，例如姓名、性别、年龄、职业等。开放区越大，沟通越顺畅，他人对自己越信任，工作的配合度越高。所以 HRBP 要多说、多问，与员工充分交换信息，不断扩大自己的开放区。

（2）盲区是自己不知道，但是别人知道的信息，例如性格弱点、不好的习惯、他人的评价等。说得多，问得少，盲区就会变大。HRBP 和员工之间要想有效沟通，拉近彼此之间的距离，可以通过多询问对方关于自己的信息，缩小认知盲区，改善不好的行为习惯。

（3）隐私区是自己知道，但是别人不知道的信息，例如某些不想让他人知道的经历、秘密、心愿等。为了扩大开放区，HRBP 应以开放的心态和员工交流，缩小自己的隐私区。当隐私区越来越小的时候，开放区将会越来越大。

（4）黑洞区是自己不知道，别人也不知道的信息，例如某种潜能、隐藏的疾病等。通过主动询问下属、自我发现，HRBP 可以不断了解自己，一段时间之后，黑洞区会越来越小。

对不熟的人，人们的心灵窗户是不会随便打开的，所以 HRBP 在与员工沟通的过程中，会发现有的员工不愿意开放自己的隐私区。要想让员工逐渐敞开自己心灵的窗户，HRBP 要多和员工沟通，先对员工开放自己的隐私区，对员工的问话要多走心，多观察员工的情况，多和员工聊一些生活细节，体现出对员工的关心。

9.1.2　员工访谈方法

HRBP 每过一段时间，就应该实施一次员工访谈。通过实施员工访谈，能够增进 HRBP 和员工之间的情感，增强团队凝聚力；能够发现团队内部存在的问题，及时做出修正，减少风险；能够鼓舞士气，激发员工的动力，提高团队的绩效。

HRBP 实施员工访谈的时间间隔可以根据实际情况确定。对于比较小的团队，时间间隔可以设置得相对较短，例如每周做一次员工访谈；对于比较大的团队，时间间隔可以设置得相对较长，例如每月做一次员工访谈。

每次员工访谈的时间不需要太长，对单个员工来说，一次访谈的时长一般不需要超过 30 分钟。这里要注意，如果没有遇到有特殊情况的员工，HRBP 对所有员工实施的访谈要做到平均，不要总对某些员工进行高频率的访谈，而忽略了某些员工。HRBP 实施员工访谈时，可以采取个别访谈、抽查访谈或针对问题访谈的形式。

为保证员工访谈的平稳实施，HRBP 要对员工访谈的频率和次数做好记录，员工访谈次数记录样表如表 9-1 所示。

表 9-1   员工访谈次数记录样表

姓名	第 1 周谈话次数	第 2 周谈话次数	第 3 周谈话次数	第 4 周谈话次数	本月合计谈话次数
小张					
小王					
小李					
小刘					

如果管理成本允许，也可以详细记录员工访谈的内容。

对于在员工访谈过程中暴露出的问题，HRBP 要详细记录，记录问题提出人、提出时间。对该问题的真实性，要做必要的核查，并根据问题的重要和紧急程度，排出待解决问题的优先级顺序。员工访谈问题记录表如表 9-2 所示。

表 9-2   员工访谈问题记录表

发现的问题	问题提出人	问题提出时间	问题查证结果	问题解决优先级

对于排出优先级顺序的待解决问题，要形成解决方案，每个问题和方案都要对应相关的责任人、参与人和完成时间。员工访谈问题解决记录表如表 9-3 所示。

表 9-3   员工访谈问题解决记录表

待解决的问题	解决方案	责任人	参与人	完成时间

对员工访谈之后的汇报工作，应该注意如下要点。

1. 客观统计

员工访谈的目的是了解员工的意见，而不是规定员工的意见应该是什么。所以统计汇报的内容应当客观反映员工意见，不要加入访谈人主观的因素。

2. 结论为先

汇报的时候先说结论，然后再说得出这个结论的过程。如果有时间，可以详细说明一下员工访谈过程中，比较有代表性的意见或建议。

3. 带着方案

员工访谈的最后，通常多多少少会发现一些问题。这些问题有的能够被改善，有的很难被改善，这时候要分清楚主次，定好先后顺序，制定解决方案。

9.1.3 提问引导方法

有的员工性格外向，愿意与人沟通，愿意透露心事。HRBP 与这类员工沟通起来相对比较容易。有时候就算 HRBP 不主动与这类员工沟通，这类员工也会主动找到 HRBP 沟通，可能会主动说出自己当前的困难或疑惑。

有的员工性格内向，不愿与人沟通，不愿意吐露心事。这类员工往往会把负面情绪积压在心中，不敢轻易宣泄，又不知如何解决。长期下去，这类员工不仅会出现工作效率降低、离职或绩效下降的问题，而且有的员工会产生心理抑郁倾向，甚至可能会出现严重的心理疾病。

当 HRBP 发现这种情况，尝试与这类员工沟通的时候，容易吃"闭门羹"。要想有效与这类员工沟通，HRBP 可以采用提问引导的方法。这里可以用到的工具是 SPIN 提问法。

SPIN 提问法最早是应用在销售类场景中的一种提问方法，通过 SPIN 提问法，能够帮助客户发现和确立需求，从而促成最终成交。在员工访谈中，也可以运用 SPIN 提问法的原理来引导对话。

在员工沟通场景中，SPIN 提问法的内容含义如下。

S 代表背景（situation）问题，指的是关于当前事实情况或背景的问题。这里的问题可以是关于员工个人的，可以是关于员工家庭的，也可以是关于员工所在团队的。运用背景问题的主要目的是寒暄、破冰、把对方引入对话环境中。

举例

最近见你瘦了不少，是在减肥吗？

最近看你精神不太好，晚上没有睡好吗？

最近经常见到你在加班，工作量比较大吗？

P 代表难点（problem）问题，指的是针对现状或背景的难点、困难或不满引发的问题。运用难点问题的主要目的是引导对方说出其隐藏的、不想对外人说的问题。在员工访谈中，HRBP 可以运用难点问题来引导员工找到问题根源。

举例

以前你总是在食堂吃饭，最近看你总是定外卖，是不是餐厅的饭菜不合你胃口？

之前从来没见你迟到过，最近你上班总是迟到，是不是家里有什么事需要处理？

你的绩效一直都比较好，最近绩效成果比较差，是不是工作上遇到什么困难了？

I 代表暗示（implication）问题，在销售类场景中，这类问题主要用来诱导需求，把小问题放大，让对方觉得这个问题需要解决，从而促成成交。在员工访谈中，这类问题是用来帮助员工寻找解决问题的方向和角度的，通过提问的方式，暗示问题的解决方向。

举例

你的问题他(团队管理者)从来都不知道吧？你是不是从来没和他沟通过呀？试着和他沟通一下会不会更好呢？

出现这个问题会不会是因为大家并不知道你的工作量？你下次开会的时候向大家介绍一下自己的工作量会不会更好一些？

听说人力资源部最近组织的绩效提升培训还不错，我听完后有很大的启发，说不定你听完后也能有启发，你要不要去听一下？

N 代表需求与效益（need-pay off）问题，指的是解决这个问题的价值和意义。在销售类场景中，运用需求与效益问题，可进一步放大问题被解决之后的好处，从而促成交易。在员工访谈中，这类问题是用来帮助员工采取行动，改变现况的。

举例

如果这个问题解决了，你觉得会是什么样子？如果是那样，你现在是不是该做点什么了？

这个问题现在给你造成了什么困扰？为了让问题缓解，你准备什么时候开始做呢？

如果没有这个问题，你会怎么样？对于这个问题，你的行动计划或方案是什么呢？

HRBP 在应用 SPIN 提问法的时候要注意，SPIN 提问法的关键在于通过提问的方式来引导对话，而不是直接告诉对方应该怎么做。通常，人们不会因为别人说出正确的大道理而改变行为，人们只会因为自己认为有价值的事情而改变，人们的改变最终要靠自己。

例如大多数抽烟的人都知道抽烟对自己的身体有危害，但却不愿意戒烟。可是有的人当有了孩子之后，觉得自己抽烟会影响孩子的身体健康，就果断戒烟。抽烟有害健康的道理没有让这类人改变，对孩子的爱却让这类人改变了抽烟的习惯。

通过 SPIN 提问法的引导，HRBP 要让对方自己发现问题，自己感受到改变的需要，自己找到方法，自己采取行动。

9.2　员工调查方法

除了定期的员工访谈之外，HRBP 可以通过调查了解员工群体的意见导向。通过员工群体意见导向做出相应调整，有助于群体工作效益和效率的提升。为此，HRBP 要掌握员工满意度调查方法、员工敬业度调查方法和合理化建议征集方法。

9.2.1　员工满意度调查方法

员工满意度指的是员工对企业、部门、上级、同事、从事岗位工作等与职业相关的人与事物的满意程度。

员工满意度调查是广泛听取员工意见，并激发员工参与管理的一种方式，是企业预防和监控的手段，也是企业管理在员工心态和行为上的体现。通过员工满意度调查，HRBP 可以捕捉群体员工的思想动态和心理需求，从而有针对性地采取应对措施。

员工满意度的调查问卷如表 9-4 所示。

表 9-4　员工满意度调查问卷

您好：

　　感谢您参加本次员工满意度调查工作，本次调查工作旨在了解员工的需求，便于公司更好地服务于员工，创建更适合员工发展的公司文化和工作氛围。我们希望了解您的真实想法，真诚感谢您积极地参与配合，谢谢！

　　本次调查为匿名调查，任何信息都将严格保密，请您放心作答。

　　请您在选择的答案前的"□"中画"√"。

您的性别：□男　□女

您的年龄：□ 30 岁以下　□ 30 岁～ 40 岁　　□ 41 岁～ 50 岁　　□ 50 岁以上

您的职务：□总监及以上　□经理 / 副经理　□主管 / 副主管　□员工

类别	项目	满意度
工作时间	您对上下班时间安排是否满意？	□满意　□不满意　□折中
	您对休假的安排是否满意？	□满意　□不满意　□折中
工作环境	您对于工作场所的环境温度、湿度是否满意？	□满意　□不满意　□折中
	您对于工作场所的光线、通风状况是否满意？	□满意　□不满意　□折中
	您对工作场所的噪声情况是否满意？	□满意　□不满意　□折中
	您对工作场所的清洁情况是否满意？	□满意　□不满意　□折中
	您对工作的出差情况是否满意？	□满意　□不满意　□折中
	您对工作中用到的工具和设施是否满意？	□满意　□不满意　□折中
	您对工作中提供的劳动保护用品是否满意？	□满意　□不满意　□折中
工作感受	您对当前的工作量是否满意？	□满意　□不满意　□折中
	您对当前工作耗费的体力或精力是否满意？	□满意　□不满意　□折中
	您对当前工作产生的意义和价值是否满意？	□满意　□不满意　□折中
	您对当前工作中产生的愉悦感是否满意？	□满意　□不满意　□折中
	您对当前工作与领导之间的关系是否满意？	□满意　□不满意　□折中
	您对当前工作与同事之间的关系是否满意？	□满意　□不满意　□折中
	您对当前工作给您带来的压力与挑战是否满意？	□满意　□不满意　□折中
薪酬福利	您对当前工资是否满意？	□满意　□不满意　□折中
	您对公司告知工资明细的方式是否满意？	□满意　□不满意　□折中
	您对福利发放的种类和形式是否满意？	□满意　□不满意　□折中
	您对工资、节假日福利发放的时间是否满意？	□满意　□不满意　□折中
晋升空间	您对所在岗位的晋升通道是否满意？	□满意　□不满意　□折中
	您对公司提供的职业发展和晋升方式是否满意？	□满意　□不满意　□折中
	您对公司晋升需要的时间是否满意？	□满意　□不满意　□折中
	您对所在部门领导对您晋升给予的支持是否满意？	□满意　□不满意　□折中

类别	项目	满意度
学习机会	您对当前能接受的岗位业务或管理技能培训是否满意？	□满意　□不满意　□折中
	您对公司能够提供的外出学习和培训机会是否满意？	□满意　□不满意　□折中
	您对公司的培训管理制度是否满意？	□满意　□不满意　□折中
领导方式	您对自己的直属上级是否满意？	□满意　□不满意　□折中
	您对自己直属上级处理问题的能力是否满意？	□满意　□不满意　□折中
	您对自己直属上级工作安排的能力是否满意？	□满意　□不满意　□折中
	您对自己直属上级上传下达的能力是否满意？	□满意　□不满意　□折中
	您对自己直属上级公平公正的态度是否满意？	□满意　□不满意　□折中
	您对自己直属上级以身作则的态度是否满意？	□满意　□不满意　□折中
	您对自己参与决策的程度是否满意？	□满意　□不满意　□折中
生活保障	您对公司的用餐质量及服务是否满意？	□满意　□不满意　□折中
	您对宿舍的环境及服务是否满意？	□满意　□不满意　□折中
	您对公司提供的休闲娱乐设施是否满意？	□满意　□不满意　□折中
	您对公司组织的各类文体活动是否满意？	□满意　□不满意　□折中

对于上述问卷中的事项，您有哪些期望补充的内容？

您还有哪些上述问卷中没有提到的不满意的事项？

您对公司有哪些意见或建议？

实施员工满意度调查的通用流程包括 6 步，如图 9-2 所示。

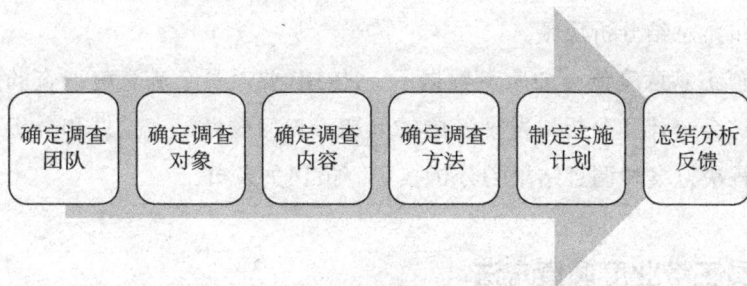

图 9-2　实施员工满意度调查的通用流程

第 1 步，确定调查团队。

实施员工满意度调查应当有专属的团队。对一般企业来说，员工满意度的专项调查由人力资源部负责组织实施并统计结果，由各部门配合完成。对于员工满意度的日常了解和异常发现，由部门内部的直属上级在工作中通过访谈的形式实施关注。

第2步，确定调查对象。

员工满意度调查的对象可以是全体员工，也可以是部分员工。当选择部分员工作为调查对象时，可以随机选择，可以针对当前暴露出的问题对员工区分调查，可以根据员工层级区分调查，也可以根据员工所属地区、年龄、性别、部门等区分调查。

第3步，确定调查内容。

员工满意度调查的内容决定了调查结果中将会包含哪些数据，将能够解决哪些问题。HRBP 可以直接采用本书提供的员工满意度调查问卷，也可以根据企业的实际需要，在本书提供的员工满意度调查问卷的基础上做出修改。

第4步，确定调查方法。

员工满意度调查从大类上区分，包括定性调查和定量调查，可以进一步划分为问卷调查法和员工访谈法等。如果采用问卷调查法，根据调查媒介的不同可以分成纸质调查法和电子调查法。HRBP 可以根据企业需要，以最小化成本、最大化效率为原则，确定员工满意度调查的具体方法。

第5步，制定实施计划。

HRBP 根据前几步中确定的员工满意度调查对象、调查内容和调查方法，设计员工满意度调查的实施方案，形成行动计划，由调查团队组成实施小组，在企业内部开展必要的培训或说明后，正式开始实施员工满意度调查。

第6步，总结分析反馈。

收集员工满意度调查的所有数据后，HRBP 要对员工满意度调查的所有数据结果进行综合统计和分析，发现其中的问题，对问题做深入挖掘和分析，形成改进措施、解决方案和调查结果的分析报告，报相关人员。

9.2.2　员工敬业度调查方法

员工敬业度指的是员工心甘情愿、自发积极、专心致志从事岗位工作的程度。

与员工满意度调查的含义不同，员工敬业度调查是为了解员工对企业的归属感、对工作的积极性和对岗位的责任感。提高员工满意度能够提高员工敬业度，但提高员工满意度不是提高员工敬业度的唯一方式。

员工的敬业度与员工的目标和价值观有很大关系。有的员工期望在职业上获得比较好的发展，有的员工期望薪酬有所增加，有的员工期望生活和工作获得平衡。当员工的期望得到满足时，员工获得成功，员工的满意度和敬业度都将会提高。

HRBP 实施员工敬业度调查可以参考盖洛普（Gallup）员工敬业度调查的方法论。盖洛普员工敬业度调查将员工敬业度调查问卷分成了 12 个问题，每个问题的最高分为 5 分，最低分为 1 分。员工敬业度调查问卷如表 9-5 所示。

表 9-5 员工敬业度调查问卷

序号	问题	完全同意	比较同意	一般	不太同意	完全不同意
1	我很清楚公司对我的工作的具体要求	5	4	3	2	1
2	我身边有做好我的工作所需要的全部资源	5	4	3	2	1
3	我每天都有机会做我擅长做的工作	5	4	3	2	1
4	在过去的 7 天之内，我曾经因为工作出色而受到了表扬	5	4	3	2	1
5	我的上级领导和周围的同事关心我的个人情况	5	4	3	2	1
6	我的上级领导和周围的同事鼓励我的个人发展	5	4	3	2	1
7	我的意见在工作中能够受到重视	5	4	3	2	1
8	我因为公司的目标或使命而感觉到自己工作的重要性	5	4	3	2	1
9	我的同事们都在努力做出高质量的工作	5	4	3	2	1
10	公司中有一位同事是我最要好的朋友	5	4	3	2	1
11	在过去的 6 个月里，公司有人曾经和我谈起过我的进步	5	4	3	2	1
12	在过去的 1 年里，我有机会在工作中获得成长	5	4	3	2	1

其他方面的意见和建议：

非常感谢您参与调查，祝您工作顺利，万事如意！

表 9-5 的问卷中的 12 个问题分别对应着企业 4 个不同的关注领域，分别是员工的基本需求、管理层对员工的支持、员工的团队协作和员工的发展问题，对应情况如表 9-6 所示。

表 9-6　员工敬业度调查问卷与关注领域对应情况

序号	问题	关注领域
1	我很清楚公司对我的工作的具体要求	员工的基本需求
2	我身边有做好我的工作所需要的全部资源	
3	我每天都有机会做我擅长做的工作	管理层对员工的支持
4	在过去的 7 天之内，我曾经因为工作出色而受到了表扬	
5	我的上级领导和周围的同事关心我的个人情况	
6	我的上级领导和周围的同事鼓励我的个人发展	
7	我的意见在工作中能够受到重视	员工的团队协作
8	我因为公司的目标或使命而感觉到自己工作的重要性	
9	我的同事们都在努力做出高质量的工作	
10	公司中有一位同事是我最要好的朋友	
11	在过去的 6 个月里，公司有人曾经和我谈起过我的进步	员工的发展问题
12	在过去的 1 年里，我有机会在工作中获得成长	

根据员工敬业度的调查结果，HRBP 可以把员工的敬业度类型分成 3 类，分别是敬业员工、从业员工和怠工员工。

员工敬业度比较高的是敬业员工，指的是员工工作效率比较高，对企业比较忠诚，愿意在企业长期工作，有责任意识和主人意识，工作环境提供的大部分条件都能满足其工作需求。

员工敬业度处在中等水平的是从业员工，指的是员工虽然有一定的工作效率，但是对企业不够忠诚，缺乏认同感，缺乏责任意识，容易缺勤，工作环境提供的条件只能满足其部分的工作需求。

员工敬业度比较低的是怠工员工，指的是员工工作效率比较低，对企业不忠诚，对企业不满意，同时还可能会散布这种不满，工作环境提供的条件基本不能满足其工作需求。

实施员工敬业度调查项目的通用步骤可以分成 3 步，如图 9-3 所示。

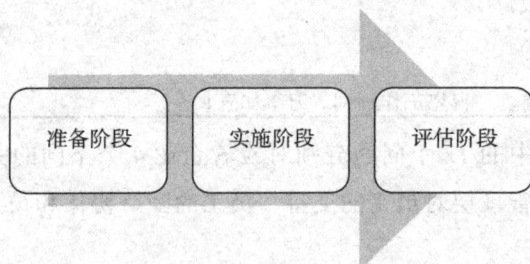

图 9-3　实施员工敬业度调查项目的通用步骤

1. 准备阶段

在员工敬业度调查项目的准备阶段，比较关键的工作项目内容如下。

（1）确定接受调查的人员范围。为了获得同比数据，接受员工敬业度调查的人员范围一旦确定，不应随意变更。

（2）进行敬业度调查的问卷设计。问卷调查的 12 个问题比较经典，一般不会变更，但可以根据企业需要，增加一些新的调查题目。为保证问卷调查效果，在设计调查问卷时，调查题目的数量不宜过多，加上原来的 12 个问题，一般最多不超过 24 个问题。

（3）制定问卷调查的行动方案。企业在实施问卷调查的时候，应采取最简便的发放和收集问卷的方法，既要保证员工清楚填写调查问卷的正确方法，又不能因为填写问卷影响员工的正常工作。

（4）参与调查项目的工作人员。实施问卷调查项目离不开工作人员的付出，HRBP 在选择实施项目的工作人员时，应尽量寻找工作能力强、有责任心的工作人员。

2. 实施阶段

在员工敬业度调查项目的实施阶段，比较关键的工作项目内容如下。

（1）开始实施敬业度调查。敬业度调查项目的工作人员根据事先制定的行动方案实施员工敬业度调查，推进项目的实施进度。

（2）解答来自员工的疑问。在实施敬业度调查的过程中，员工可能会存在一些疑问，工作人员应当及时解答员工的疑问。

（3）数据的分类统计。员工敬业度调查的 12 个问题，每个问题都具有一定的代表性，企业应分别统计其分值大小，而不是直接计算总分。

3. 评估阶段

在员工敬业度调查项目的评估阶段，比较关键的工作项目内容如下。

（1）按时间维度对敬业度进行对比分析。对于员工敬业度的调查结果，HRBP 可以对比历年同期的变化情况，根据变化情况，找出员工敬业度的变化趋势，进一步分析变化趋势产生的原因，聚焦问题所在，根据问题采取相应的行动方案。

（2）按部门维度对敬业度进行对比分析。不同部门或团队的员工敬业度结果通常是不同的，对于员工敬业度比较低的部门或团队，应当对比敬业度比较高的兄弟部门或团队，查找本部门或团队员工敬业度低的主要原因，制定并实施相应的行动方案。

（3）行动方案的跟踪落实。根据员工敬业度结果分析制定行动方案，方案中的责任人应做好落实工作，员工敬业度调查项目的工作人员（或 HRBP）应阶段性跟踪责任人的行动，做好对行动落实情况的评估工作。

9.2.3　合理化建议征集方法

一个小小的改变，可能会引起意想不到的结果。一个新的创意，可能会改进企业业绩。

员工合理化建议征集能够收集到员工对改善企业经营管理的意见和要求，同时又能够激发员工参与企业经营，提升员工对企业的认同感和忠诚度，也为企业人力资源管理的决策和改善提供有效的依据。

人力资源部可以作为员工合理化建议的归口管理部门，负责建议的收集、筛选、呈报、组织评议、跟踪、反馈，并对已采纳的合理化建议的实施情况进行记录及奖励等方面的组织工作。但不代表人力资源部应该为员工的合理化建议负全责。

为确保工作质量及有效性，对合理化建议能进行有效性评估及合理授奖，需要成立合理化建议的评审小组，最好由总经理兼任评审小组组长。合理化建议评审小组的工作职责包括如下内容。

（1）研究与制定合理化建议的管理政策与制度。

（2）对重大建议事项进行评议，决定是否采纳。

（3）对已采纳实施的建议进行过程跟踪，以防范决策失误，并及时调整，避免风险。

（4）对实施后产生效益的合理化建议进行效益评估。

（5）评选各季度优秀建议，并制定奖励政策。

员工的直属上级或各部门负责人对员工合理化建议的收集、整理同样负有责任，应动员本部门员工积极参与企业合理化建议征集活动，并做好各项建议的审核、传递、申报工作。

1. 合理化建议范围

合理化建议是相对于企业目前技术水平、经营管理水平、精神文明建设有所提高和改进而言，在有关改进和完善企业生产技术和经营管理方面的办法、措施及精神文明建设方面的新举措。合理化建议中对应的技术改进内容是对机器设备、工具、工艺技术等方面的改进和革新。

2. 合理化建议的征集

员工可以直接利用邮件、内网系统等方式填写合理化建议的申报表，并提交至直属上级处。由直属上级审核后，再报人力资源部。合理化建议征集和申报样表如表9-7所示。

表9-7　合理化建议征集和申报样表

建议人		职位		所在部门		提案日期	
建议名称							
建议 类别 请打"√"	销售 提高		技术 改进		风险 管控		建议实施部门
	成本 降低		制度 改进		其他		
现状分析							
改进措施 及预期 结果							
关联部门 意见							
评审小组 意见							
总经理 意见							

填写合理化建议征集和申报表的时候要注意如下事项。

（1）说清楚建议事由、原因及其作用、目的、意义。

（2）说清楚原有缺失，即在建议未提出前，原有情形的缺陷及缺陷程度。

（3）详细说明改进意见及具体办法，包括措施、程序及实施步骤等。

（4）要阐述预期效果，详细说明采用建议后，可能获得的成就，包括提高效率、简化作业、消除危害、节省开支、增加销售、保证质量、创造利润等方面的内容。

（5）如果建议需要企业在人力、物力、财力及时间上有较大的投入，则必须要有投入产出分析报告及经济、技术可行性论证的详细资料。

3. 注意事项

（1）要注意建议的客观性及具体性，即要求建议人把现状真实地反映出来，以事实和数据说话。

（2）要注意把握问题原因的准确性，即要求建议人把问题发生的主要原因找出来。

（3）要注意解决问题的可行性，要求建议人针对问题发生的主要原因，提出具体的改善对策，也就是提出解决问题的具体方法。对于只提问题，不提解决办法的建议应视为无效建议。

（4）要注意改善的绩效性，一切建议都以绩效为导向，这种绩效不一定是以金钱去衡量的，它是一个综合性指标，判定标准是促使企业向越来越好的方向发展。

9.3　异常状况处理方法

在员工关系管理方面，HRBP 不仅要学会管理正常的情况，还要学会管理异常状况。员工关系管理方面的异常状况通常包括人与人之间关系的异常状况和人与组织之间关系的异常状况，常见表现为员工之间的冲突、员工与上级或组织的对抗、员工投诉和劳动争议。

9.3.1　员工冲突应对方法

人际沟通中难免产生冲突，尤其是在上级对下级，或者平级之间比较直接的对话环境下。HRBP 要掌握员工冲突的应对方法，帮助团队管理者维稳员工队伍。

员工冲突产生的过程，可以总结成"人际冲突产生的 ABCD 原理"。因为客观事实（A），产生了主观感受（B），得出了抽象总结（C），做出了结论表达（D）。

客观事实，指的是客观上发生了什么事。有时候人们看到的只是现象，而非事实。

主观感受，指的是主观上人们对这件事有什么感受。这种主观感受，通常伴随着某种情绪。人际冲突中的这种情绪通常是负面的。

抽象总结，指的是针对客观事实和主观感受，人们做出了哪些抽象的总结。人际冲突中的总结，往往与人格或品质有关。

结论表达，指的是根据抽象总结，人们做出了什么样的结论表达。

举例

丈夫回家后，发现妻子已经到家。

丈夫问："做饭了吗？"

妻子说："没有，点外卖吧。"

丈夫有些不高兴，埋怨妻子说："你怎么那么懒！"

于是，一场夫妻之间的冲突开始了……

在这个案例中，"妻子没做饭"是客观事实；"丈夫不高兴"是主观感受；"妻子懒"是抽象总结；"丈夫直接对妻子表达了'你怎么那么懒！'"是结论表达。

妻子没做饭，想点外卖，就代表妻子懒吗？不一定，可能因为妻子今天身体不舒服；可能因为妻子下班去了市场，发现家人爱吃的菜已经卖完了；还可能因为妻子领了一张大额的外卖优惠券，定外卖比较划算。

丈夫在没有弄清楚事实的情况下，直接做出抽象总结和结论表达，对妻子做出了人格上的评价，所以引发和妻子之间的冲突。这正是工作和生活中很多冲突产生的原因。

要避免无效沟通和人际冲突，同样可以运用"人际冲突产生的 ABCD 原理"。

在客观事实的环节，人们要把注意力聚焦在客观事实上，最好不要因为客观事实产生主观感受。沟通时可以只说事实。例如，"我注意到刚才这件事是……，对吗？"。

在主观感受的环节，人们有时难免会产生主观感受，这时候要止步于此，不要进行抽象总结。沟通时，可以在说完客观事实后，理智地表达感受。例如，"关于这件事，我的感受是……"。

最好只表达客观事实，或者表达客观事实和主观感受，不要继续表达抽象总结和结论表达。抽象总结能够帮助人们更好地认识世界，可在人际沟通中，不要使用抽象总结来评判他人。

面对员工发生冲突的情况，HRBP 首先要做的是让冲突双方冷静，停止无意义的争执。HRBP 作为第三方，要协助冲突的双方运用"人际冲突产生的 ABCD 原理"审视冲突产生的原因，找到问题的根源，回到问题的核心，力求将问题解决。

除了化解冲突之外，HRBP 还要设法减少员工冲突的发生。要减少日常工作中员工冲突的发生，HRBP 要对管辖范围内所有的管理者和员工实施培训，不仅要教会管理者管理员工情绪，学会与员工沟通，减少员工之间的冲突，而且要教会员工运用"人际冲突产生的 ABCD 原理"控制情绪。

9.3.2 员工对抗处理方法

在工作谈话中，员工有时候会出现对抗情绪。员工的对抗情绪通常来源于人们总偏向于对自己做出较高的评价，当现实与这种自我评价相悖时，人们有逃离现实的倾向，就可能出现对抗情绪。对于一些工作具备一定挑战性和压力的岗位，员工的对抗情绪可能格外明显，HRBP 应理性面对。

员工的业绩压力越大，谈话过程中产生的对抗情绪可能越大，HRBP 要锻炼自己应对各类员工对抗情绪的能力。当 HRBP 遇到员工出现对抗情绪的时候，应保持镇定、积极应对，缓解员工的消极情绪，把焦点带回到工作上，和员工一起为工作找方法。

应对谈话中员工的对抗情绪，有 3 个关键点。

1. 保持理智

面对员工的对抗情绪，HRBP 的心智不能乱，不要慌张，也不要用负面情绪来回应员工的对抗情绪，要保持客观，了解状况，独立思考，不要被员工"带着走"。

2. 倾听心声

HRBP 要倾听和考虑员工的观点，让员工充分表达，找到员工想表达的关键信息或核心思想，判断员工说的是客观事实，还是主观认知，判断员工是否有理有据。

3. 客观判断

HRBP 要判断员工表达内容的合理性。如果是合理的，应当考虑，并且给出一定的表达空间；如果不合理，那么应当以事实为依据，给员工反馈，和员工一起思考和寻找解决方案。

员工谈话常见的 4 种对抗类型及其应对策略如下。

1. 转移型

常见的语言模式为："这个事情是这样子的……""我是有苦衷的……"。这时候，HRBP 要领会员工语言的真正含义，但不要被"带着走"，把落脚点放在工作成果上。

2. 家庭状况型

常见的语言模式为："因为我家里最近……""因为我亲人这段时间……"。这时候，HRBP 要做出判断，如果员工确实有需要，可以尝试提供援助；如果有必要，可以从更上层管理者处得到支持；对这些事件保持一定的关注；保持参与并持续监控状况的演变。

3. 找理由型

常见的语言模式为："都是因为其他人的某个问题""都因为……，所以才……"。这时候，HRBP 要判断员工理由的合理性。如果原因合理，可以考虑；如果原因不合理，要引导员工把关注点返回到工作成果或者工作行为上。

4. 情绪反应型

常见的情况包括：表现出愤怒，开始哭泣，长时间沉默。这时候，HRBP 要给员工一点时间，放慢谈话节奏，让员工平静下来。不要与其对抗，也不要使情况恶化。通过提出开放式的问题，提高员工的参与感。

员工的对抗情绪有时候是一种情绪抒发，有时候是一种信息表达，并不一定是员工真的对谁不敬，或者对企业不满。HRBP 处理员工对抗情绪时务必要冷静。很多 HRBP 用自己的负面情绪来应对员工的对抗情绪，这样做反而会激发团队矛盾，不仅无法解决问题，而且会造成不良后果。

9.3.3 员工投诉应对方法

当员工在工作中受到委屈或遇到问题的时候，或者管理者对员工的情绪管理不到位，冲突升级的时候，员工可能会产生投诉的冲动。HRBP 要注意建立员工投诉的渠道，及时受理、调查和处理员工的投诉，给员工一个满意的答复。

当成为员工投诉的接待方时，HRBP 要本着负责任的态度来应对员工投诉，在受理员工投诉时，需要做好如下环节。

（1）建立恰当的投诉沟通渠道，并提前对全体员工公布。如果没有正规的渠道，员工可能会选择比较极端的手段，给企业造成不良的影响。可以参考的员工投诉方式包括：专线电话、电子邮件、内容系统等。具体的投诉渠道设计应当以方便员工为原则。

（2）最好把员工可以拨打的投诉热线电话固定下来，而且把固定电话与手机绑定，保证员工打电话时 HRBP 能第一时间接到。

（3）接到投诉后，要第一时间明确告知投诉员工反馈的时间。尤其是当收到匿名投诉的群发邮件时，或者是看到论坛中公开的投诉帖时，要第一时间让对方知道，相关部门已经获悉其投诉内容，会马上着手处理。

（4）如果条件允许，最好第一时间与投诉员工见面。当面处理员工投诉比通过电话或者互联网等方式更能令员工满意，而且有助于安抚员工的情绪，推进投诉的处理，避免引发投诉的进一步升级。

（5）受理员工投诉时，要客观了解员工的投诉要点。这时候，要多听少说，同时引导员工尽量多地表达意见、反映问题。过程中，不要说判断性的语言，不要妄加评论，可以适当说一些表示理解和安慰的语言。

（6）做好员工投诉的相关记录，包括投诉的详细情况，例如，投诉时间、投诉地点、投诉人、投诉对象、投诉的关键事件、投诉的目标等。员工投诉记录表如表 9-8 所示。

表 9-8　员工投诉记录表

投诉人	投诉人所在部门	投诉时间 / 地点	投诉方式	投诉对象
员工投诉事件				
员工投诉目标				

HRBP 在受理员工投诉后，要查找员工投诉问题的原因，妥善解决员工投诉，避免以后再次发生类似的员工投诉。

1. 明确员工投诉的动机

每个投诉的员工都有动机，这个动机也许是某种不公平或不公正。针对投诉的动机，可以找到员工的诉求，找准员工投诉的症结，更准确地应对员工投诉。

对此，HRBP 要了解如下内容。

（1）员工为什么要投诉？是什么引起了员工的投诉？

（2）员工投诉的具体对象到底是什么？员工到底对什么不满意？是对企业不满意，还是对企业中的个别人不满意？是对某件事不满意，还是对整个工作都不满意？是对过程不满意，还是对结果不满意？

（3）员工投诉想达到的目的是什么？想达成的目标是什么？想达到的结果是什么？

并不是每一个投诉的员工都说得清楚自己投诉的动机，也不是每一个投诉的员工都知道自己到底想达到什么样的结果。有的员工也许只是一时情绪使然，让自己做出了投诉的行为；有的员工也许因为一些原因不想直说；还有的员工自始至终就没有想过这些问题。

这时候，HRBP需要与投诉的员工深入沟通，挖掘员工投诉背后的这类关键信息。

2.投诉调查

HRBP在进行投诉调查的时候要注意如下事项。

（1）应做到对事不对人，客观调查，不要有"理应"的想法，不要加入主观判断，不要掺杂个人的价值观。

（2）找出发生问题的核心原因，而不是仅流于问题表面。例如，调查究竟是企业的流程制度出了问题，还是个别管理者的沟通或技能问题，还是只是员工的情绪问题。

（3）进行调查的过程中要严格保密，避免在公共场合或向第三方发表对投诉者、被调查者以及其他相关人员的评判性评价，或者带有个人情绪色彩的言辞。

不是每一个员工投诉背后都能挖掘出企业的问题或者管理者的问题，有一部分员工投诉也许只是因为员工站在个人的视角，不理解企业的制度或管理者的管理方式。这就要求HRBP做到中立、客观的同时，深入了解企业制度和管理方式背后的深层内涵，不要仅听员工的一面之词。

9.3.4 劳动争议处理方法

当员工与企业之间长时间存在冲突，当员工的对抗情绪长时间得不到缓解，当员工的投诉长时间无法得到解决时，很容易引发劳动争议。当劳动争议发生时，HRBP要有能力帮助企业及时处理和解决劳动争议。

根据《中华人民共和国劳动法》（2018年12月29日修正版）的规定，企业与员工发生劳动争议，当事人可以依法申请调解、仲裁、提起诉讼，也可以协商解决。劳动争议发生后，当事人可以向本单位劳动争议调解委员会申请调解；调解不成，当事人一方要求仲裁的，可以向劳动争议仲裁委员会申请仲裁。当事人一方也可以直接向劳动争议仲裁委员申请仲裁。对仲裁裁决不服的，可以向人民法院提起诉讼。

我国劳动争议的处理程序可以概括为"一调、一裁、两审"，如图9-4所示。

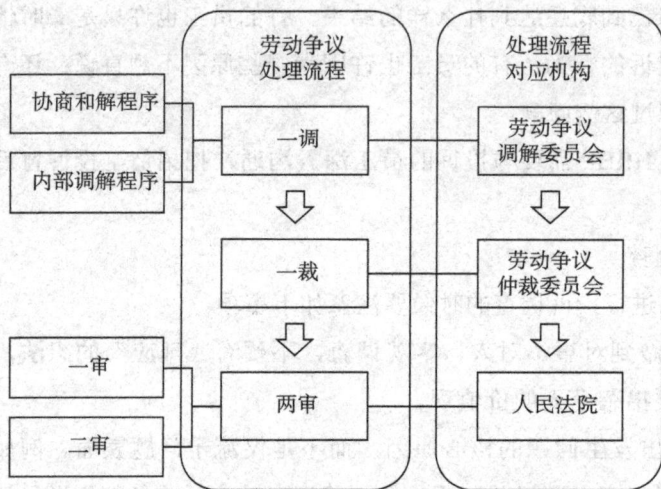

图 9-4 劳动争议处理程序

与"一调、一裁、两审"相对应的机构分别是：企业设立的劳动争议调解委员会、劳动争议仲裁委员会和人民法院。

"一调"包含两部分：第一部分是协商和解程序，第二部分是内部调解程序。

协商和解程序，指的是企业与员工就存在劳动争议的问题直接进行协商，并寻找彼此共同认可的解决方案。劳动争议的当事人一方是员工，一方是企业，通常双方彼此已经有一定的了解，所以最好的方式是通过直接协商解决纠纷。

协商和解程序并不是处理劳动争议的必经程序。劳资双方出于平等、自愿的原则，可以协商，也可以不协商，但如果能协商解决的，尽量协商解决。这样对员工、对企业来说都能节省时间和成本，提高效率。

根据《中华人民共和国劳动法》（2018年12月29日修正版）的规定，在企业内，可以设立劳动争议调解委员会。劳动争议调解委员会由员工代表、企业代表和工会代表组成。劳动争议调解委员会主任由工会代表担任。劳动争议经调解达成协议的，当事人应当履行。

内部调解程序，指的是发生劳动纠纷双方当事人就存在劳动争议的问题向企业设立的劳动争议调解委员会申请调解的程序。

内部调解程序与前面的协商和解程序一样，也不是发生劳动争议之后必需的程序，双方可以自愿选择。即便双方就劳动争议达成调解协议，也不代表这个协议就具有强制执行力。如果劳资双方任何一方反悔，同样可以向仲裁机构申请劳动仲裁。

和解和调解都是比较好的解决劳动争议的形式，实际上在接下来的仲裁程序和法院审理程序中，都会有一步内部调解的询问程序。所以，"一调"其实贯穿于劳动争议处理的始终。

"一裁"指的是仲裁程序。仲裁程序是劳动争议中一方当事人将纠纷提交劳动争议仲裁委员会进行处理的程序。劳动争议仲裁委员会是国家授权、依法独立处理劳动争议案件的机构。劳动争议案件和其他民事案件的不同之处就在于，申请劳动仲裁程序是提起诉讼的前置程序。也就是说，如果劳资双方的某一方当事人想提起诉讼，打劳动官司，必须先经过劳动仲裁程序，而不能直接向人民法院提起诉讼。

"两审"指的是诉讼程序。根据《中华人民共和国劳动法》（2018年12月29日修正版）的规定，劳动争议当事人对仲裁裁决不服的，可以自收到仲裁裁决书之日起15日内向人民法院提起诉讼。一方当事人在法定期限内不起诉又不履行仲裁裁决的，另一方当事人可以申请人民法院强制执行。

诉讼程序的启动是有条件的，如果某一方当事人不服劳动争议仲裁委员会的裁决，才可以向人民法院提起诉讼。诉讼程序具有较强的法律性、程序性，做出的判决也具有强制执行力。

这里的诉讼程序遵循两审终审制度，也就是某一案件经过两级人民法院审判后，就宣告终结的制度。如果存在劳动争议的双方当事人的其中一方对人民法院执行一审判决的结果不服，可以在法定期限内，向上一级的法院提起上诉。

上一级法院有权受理针对下一级法院第一审判决或裁定不服的上诉或抗诉，有权经过对第二审案件的审理，改变或维持第一审法院的判决或裁定。这时，上一级法院的第二审判决、裁定，就是终审判决、裁定，当事人不得再上诉。

第 10 章

案例：阿里巴巴的 政委体系

阿里巴巴的政委体系为阿里巴巴的发展和人力资源管理起到了良性的支持和促进作用。

阿里巴巴起初主要经营网上批发贸易，让我国的小型出口商及创业者能够接触全球买家，从企业对企业（Business-to-Business，B2B）业务到企业对消费者（Business-to-Consumer，B2C）业务，到支付宝，到菜鸟网络，到蚂蚁金服，到阿里云。如今的阿里巴巴集团，已经成为全球知名的科技公司之一。

阿里巴巴已经逐渐形成基于自身业务的商业生态系统。这个商业生态系统包括消费者、商家、品牌、其他企业、第三方服务供应商和战略合作伙伴。这个商业生态系统的核心，是阿里巴巴的技术平台、市场规则以及连通这些生态系统的参与者，让生态系统中的各方能够发现对方、互动和交易，并随时随地管理业务。

在阿里巴巴的人员组成中，青年人是绝对的主力军。截至 2020 年底，阿里巴巴在职员工总数已经超过 10 万人，全部员工的平均年龄为 31 岁。阿里巴巴1980、1990 年后出生的员工人数占比一共达到 93%，其中 1990 年后出生的员工人数已经超过 3 万人。阿里巴巴的核心管理层中，1980 年后出生的人数占比已经达到 14%；骨干员工中，1980 年后出生的人数占比超过 80%。

面对庞大的组织机构、多元的业务种类、高素质的人力资源队伍，阿里巴巴如何保证人才高效、稳定地创造价值？

在阿里巴巴，有个神秘的岗位，叫"政委"，是一个类似 HRBP 角色的岗位。阿里巴巴的主要创始人马云把阿里巴巴的政委体系从组织层面分成 3 层。最基层的称为"小政委"，分布在具体的城市区域，与区域经理搭档。往上一层的政委与高级区域经理搭档。再往上一层的政委，能够直接成为阿里巴巴某个板块的人力资源总监，或者直接向最高管理层汇报工作。

2019 年马云宣布退休后，阿里巴巴的政委体系仍在持续发挥着重要作用。

10.1　阿里巴巴政委的推行

邓康明（原阿里巴巴人力资源部副总裁）说："阿里巴巴的人力资源发展有3个阶段，第1个阶段重点在于强化职能，搭建了一套能够赖以发展的基础框架，包括薪酬体系、绩效考核体系、人员培养发展体系。第2个阶段重点就是打造政委体系，这大概花了2～3年的时间。政委体系是贯彻从上到下到底想要什么的非常核心的组织保证。第3个阶段有一些常用到的关键词，就是遭遇战、作用力、反作用力。"

10.1.1　由来：组织发展的幕后英雄

在2004年抗击非典之后，阿里巴巴的B2B业务高速成长。从人力资源管理的角度来说，在高速成长的企业里面，往往会呈现出人才低位高用的情况。各部门的管理者拼劲足，业务能力强，但是管理能力相对薄弱。企业提供的工作机会多，工作挑战性大，但是企业现有的人才却不足。

这时候，企业就需要一些有文化、懂管理、有一定经验的人辅助各部门的业务经理，帮助其稳定队伍、建好队伍、管好队伍。当时电视里正热播的两部连续剧《历史的天空》和《亮剑》的剧情也给了马云很多管理上的灵感。

高速发展的阿里巴巴在企业人数不断增加、层级不断增多、跨区域发展的情况下，如何在一线员工中保证价值观的传承，同时在业务和人力资源培养方面提供更快捷的支持？引入政委体系就是一个比较好的解决方案。

阿里巴巴想要持续发展102年，政委体系恰好能帮助阿里巴巴实现企业的长远发展，避免部门负责人基于短期业绩压力或者个人利益采取短期有利但是长期有害的做法。业务部门的负责人可以更多关注短期目标，但政委肩负着传承企业文化和培养人才的职责，需要站在企业角度，关注更长远的目标。

阿里巴巴的政委是业务合作伙伴，使命是保证企业的大方向、传承价值观、帮助管理者建设好队伍。阿里巴巴大部分的政委是由一线实战经验丰富、懂得业务运作的人担任的。按照马云的说法，就是各个业务部门的2号人物，在文化建设和组织保证方面具有比较大的话语权和决策权。各业务部门的个性化运作方式，由 1 号人物和 2 号人物（政委）共同商讨决定。

阿里巴巴的政委非常注重员工的思想稳定工作。阿里巴巴注重以情感人，落地的方法就是通过政委。虽然这些年从阿里巴巴离开后创业的人不少，他们成了很多互联网企业的首席执行官，例如滴滴、美团、易道、饿了么、大众点评等。但是他们离开之后也保持着对阿里巴巴的绝对忠诚，离开了也没有影响阿里巴巴的发展。

10.1.2　原理：支持业务的合作伙伴

阿里巴巴的政委在管理侧重点、主要抓手、对员工的激励方法和工作特点方面和传统的人力资源管理者存在明显的不同，主要差异如表 10-1 所示。

表 10-1　阿里巴巴政委和传统人力资源管理者之间的差异

差异点	阿里巴巴政委	传统人力资源管理者
管理侧重点	管人心、管思想	管人身、管行为
主要抓手	干部管理、团队建设、氛围营造	制度建设、员工绩效、员工技能
激励方法	精神激励	物质激励
工作特点	"闻味道""照镜子""搭场子"	调研、组织诊断、人力资源管理

阿里巴巴的政委其实就是 HRBP 的一种表现形式，阿里巴巴的政委与传统人力资源管理者之间的区别如下。

1. 更贴近业务

传统的人力资源部自成一体，人力资源管理者从属于人力资源部，在人力资源部的管理下开展工作，而 HRBP 与政委把人力资源管理者从传统的人力资源部中分离出来，派驻到业务一线，和业务部门一起工作，与业务部门融为一体，从而让人力资源管理者更贴近业务，更深入业务，也能够为业务提供更有效的支撑。

2. 减少中间环节

传统的人力资源管理者是按照职能划分工作内容，例如，有专门负责招聘的人力资源管理者，有专门负责培训的人力资源管理者，有专门负责绩效的人力资源管理者，还有专门负责薪酬的人力资源管理者，他们分别在各自负责的职能领域内支持业务部门的工作。

有时候业务部门有需求，要分别与不同的人力资源管理者沟通，人力资源管理者要满足需求还需要内部沟通，耗时较长，而且很容易脱节，无法真正满足业务需求。HRBP 与政委强调端对端，HRBP 与政委就是终端，减少了沟通的中间环节。

3. 回归管理本源

企业管理、人力资源管理的目的是促进业务发展，而不是为了管理而管理，更不是做大量事务性工作。然而传统的人力资源管理者很容易因为职位和职能的限制，忘记业务，甚至忘记管理，从而陷入一些事务性工作，造成工作价值较低。

HRBP 与政委通过 HRSSC 和 HRCOE 的支持，能够跳出原本烦琐的事务性工作，把精力集中到业务上，集中到战略上，回归管理的本源，履行人力资源管理者是业务部门合作伙伴的本质职能。

在阿里巴巴政委体系的管理模式之下，HR 三支柱模型的定位如下。

1. 政委

政委主要定位在帮助业务部门更好地维护员工关系，协助业务部门负责人更好地使用人力资源管理制度与工具管理员工，同时利用自身的人力资源管理专业能力发现业务单元中存在的各种问题，从而提交给人力资源专家中心来解决问题和设计更加合理的人力资源工作流程。

2. 人力资源专家中心

人力资源专家中心主要由企业内部在人才引进、发展、薪酬、福利、绩效、员工关系和组织关系等方面的专家组成，主要针对以上人力资源管理专业模块给出专业性的建议和设计有效的解决方案，为企业变革服务。

3. 人力资源共享服务中心

人力资源共享服务中心主要定位在招聘、薪酬、福利、差旅费用报销、工资发放、档案信息等基础工作方面为企业提供全方位的统一服务，有时候这部分工作还可以通过专业化的外包来实现。

10.1.3 创新：创新借鉴，中西合璧

很多企业家通过各种方式从军事管理中学习企业管理之道，希望从军事管理中获得企业管理的灵感，阿里巴巴的政委体系也是其中一种。在企业管理中，尤其是快速发展的互联网企业管理中，同样存在借鉴军事管理的可能性。

海尔集团董事局主席张瑞敏说："没有成功的企业，只有时代的企业。"企业管

理者始终要根据企业发展的阶段，运用相适应的管理模式，辅助企业业绩的发展。

西方企业存续年限普遍比较长，人力资源管理理念已经比较成熟，员工的职业化程度普遍比较高。虽然西方的管理模式比较成熟，但是如果直接照搬西方的管理模式，要么可能过犹不及，要么可能隔靴搔痒。

阿里巴巴找到了比较理想的状态，就是以中式的政委体系为主，辅以西式的人力资源管理理念，双管齐下，互为补充。阿里巴巴的政委其实就是 HRBP 在我国的本土化体现，它突破传统人力资源的纵向管理、6 大模块，以 HR 三支柱的方法论为原形。可以说，阿里巴巴的政委就是 HRBP 的一种，但两者并不完全等同，阿里巴巴的政委还有一些本土化的改良。

在阿里巴巴，人力资源管理者可以分成两种：一种是职能型的人力资源管理者，另一种是业务型的人力资源管理者。职能型的人力资源管理者在人力资源管理方面比较专业，负责制定人力资源管理政策、研发人力资源管理工具；业务型的人力资源管理者具备一定的人力资源管理专业能力，同时在业务上也比较专业，负责解读企业的人力资源管理政策。

随着企业的发展，阿里巴巴的政委也逐渐分成两种：一种是"多面手"，在阿里巴巴内部也叫 HRG（Human Resources Generalist），这种政委在团队当中几乎什么都管；还有一种是"管理人"，这种政委偏向于团队管理，主要负责人力资源管理相关事务、传递企业价值观以及协助团队管理者做好人才的选、育、用、留。

10.2　阿里巴巴政委的设置

阿里巴巴的政委既然用"政委"命名，已经形象地说明了这个岗位在阿里巴巴内部的位置和重要性。阿里巴巴设置政委，就是期望政委在业务部门中关注和解决人的问题；成为人力资源开发者，让人力资源保持持续增值；成为企业和员工之间的桥梁；成为企业文化的倡导者、贯彻者和诠释者。

10.2.1　架构：作用力与反作用力

阿里巴巴的政委虽然分布在各部门，但是汇报关系指向总部，向总部直接报告，归总部垂直管理，不需要向业务部门负责人报告。

对于区域分公司，分管所在区域的大区经理身边设置有该区域级别最高的政委。到了具体的城市分公司，设置有较低级别的政委。对于规模比较小的城市，有时候几个城市分公司共享一个政委。

在各个事业部，事业部的负责人身边设置有该事业部最高级别的政委。到了事业部下设的各部门，设置有较低级别的部门级政委。有时候，一些规模较小的部门之间由于人数较少，可能共享一个政委。

政委与业务部门负责人之间存在着监督和制衡的关系。阿里巴巴的政委在招用人才、组织文化建设方面有一票否决权。政委一方面在方向上、思想上、用人上指引和帮助业务部门负责人；另一方面，参与业务部门的各项决策，对业务部门负责人的权力有明显的制衡作用。

政委和业务部门负责人之间的这种制衡作用，形成了一定的作用力和反作用力。业务部门负责人通常更关注部门的短期业绩目标，在管理和决策方面，可能更看重短期利益；政委被赋予的职责要求其应当更关注长期目标，更关注人才的发掘、人才的培养和文化的传承。

因为各自的立场不同，如果只站在自身立场做决策，难免偏颇。通过政委和业务部门负责人之间相互制衡，相互作用，既考虑长期的目标，又兼顾短期的目标；既满足业务部门追求利益的偏好，又能够让人才得到发展与成长，达到决策上的平衡，对阿里巴巴的发展更有利。

10.2.2　定位："上得厅堂，下得厨房"

阿里巴巴对政委的定位，与对团队管理者的要求既有类似之处，也有不同之处。阿里巴巴要求政委能够"上得厅堂，下得厨房"。这里的"上得厅堂"指的是具备人力资源管理能力，能够独立思考，能够进行组织诊断，能够真正发现问题，能够提出并落实解决方案；这里的"下得厨房"指的是政委要贴近员工，要让员工感受到温暖，和员工之间敢于讲真话，敢于说丑话。

对于"上得厅堂"，阿里巴巴的政委需要有悟性、懂业务、有决策力。

1. 有悟性

想做好阿里巴巴的政委，要有一定的悟性。阿里巴巴在很多领域内是没有明确标准的，尤其是对于一些新开发的业务该如何决策，以及员工日常工作中可能出现的各类事件和行为，所以阿里巴巴内部才经常使用"阿里味儿"这个词。

很多事情在阿里巴巴内部没有标准答案，但只要是符合"阿里味儿"的，通常就是适合的答案，也是阿里巴巴希望看到的答案。这时候，阿里巴巴的政委要靠自己的悟性，做出符合"阿里味儿"的判断和行为。

2. 懂业务

要想做好阿里巴巴的政委，要懂业务。政委不但要和业务部门负责人一起开展工作，还要和业务部门负责人一起参与决策。如果政委不懂业务，不仅无法与业务部门负责人产生默契的配合，而且可能在决策上闹笑话。

要想促进人才的成长、提高团队的效能、推动价值观和文化的落地，这些工作本身都需要政委懂业务。如果不懂业务，政委说出来的话，就像是空中楼阁，没有信服力，会失去领导信任和群众基础。

3. 有决策力

想做好阿里巴巴的政委，还要有一定的决策力。阿里巴巴的高速发展得益于一定程度上的业务放权，从而让企业形成一个自下而上、高效运转的组织。很多业务上的决策在部门内部就可以完成，这就需要部门内部有能力进行自我驱动。

然而，有决策权不代表着随意，不代表权力可以被滥用，反而需要决策者有审慎的态度，同时需要决策者有灵活的头脑和相对准确的判断。这时候，阿里巴巴的政委要运用自己的决策力，帮助部门做出恰当的决策。

对于"下得厨房"，阿里巴巴的政委需要对员工无所不入，与员工无话不谈，对员工无微不至。

1. 无所不入

阿里巴巴的政委要善于利用一切可能的机会，随时随地和员工进行交谈。在很多企业当中，人力资源管理者除非是有一定的工作目的或者要求，才会找员工访谈。而阿里巴巴的政委几乎每天都在找时间通过各种方式和员工谈话。有一位阿里巴巴的政委说，他每天有超过 50% 的时间都在和员工谈话。

2. 无话不谈

阿里巴巴的政委和员工之间无话不谈，全方位了解员工的情况。例如，员工的老家在哪里，家里有几口人，父母的职业是什么，父母的身体怎么样；员工有没有结婚，有没有买房，在哪里买的房；员工的子女多大，每天谁接送子女上下学，工作中有没有遇到什么困难等。

3. 无微不至

阿里巴巴的政委对员工的关怀常常是无微不至的。只有给员工提供无微不至的关怀，才能真正获得员工的信任，才能真正提高员工的满意度。

在阿里巴巴，政委记住每个员工的生日还算不上无微不至。有的政委会观察每个员工的工作情况，主动给加班没有时间吃饭的员工带饭；有的政委记得住每个员工家属的生日；有的政委甚至记得住本部门所有女员工的例假期，在女员工例假期，为女员工提供帮助。

10.2.3 选拔：先看人品，再看能力

阿里巴巴的政委岗位也面向社会招聘，但大部分对外招聘的政委岗位级别比较低，属于基层政委。例如，阿里巴巴曾设置的"HR 小政委 – 全国各大城市"的岗位要求如下。

1. 岗位描述

（1）清晰了解本城市各条业务线的人才画像和人才储备要求，在城市推动人才识别、储备、培养、流动、汰换，搭建扎实的人才梯队。

（2）确保城市的业务逻辑符合企业和大区逻辑，符合企业客户价值要求，清晰理解企业和业务线的机制，确保在城市落地执行。

（3）及时反馈城市端的机制运行情况、人员结构与组织情况，并推动优化。

（4）透传文化，确保区域同学理解使命愿景，确保价值观在本城市的坚守，营造城市客户导向、开放、创新、活力的文化氛围。

2. 岗位要求

（1）3 年及以上人力资源管理者工作经验，本科及以上学历。

（2）熟悉人力资源日常管理工作流程，具备极强的责任心和原则性。

（3）良好的人际沟通及协调能力，良好的学习能力，思路清晰，思维敏捷。

（4）正直、聪明、乐观、抗打击能力强、自省、有创业精神。

因为政委肩负着传承阿里巴巴的价值观和企业文化，落实企业的长期战略，以及在未来选拔团队人才的职责，所以即便是选拔最基层的政委，也要比选拔其他岗位更严格。阿里巴巴对政委的价值观与阿里巴巴价值观的匹配程度要求更高。

一位阿里巴巴政委曾说，阿里巴巴选拔政委，先看人品，再看能力。而且即便对于比较基层的政委岗位，初步确定候选人之后也会对其进行背景调查，摸清楚候选人的为人，了解候选人的人品。

除了价值观的匹配和人品之外，阿里巴巴对政委岗位的能力要求主要有4点。

1. 战略承接能力

（1）能够重构需求、识别战略性合作机会，实施企业战略性合作项目。

（2）能够将人力资源工作的战略规划和业务规划紧密结合起来。

（3）有能力激励和推动组织中的成员接受变革和拥抱变化。

（4）有能力在本部门以及与其他部门之间发现关联，并识别出关键人物、关键环节和关键联系。

2. 人力资源管理能力

（1）做好所在区域的人力资源管理的基础工作。

（2）能够把人力资源工作进行专业化整合与表达，实现显性化业务交融。

（3）能将人力资源开发管理业务与所处的环境和业务需求结合起来。

（4）能够把握人员、流程和信息等企业成功的关键因素，并能将其转化为企业创造价值的能力。

（5）掌握人力资源开发与管理的专业知识，并不断显性化。

（6）具备完成人力资源项目的执行能力。

3. 业务洞察能力

（1）具备对准业务价值链的深刻洞察力。

（2）能够激发并引导员工开拓性地发挥能力，创造性地完成工作。

（3）洞察他人及其兴趣点，说服并影响他人，组织大家齐心协作。

（4）主动发现问题，发现机遇和可能，并突破性地解决问题。

4. 个人领导力

（1）具有能够胜任多重压力并带领团队走向成功的潜质。

（2）具有很强的成就动机，追求完美，注重细节。

（3）具有很强的探究动机，有天生的好奇心和想去了解他人和当前事物的渴望。

（4）敢于说出、做出自己认为正确的事情。

10.3 阿里巴巴政委的工作

阿里巴巴政委日常的大部分工作是协助业务部门负责人做好对人的管理。在工作的具体内容方面，主要是围绕对人才的选拔、培养、任用和保留等方面的工作。

吴敏芝（阿里巴巴集团副总裁）曾经说她和她的政委之间配合默契，一起取得了很多成就。她的政委的工作主要包括以下内容。

（1）推动她和她的下属之间的信任融合。

（2）创建基于企业价值观的部门文化。

（3）充当她的员工的心理咨询师。

（4）帮她配备组织能力，并和她一起制定员工薪资。

10.3.1 原则："闻味道""照镜子""搭场子"

阿里巴巴政委主要工作内容的大原则，概括起来可以分成 3 个部分，分别是"闻味道""照镜子""搭场子"。

1. "闻味道"

阿里巴巴政委的"闻味道"，不仅指的是"闻"员工有没有"阿里味儿"，更重要的是"闻"员工的状态。简单地说，就是体察员工的状况，感受员工的温度。这就要求政委要有敏锐的洞察力和判断力，要懂得"望闻问切"。"望"就是透过现象看本质；"闻"就是靠感受，闻气味；"问"就是及时、持续沟通；"切"就是以小见大，切中要害。

闻味道比较通俗的做法是反复观察，综合诊断，判断团队的温度。如果团队士气有些低落，政委需要设法使团队振奋；如果团队士气过于高涨，出现"高烧"，政委需要设法给团队"降温"。政委需要及时发现、解决团队中的问题。

2. "照镜子"

阿里巴巴政委的"照镜子"，不仅指"照"出自己的优点和缺点，还包括"照"出团队的问题、员工的问题、业务的问题。简单地说，就是及时查找组织和员工的短板，及时对工作复盘、回顾，及时改正问题。

政委需要主动和 3 类人交流：上级、平级和下级。在阿里巴巴，有一句话叫

"对待上级要有胆量，对待平级要有肺腑，对待下级要有心肝"，指的是对待不同的人，有不同的侧重点。上级更关注思维和价值观，平级更关注沟通与胸怀，下级更关注能力和关爱。

政委除了要及时沟通之外，为了发现问题，还要深入一线的工作，深入基层，深入业务场景，陪着一线人员一起工作。例如有的政委会跟着一线的销售人员拜访客户、开发业务，发现市场的机会，聆听客户的声音。

3. "搭场子"

阿里巴巴政委的"搭场子"，指的是搭建沟通的渠道，让团队内部沟通顺畅，让一些冲突能够得到妥善的解决。沟通的过程涉及解决问题，政委要有大局观，要把问题揪出来，全方位、多角度地考虑问题。

政委在"搭场子"的时候有两个动作：一个动作是"给鲜花"，一个动作是"给拳头"。所谓的"给鲜花"，就是表达对团队的欣赏，给团队成员足够的鼓励；所谓的"给拳头"，就是在发现问题之后，点出团队的问题。要"搭好场子"，前提是要了解情况，只有对情况有足够了解，其他人才愿意接受政委"搭"的"场子"。

10.3.2　选人：共同上阵，"味道"一致

马云曾对人力资源部下达指令："要严把招聘关，要招聘优秀的人才，要吸引那些和阿里'味道'一样的人（和阿里巴巴价值观相同的人）。"马云说："阿里巴巴必须要有家国情怀和世界担当。阿里巴巴经济体要让世界经济更加普惠、共享，更加可持续地发展，更加健康、快乐地成长。"在人才的招聘、选拔方面，阿里巴巴也在朝这个方向努力。

马云说："阿里巴巴是靠团队打天下的，而不是靠个人英雄主义。"在人才的招聘、选拔方面，马云善于发现人才的长处，运用人才的优势，以人才互补的方式组建团队，将阿里巴巴的经营理念落实到员工身上。

在阿里巴巴，所有人都是前台，没有很多企业所谓的前台负责业务、后台负责内务一说。在阿里巴巴，即便是做财务的人、做人力资源管理的人、做行政工作的人，都肩负着给企业做宣传的义务。因为阿里巴巴相信，优秀的人才需要"三顾茅庐"去请，而不是只通过高薪就能把优秀人才招来，要让优秀人才全心全意

地做事。

很多企业招聘的流程是用人部门提出用人申请，用人申请得到审批后，人力资源管理者寻找简历、筛选简历、打电话、预约面试、实施面试等。但是在阿里巴巴，一开始的招聘流程恰好相反，人才招聘工作变成了项目经理和产品经理自己的事情。

在阿里巴巴，曾经有如下场景。

用人部门的经理说："我上哪儿去招人？"

政委告诉他："你可以去网上分享，可以参加线下活动，也可以利用自己的朋友圈。"

用人部门的经理说："我还是不知道该怎么招人。"

政委说："你可以来参加一下人力资源部组织的关于人才招聘的培训。"

在阿里巴巴，还会出现这样的情况。政委和一个用人部门的经理说："我这两天正好有时间，你能不能约一些人来部门面试？"

这些场景，和很多企业的人才招聘的情况刚好相反。

阿里巴巴的政委不像很多其他企业的人力资源管理者一样，是人才招聘工作的直接实施者，而是人才招聘管理流程的参与者、推动者、监控者和管理者。相反，用人部门的管理者成了招聘流程的主要实施者。阿里巴巴通过这种以用人部门管理者为招聘的主要实施者的做法，为企业招聘到了很多适合的人才。

随着阿里巴巴招聘管理工作的发展，人才招聘的工作渐渐回归到政委身上。政委扎根业务部门，懂业务、了解部门内部情况，又懂人力资源管理，实施人才招聘效率更高，所以对人才选拔的判断更精准。

阿里巴巴的人才招聘中有一个非常具有阿里特色的流程。这个流程一般放在面试的最后一关，由阿里巴巴选出的"闻味官"作为面试官之一，对面试实施把关。所谓的"闻味官"，就是通过直觉，判断人才的价值观是否和企业价值观相符。

每个企业都有自己的"味道"，阿里巴巴希望"闻味官"在招聘环节中可以"闻候选人的味道"，确保候选人在未来接受阿里文化的过程中能够感受到阿里巴巴是一家与自身的个性、追求与价值观相一致的企业，让候选人认可阿里巴巴的价值观，并愿意按照阿里巴巴的价值观做事。

阿里巴巴一直以来都坚持，不一定选择最好的人才，只选择最适合的员工。只有价值观和使命与企业一致的人，才能适应并享受阿里巴巴的环境。这样能避免被不同价值体系冲击，造成人才流失。只有员工与企业在精神和追求方面达到高度统一，工作才能积极、高效地展开。

一般只有5年以上司龄的阿里巴巴员工才有资格担任"闻味官"的角色。"闻味官"不需要考察候选人的知识和技能，面试过程中的主要工作是和候选人聊天，具体聊什么内容不关键，一般是聊关于工作和家庭的话题。通过这种聊天，"闻味官"能感觉到候选人究竟适不适合阿里巴巴。

例如，当阿里巴巴要招聘一个程序员的时候，会有产品经理或技术总监负责考察程序员的业务能力，还会有一个可能跟产品或程序等技术层面毫无关系，但是在阿里巴巴工作时间超过5年的人负责"闻味道"。

"闻味官"有权对候选人一票否决，可见"味道一致"对阿里巴巴来说有多么重要。人的"味道"没有对错，但是，"臭味相投"的人才更容易形成团队一起共事，"味道"不一样，后续的管理成本可能非常高，会让团队的工作效率降低。

曾有人质疑阿里巴巴"闻味官"对候选人的判断依靠的是直觉，认为这样进行人才招聘并不科学。实际上，人本身就是复杂多变的，运用再科学的方法，对人的判断也是片面的。有时候通过人与人之间交流的直觉判断一个人的价值观比通过一系列复杂的工具判断的成本更低，能够更高效地得出结论，而且更准确。

越是创业型企业，越应该招聘和自己企业"味道"相近的人。因为初创企业一开始可能没有能力招聘很多人才，也没有能力招聘技能顶尖的人才，但是可以招聘和自己"味道"相近的人才。企业能否走得更远，团队人心凝聚在一起比个体能力强更重要。

10.3.3　育人：3大体系，1大平台

马云说："人才是可以培养出来的。什么是培？培就是多关注他，但也不能天天去关注，因为一棵树，水多了死，水少了也死，如何关注也是艺术。什么是养？养就是给他失败的机会，给他成功的机会，你要看着，不能让他伤筋动骨，不能让他一辈子喘不过气来。"这句话是阿里巴巴人才培训与开发的基本策略。

阿里巴巴的人才培养体系可以简化为3个部分：第1部分是培养新员工的新人系；第2部分是培养人才专业能力的专业系；第3部分是培养管理人员能力的管理系。这3部分的背后，有阿里巴巴在线学习平台的支持。

阿里巴巴的人才培养体系如图 10-1 所示。

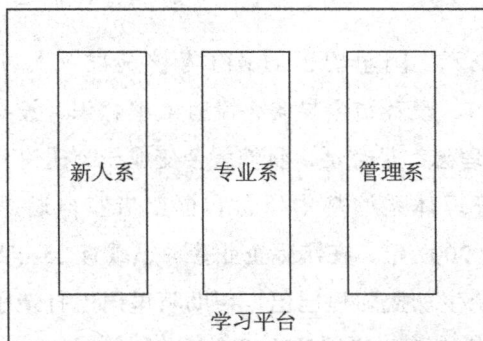

图 10-1　阿里巴巴人才培养体系

阿里巴巴通过不同形式的培训，希望为全体员工提供学习和交流的机会。在阿里巴巴，所有人可以自由报名参加线下培训；可以查阅过往学习的视频和文档；可以创建学习计划，监测、管理学习的进度；可以通过即时问答系统答疑解惑。

知识要为企业提供价值需要情境，如果没有对应的背景和情境，知识只是一种信息。所以，无论是新人系培训、专业系培训或管理系培训，无论是技巧、工具或是理念、文化，都已经浸透到阿里巴巴不同的业务场景和组织历史当中。

阿里巴巴的学习形式不局限于集中培训，随着阿里巴巴的成长，企业已经形成了一套知行合一的学习体系。除了培训课程之外，每一个员工可以根据企业提供的人才培养体系，根据自己的成长计划和发展路线，完成自己的学习图谱，找到适合自己的学习路径。

阿里巴巴不吝惜在人才培养方面金钱上的投入，把对员工的培训看成是对员工成长的投资。员工是最小的工作单位，驱动团队、驱动管理层都比不上对每一个员工的驱动。阿里巴巴对人才的培养不仅体现在对集中培训的应用上，更重要的是挖掘员工自身的潜力，打造学习型组织，为员工创造进步的氛围，让员工主动学习、主动成长。

如今，阿里巴巴已经在很多技术领域走在世界前列，与之匹配的，必须要有前沿的人才培养机制，接触世界前沿的科技。为此，高等院校和研究机构成为阿里巴巴重要的合作伙伴。阿里巴巴为学术界提供数据、场景、项目等各类支持，共同推进学术进步与人才培养。

10.3.4 用人：活力曲线，强制分布

马云曾经公开表示：阿里巴巴的KPI考核是很令人讨厌的。每个人都恨KPI，但如果没有KPI、没有结果导向、没有效率意识、没有组织意识、没有管理意识，那么所有的理想都是空话，我们就会变成一个胡说八道的梦想者。

阿里巴巴绩效管理体系的基本理念和框架借鉴自通用电气公司（General Electric Company）。2001年，在国际企业管理领域有25年经验，在通用电气公司工作达15年的关明生加盟阿里巴巴，帮助阿里巴巴打造了一套与国际接轨的绩效管理体系，奠定了阿里巴巴绩效管理的基础。

阿里巴巴的绩效管理体系基本上借鉴自绩效管理已经比较成熟的通用电气公司，所以在建立之初，就有比较好的框架基础。例如，阿里巴巴引入了通用电气公司著名的"活力曲线"，以及基于这个工具的激励制度和淘汰机制。

在这个基础上，阿里巴巴结合自己的风格，形成了自身的特点。

1. 坚持高绩效文化

为了实现企业快速发展，阿里巴巴的绩效目标普遍是比较高的，员工要达成绩效目标是比较困难的。要让企业使命和商业现实相结合，阿里巴巴需要快速发展壮大，需要迅速形成影响力，构建理想的商业模式。要实现企业理想，需要更高的追求和更远大的目标。

2. 采取价值观和业绩并重的双轨制绩效考核体制

价值观决定了企业的初心，决定了企业未来如何延续统一的行事风格。阿里巴巴坚信价值观的力量，把企业价值观纳入绩效考核的范围，对价值观的考核和对业绩的考核同等重要（各占50%左右），通过绩效考核让价值观得以落地和延续。

3. 强调管理者的作用

阿里巴巴的绩效管理特别强调管理者在整个绩效管理过程中的作用，强调上级对下级的评价，而不是让人力资源管理者或政委对员工进行评价。这其实是对绩效管理追根溯源的正确认识和正确做法，可如今很多企业把绩效管理丢给了人力资源部，变成了由人力资源管理者评价员工，这也正是很多企业绩效管理推行不下去的原因之一。

4. 全员相互评价

很多企业对员工的评价只来自团队管理者一个人，可是有时候员工的事迹、

工作状态是多维度的。一个人对员工的评价往往是不完整、不客观的，所以员工之间的互评就显得必要。不是只有直属上级给员工打分，其他人也可以给员工打分。上级对员工的评价是随时的，甚至要记录下具体事件，即便换主管，也能够看到之前的评价。

阿里巴巴对员工绩效结果的分类采取的是强制排序法和强制分布法的结合。

强制排序法的核心就是建立一个排行榜，按照排行榜的规则把员工从高到低进行排列。有时候为了提高排序的精准程度，也可以根据岗位工作内容进行适当地分解。按照分解后的分项进行排序，再求出平均排序数，作为绩效评价的最终结果。

强制分布法就是根据员工优劣通常呈现"两头小、中间大"的正态分布规律，划分出等级以及每个等级中员工的数量占比，然后按照每个员工绩效和能力的情况，按照比例强制将员工列入其中的某一个等级。

通用电气公司的"活力曲线"，将所有员工分成A、B、C 3类。"活力曲线"中员工的类别和比例如表 10-2 所示。

表 10-2 "活力曲线"中员工类别和比例分布

分类	A 类	B 类	C 类
占比	20%	70%	10%

刚开始推行绩效管理时，对于 10 人以上的团队，阿里巴巴采取的是 20% 最好、70% 合格和 10% 较差的排布比例，后来逐渐演变成 30% 最好、60% 合格和 10% 较差的排布比例。不论是"271"还是"361"，强制排序和强制分布的内核原理没有变化。

阿里巴巴的绩效得分排布分成 6 档，如表 10-3 所示。

表 10-3 阿里巴巴绩效得分排布

分数	代表含义	所占比例
3	不合格	10%
3.25	需要提高	
3.5	符合预期	60%
3.75	部分超过预期	30%
4	持续一贯超过预期	
5	杰出	

因为设置了高绩效目标，得高分的难度是比较大的。要拿到 3.75 分，意味着员工要付出 12 分的努力，而且要取得一定成果；要拿到 4 分，意味着不仅要付出努力，取得成果，还要突破常规，有一定的创造性；要拿到 5 分，意味着在努

力和创新的同时，还要对企业、对社会有比较积极和长远的贡献。在阿里巴巴，几乎没有人能拿到 5 分。

10.3.5　留人：双重激励，"情感银行"

早期的阿里巴巴在留人方面一直存在问题，人才流失比较严重。一方面的原因是那时候，阿里巴巴的薪酬在行业内并不算高；另一方面的原因是员工在阿里巴巴工作看不到自己未来的发展。那时候，相信阿里巴巴未来有巨大发展的员工并不多。

针对留不住人才的情况，那时的马云一方面从人才招聘的环节做出努力，把招聘的权力掌握在自己手中，所有进入阿里巴巴的人他都要亲自面试；另一方面从人才选拔的环节做出努力，相信平凡的人做不平凡的事，英雄不问出处，挑选比岗位需要低一到两级的人才。

除了在招聘和选拔方面做出努力之外，马云还特别实施了双重激励的方法。

1. 物质激励

为了留住人才，阿里巴巴建立了具有激励性的薪酬制度。阿里巴巴专门做了市场薪酬调研，研究行业薪酬状况。调整员工的薪酬，从薪酬方面保证在高绩效的前提下，有比较强的物质激励。在这种高物质激励的薪酬制度之下，很多员工干劲十足，充满了工作的动力和欲望。

2. 精神激励

除了物质激励之外，阿里巴巴同样重视员工的精神激励。阿里巴巴认为，在留住员工方面，物质激励能起到主要作用；在激发员工的工作积极性方面，精神激励能起到主要作用。阿里巴巴的精神激励主要体现在团队中上级对下级的鼓励、认可和帮助等方面。

没有人愿意生活在失败中，员工渴望被上级认可，渴望被企业认可。所以，阿里巴巴要求管理者要关注员工的每一个进步，学会赞美员工。同时发现员工不足，帮助员工及时改正不足，让员工对工作和生活充满希望。

阿里巴巴的留人策略可以总结成 4 句话。

（1）用愿景和使命留住高管。

（2）用事业和待遇留住中层。

（3）用薪酬和福利留住员工。

（4）用"情感银行"留住所有人。

阿里巴巴对不同层级岗位的留人策略是不同的。对于高管，阿里巴巴偏向用比较宏大的目标留住他们，实现他们的人生价值；对中层管理者，阿里巴巴偏向用不断提升的职位和待遇，用职业的发展前景留住他们；对于基层员工，阿里巴巴偏向用比市场水平更高的物质生活保障留住他们；对于所有人，阿里巴巴都希望用情感留住他们。

阿里巴巴把企业对员工、上级对下级感情上的付出称为"情感银行"，付出得越多，"情感银行"中账户的余额就越多。余额越多，员工的稳定性就越高，工作满意度就越高，离职的可能性就越小。

所以阿里巴巴倡导不论从宏观的企业制度设计层面，还是微观的管理者日常管理方式层面，都要不断为员工的"情感银行投入注资"。

例如，阿里巴巴曾经发现员工的椅子没有扶手会提高员工的疲劳度，于是就把所有员工的椅子换成了高标准、带扶手的办公椅；因为上班早高峰电梯使用比较拥挤，阿里巴巴就不强制员工打卡，所以经常会看到阿里巴巴的员工在上班时间还在咖啡馆或健身房。

阿里巴巴对员工迟到不敏感，对工作审批流程简化，对员工行为的条条框框规定比较少，原因不是阿里巴巴的管理水平差，相反，这是一种高明的管理方式，其背后表现出来的是阿里巴巴对员工的信任。通过企业对员工的相信，为员工的"情感银行"不断"储蓄"。

10.4　阿里巴巴政委的启示

阿里巴巴的政委体系引发了很多企业的思考，有的企业做组织机构调整时，也考虑引入类似阿里巴巴的政委体系。然而，政委体系并非对所有企业都适用，而且政委体系在其他企业实操落地过程中，也存在一些注意事项。

10.4.1　适合企业类型：业绩驱动为主

政委体系的核心目的是保证企业价值观和企业文化的传承，稳定团队成员，激活团队活力，保证团队在实现短期目标、获得短期利益的同时，符合企业的长期目标和长期利益。

政委体系比较适用于以销售文化和业绩驱动为主的企业。如果企业发展速度较快、规模较大、强调业绩、销售人员（包括地推、电商销售、大客户销售等销售类岗位）数量较多、企业分布地域较分散、业务决策权下放，可能比较适合推行政委体系；如果是以工程师文化或精英文化为主的企业，可能不一定适合推行政委体系。

当前推行政委体系比较成功的企业，主要集中在阿里系和淘宝系的企业，行业类别以互联网、电子商务、线上到线下（Online-to-Offline，O2O）为主。

这些企业的共同特点是成长和发展速度较快、团队规模日益扩大、一线员工数量较多。例如，美团、去哪儿网、饿了么等企业。

10.4.2　落地注意事项：明确定位职责

在实施政委体系的企业当中，政委的设置可以分成 3 种类型，如图 10-2 所示。

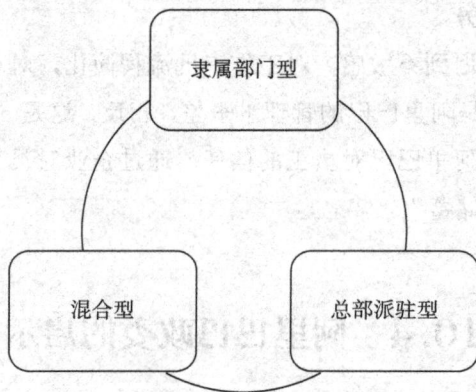

图 10-2　政委设置类型

1. 隶属部门型

有的企业把政委定位成隶属业务部门的岗位，政委归业务部门直管，向业务部门负责人汇报。人力资源部与政委之间是工作协商、业务交流和专业指导的关系。人力资源部不直接管理和考核政委在业务部门的工作。

2. 总部派驻型

有的企业把政委定位成企业总部的人力资源部派驻在各业务部门的人，这种定位比较接近阿里巴巴政委体系对政委的定位。政委虽然在业务部门工作，但向总部的人力资源部报告，协助业务部门负责人工作，不归业务部门负责人管理。

3. 混合型

有的企业根据部门之间团队规模的大小和管理层级的多少区分设置政委类型，形成混合型政委定位。在管理层级较少的部门中，设置隶属部门型政委；在管理层级较多的部门中，设置总部派驻型政委。

在政委体系落地的过程中，企业要注意对政委明确定位，明确政委的职责，明确政委的作用。政委在不同的企业中可能有不同的定位和职责，可能会发挥不同的作用。企业明确政委的定位之后，有助于政委的选拔、培养、管理和考核，有助于政委体系的真正落地。

10.4.3　发挥作用标志：取得长远收益

政委体系只有在企业中真正发挥作用，才能说政委体系得到了有效应用。

政委体系真正落地并发挥作用的标志不是各部门的政委已经上岗并且开展工作，而应是企业在人才发展、团队建设方面取得比较好的成果，在绩效方面获得提升，并取得符合企业战略发展需要的长远利益。

政委发挥作用的主要表现有 3 个，如图 10-3 所示。

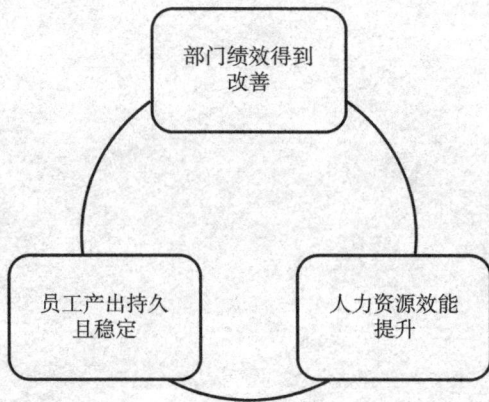

图 10-3　政委发挥作用的 3 个表现

1. 部门绩效得到改善

政委发挥作用最直接的标志是部门的绩效得到改善，具体表现是部门的业绩持续提升，客户对部门的服务反馈较好，或者管理层对部门的绩效表示满意。

2. 人力资源效能提升

政委发挥作用的第 2 个表现是企业的人力资源管理效能持续提升，具体表现是员工的能力持续提升，能够产出高绩效。

3. 员工产出持久且稳定

政委发挥作用的第 3 个表现是员工的产出持久而且稳定，具体表现是员工满意度、敬业度、成就感和价值感持续提升，员工的离职率有所降低。